CENTİLMENLER KULÜBÜ

Gary Douglas
Dr. Dain Heer'in katkılarıyla

CENTİLMENLER KULÜBÜ

Telif Hakları Saklıdır© 2014 Gary M. Douglas

ISBN: 978-1-63493-058-1

Bütün hakları mahfuzdur. Bu yayının hiçbir bölümü yeniden üretilemez, geri alma sistemlerinde depolanamaz veya hiçbir form ya da ne şekilde olursa olsun, elektronik, mekanik, fotokopi, kayıt etme veya başka şekillerde, yayıncıdan önceden izin almaksızın aktarılamaz.

Kitabın yazarı ve yayımcısı herhangi bir fiziksel, zihinsel, duygusal, ruhsal veya finansal neticelerle ilgili iddiada bulunmaz ya da garanti etmez. Yazar tarafından sunulan bütün ürünler, hizmetler ve bilgiler sadece genel eğitim ve eğlence amaçlıdır. Burada sunulan bilgiler hiçbir şekilde tıbbi veya diğer profesyonel tavsiyelerin yerine kullanılamaz. Bu kitabın kapsamına giren bilgilerden herhangi birini, etkinlikte kendiniz için kullanmanız halinde, yazar ve yayımcı eylemlerinizden dolayı sorumlu addedilemez.

Access Consciousness Publishing, LLC
Tarafından Yayımlanmıştır.

Amerika Birleşik Devletlerinde Basılmıştır.

Centilmenler Kulübü özgün seminerinde evli olan üç erkek vardı. Seminerin tamamlanmasında çok uzun zaman geçmeden, bu kişilerle evli olan kadınlardan telefon çağrısı aldım. Her biri "Bu semineri verdiğin için çok teşekkür ederiz. Âşık olduğum erkeği geri aldım." dediler.

İÇİNDEKİLER

Önsöz _____ 7
BÖLÜM 1 : Farklı Bir Şeye Adım Atmak _____ 9
BÖLÜM 2 : Ne Olduğunun Farkındalığından Seks Ve
İlişki Yaratmak _____ 43
BÖLÜM 3 : Siz Değerli Ürünsünüz _____ 69
BÖLÜM 4 : Olasılıklar Kralı Olmak _____ 99
BÖLÜM 5 : Seçebileceğiniz Olağanüstü Seks,
Cinsel Birleşme Ve İlişki _____ 135
BÖLÜM 6 : Gerçekten Ne Arzuluyorsunuz? _____ 169
BÖLÜM 7 : Yatakta İyi Olmak _____ 189
BÖLÜM 8 : Centilmen Nedir? _____ 211
BÖLÜM 9 : Bir İlişkide Gerçekten Ne İstiyorsunuz? ____ 251
BÖLÜM 10 : Cinselliğin Agresif Mevcudiyeti _____ 283
BÖLÜM 11 : Taahhüt Seçmek _____ 303
BÖLÜM 12 : Kadınların İma Şifresini Çözmek _____ 327
Access Consciousness _____ 351
Temizleme Cümlesi _____ 351
Sözlük _____ -355
Access Consciousness Nedir? _____ 361
Bölüm Adları ve Başlıkları İndeksi _____ 363
Diğer Access Consciousness® Kitapları _____ 371
Yazar Hakkında _____ 373

Önsöz

Centilmenler Kulübü, benim bir gurup harika ve cesur erkekle birlikte yapmış olduğum on iki tele konferanslık bir seriye dayanmaktadır. Centilmenler Kulübü seminerlerinde niyetim, sadece erkekler için, katılımcıların özgürce bu realitede erkek olmakla ilgili konuşabileceği bir ortam yaratmaktı. Bu konuşmalarda pek çok enerji vardı. Kadın okuyucular bizim "erkekler kulübü" dilinin bazı bir bölümlerinden ürkebilirler, ancak umut ediyorumki kitabı, hayatlarındaki erkeğidaha derinden takdir ederek ve tümüyle farklı bir realiteden ilişki yaratmak için gereken şey konusunda daha fazla tanıyarak bitirecekler.

Takip eden tartışmalarda, belki de daha önce hiç karşılaşılmamış bazı kelimeler, kavramlar ve araçlar olacaktır. Belki de alışık olmadığınız gibi görünen şekillerde kullandığımız olmak, insan veya alıp kabul etme gibi yaygın kullanılan kelimeler olacaktır. Onların hepsini kitabın sonundaki sözlükte tanımlamaya çalıştık.

Ayrıca Access Consciousness®' ta kullandığımız temizleme cümlesini de burada bulacaksınız. Temizleme cümlesi, hayatınızda kısıtlamaları ve daralmaları yaratan enerjilere seslenen bir kısaltmadır. İlk okuduğunuzda, bir miktar başınızı döndürebilir. Niyetimiz budur. Zihninizi resmin dışına çıkarmak üzere tasarlanmıştır, böylece durumun enerjisini alabilirsiniz.

Temizleme cümlesiyle, bizi ileriye doğru hareket etmekten ve gitmeyi istediğimiz bütün alanlara doğru genişlemekten alıkoyan kısıtlamaların ve engellerin enerjilerine seslenilmektedir.

Access Consciousness Temizleme Cümlesi şudur: "Right and Wrong, Good and Bad, POD and POC, All 9, Shorts, Boys and Beyonds"™ Kitabın sonunda kelimelerin ne anlama geldiğiyle ilgili kısa bir açıklama vardır.

Temizleme cümlesini kullanmayı seçebilirsiniz ya da seçmezsiniz; bununla ilgili bir bakış açım yoktur, ancak sizi bunu denemeye ve ne olacağını görmeye davet ediyorum.

Bölüm: Farklı Bir Şeye Adım Atmak

Bir şeyleri farklı gözüksünler diye değiştirmeye çalışmaktan mı fonksiyonel olmak istiyorsunuz?
Yoksa işinize yarayacak bir şey mi yapmak istiyorsunuz?

Gary:
Centilmenler Kulübüne hoş geldiniz. Hadi bir soruyla başlayalım.

Erkek olarak Kendine Güvenmek/Diğer Erkeklere Güvenmek

Seminer Katılımcısı:
Ben bir erkekleri güçlendirme gurubu başlatıyorum, ancak erkeklerin başlaması çok yavaş. Bana herhangi bir önerin var mı?

Gary:
Gurubu "erkekleri güçlendirme" olarak adlandırma. Erkekler varsayım olarak bütün güce sahiptir. Gerçekte, tümüyle güçsüzdürler - ama bunu bilmezler. Eğer "güçlendirme" olarak adlandırırsan hiç kimse gelmeyecektir çünkü güçlendirmeye ihtiyaçları var mı ya da istiyorlar mı onu bile bilmezler. Gurubu "Kadınlarla olan Hayatınızı Kolaylaştırma" olarak adlandır.

Dain:
Erkekler, güçlendirilmeyi istemekten ve diğer erkelerle bağlantıya geçmekten daha çok kadınlarla olan hayatlarının daha kolay olmasını isterler. Çoğu erkeğin yaptığı şeylerin çoğu, bir kadını elde etmeye veya onunla yatmaya çalışmakla ilgilidir. Çoğu erkek için, diğer erkeklerle toplanma fikri çok fazla gücün olduğu alanıdır. Bu onları korkutup, kaçırtır.

Bölüm: Farklı Bir Şeye Adım Atmak

Birkaç yıl önce Santa Barbara'da Access Consciousness Level İki ve Üç semineri yaptık. Bazı Access Consciousness hanımları o gece dışarı çıktılar ve iki erkeği kavga ederken gördüler. Hanımlar; "Biliyor musunuz? Bu iki erkeğin gerçekten istedikleri şey birbirleriyle seks yapmak, ama kendi dünyalarında bunu yapamayacaklar, böylece onun yerine kavgaya girişiyorlar. Kavga, onların bunu ifade şeklidir." dediler.

Erkeklerle, erkeklerin erkek olarak bir araya gelmeleri hakkında konuştuğunuz zaman, bu olmamaları, yapmamaları, özellikle birlikte olmamaları ve yapmamaları gereken her şeyi ortaya çıkarır.

"Salon des Femmes" tele konferansında bulunan hanımlardan geri bildirimler işitmek çok ilginç oldu. İki tele konferanstan sonra hanımlar, "Bir grup kadını dinlemenin ve oynayacak ya da flört edecek erkeğin olmamasının berbat olacağını düşünmüştüm, ama şimdi bütün bu kız kardeşlere sahipmişim gibi hissediyorum ve kendimden çok daha fazlasına sahip olmam ve kadınlarla ve kendimle çok daha fazla bağlantıda olmam hayret verici" gibi şeyler söylüyorlardı.

Bu geri bildirimleri dinlerken, erkek olarak bizlerinde aynı şeylere sahip olduğumuzun farkına vardım. Bir araya gelmektense, birbirimizden ayırım yaratıyoruz. Eğer bunu değiştirebilirsek, dünyayı gerçekten değiştirebiliriz. Ayrıca daha iyi seks yapabiliriz, kendi gücümüz olabiliriz ve çok daha fazla eğlenebiliriz.

Gary:
Bir prosesim var:

Erkek ve kadın, kadın ve kadın ve erkek ve erkek ayırımını yaratmak için hangi aptallığı kullanmayı seçiyorsunuz? Bununla ilgili var olan her şeyi godzilyon kez yıkıp yaratımlarını tümüyle iptal eder misiniz? Right and Wrong, Good and Bad, POD and POC, All Nine, Shorts, Boys and Beyonds.

Seminer Katılımcısı:
Bu proseste "seçiyorsunuz?" diye sordunuz. Ben "seçtiğiniz" deme eğilimindeyim. Böyle söylemediğinizi fark ettim. Nedenini söyleyebilir misiniz?

Gary:
"Seçtiğiniz" demek seçme nedeninizi haklı çıkarır. Bu sabit bir bakış açısıdır. Bu "Bunu seçiyorum çünkü _____." demektir. Sadece seçmek yerine belli bir nedenle seçtiğinize inanmayı tercih ediyorsunuz. Seçtiğiniz şey için bir neden olmadığını görmenizi sağlamaya çalışıyorum – siz sadece seçiniz. İşte bu nedenle "Seçiyor musunuz?" diye soruyorum.

Seminer Katılımcısı:
Teşekkür ederim.

Erkeklerle Ortaklık Oluşturmak

Seminer Katılımcısı:
Diğer erkeklerle yarattığım ayırımdan bahsedebilir misin?

Gary:
Yapılmaması gereken tek şey diğer erkeklere karşı cinsel enerjiye sahip olmaktır. Bu çok büyük bir 'hayır-hayır' gibidir. Onun nedenle diğer erkeklere karşı seksüel enerjiye sahip olmamak için ne yapmanız gerekiyorsa onu yaparsınız. Buna rağmen cinsel enerji hakkındakihemen her şey alıp kabul etmekle ilgilidir. Cinsel enerji olmaksızın, alıp kabul edemezsiniz. O nedenle diğer erkeklerden cinsel enerjiyi alıp kabul etmeyi kestiğimizde, aynı zamanda kadınlardan da, ilişkilerden de ve seksten de alıp kabul etmeyi keseriz. Kendimizi, para ve iş ve diğer her şeyi alıp kabul etmekten kesip ayırırız.

Eğer erkek erkeğe olabilirseniz, o zaman bir ortaklık yaratacak alana sahip olabilirsiniz ki bu para yaratabilir ya da eğlence veya bir sürü tür şey yaratacak bir ortaklık yaratabilirsiniz. Örneğin, Dain ve ben zamanımızın çoğunu birlikte geçiriyoruz. Arkadaşlarımız

Bölüm: Farklı Bir Şeye Adım Atmak

için orada erkek olarak bulunmaya gönüllüyüz. Dain'i, dışarı çıkıp farklı kadınlarla seks yapması için cesaretlendiriyorum, ne yapmak istiyorsa yapması için cesaretlendiriyorum, ama o benim arkadaşım ve arkamı kolluyor. Eğer erkeği erkekten ayıracak bir ayırım yaratırsanız, bir erkeğin arkanızı kollayacağı varsayımında bile bulunamazsınız.

Dain:
Erkeklerin sizi sırtınızdan bıçaklayacağını varsayıyorsunuz. Ama çoğu zaman, hayatınızda sizi sırtınızdan bıçaklayan kişi erkek olmayacaktır.

Seminer Katılımcıları:
(Kahkahalar)

Gary:
Kadınlar sizi sırtınızdan bıçaklamazlar. Sadece testislerinizi kesip atarlar!

Dain:
Erkekler cinsel enerjinin kendi aralarında olmaması gerektiği fikrini satın aldıklarında, kendilerini diğer erkeklere karşı olan besleyici, özen gösterici, genişleyebilen, oluşturucu, yaratıcı ve şifalandırıcı enerjiden kesip atarlar.

Gary:
"Ben senin arkanı kollarım" enerjisi

Dain:
Ayrıca kendinizi, kendiniz için ve kendinizle olan enerjiye sahip olmaktan da kesip ayırırsınız.

Gary:
Siz bir erkeksiniz ve kendinizden ayrılmak zorundasınız. O nedenle kendi arkanızı kollayamazsınız. Ve işte bu nedenle çoğunuz kendinizi, özellikle kadınlara karşı feda edersiniz.

Dain:
Pek çoğunuz "Oh, belki en sonunda beni tamamlayacak, kendi başıma dolduramadığım bu boşluğu dolduracak bir kadın bulabilirim." diye düşünürsünüz.

Bu duruma onlardan ayrıldığımız erkeklerin, bizim dışımızda olduğu düşüncesiyle bakma eğiliminde oluruz, ancak diğer erkeklerden ayrılmayı gerçek kılmak için kendinizden ayrılmak zorundasınız.

Gary:
Elimdeki soru şu: Kendinize erkek olarak güveniyor musunuz?

Dain:
Ve cevapta "Kesinlikle hayır!"

Seminer Katılımcısı:
Cevap "Hayır."

Gary:
Eğer kendi arkanızı kollayamayacaksanız, arkanızı kollayacak birisini nereden bulacaksınız? Bir erkeğe arkanızı kollamasına izin vermezsiniz, öyleyse arkanızı kim kollayabilir?

Dain:
Eğer bir erkek arkanı kollarsa, orada arkanda olduğunda ne yapabilir bilmeyeceğini mi düşünüyorsun; arkanı kollamasına izin vermeyeceksin çünkü seni hayalarından ele geçirebilir.

Gary:
Bu delilik.

Dain:
Tümüyle delilik. Hakkında bir bakış açısı olmaksızın bir erkekle az bulunacak yakınlık anları için kendinize izin verdiğinizde, bu durum dünyanızı dinamik bir biçimde açacaktır.

Bölüm: Farklı Bir Şeye Adım Atmak

Gary:
Bu şaşırtıcı bir armağan ve şaşırtıcı bir olasılıktır.

Dain:
Seçtiğiniz, erkekler ve kadınlar, kadınlar ve kadınlar ve erkekler ve erkekler ayırımını yaratmak için hangi aptallığı kullanıyorsunuz? Bununla ilgili var olan her şeyi godzilyon kez yıkıp yaratımlarını tümüyle iptal eder misiniz? Right and Wrong, Good and Bad, POD and POC, All Nine, Shorts, Boys and Beyonds.

Gary:
Seçtiğiniz, erkekler ve kadınlar, kadınlar ve kadınlar ve erkekler ve erkekler ayırımını yaratmak için hangi aptallığı kullanıyorsunuz? Bununla ilgili var olan her şeyi godzilyon kez yıkıp yaratımlarını tümüyle iptal eder misiniz? Right and Wrong, Good and Bad, POD and POC, All Nine, Shorts, Boys and Beyonds.

Hey Dain, Yunanistan'da erkek çocuklarla erkekleri nasıl ayırdıklarını biliyor musun?

Dain:
Kaldıraçla...

Gary:
Sizleri uyanık tutmak için araya hastalıklı şakalar sokuşturmayı düşündüm. Tamam, hadi tekrar yapalım.

Seçtiğiniz, erkekler ve kadınlar, kadınlar ve kadınlar ve erkekler ve erkekler ayırımını yaratmak için hangi aptallığı kullanıyorsunuz? Bununla ilgili var olan her şeyi godzilyon kez yıkıp yaratımlarını tümüyle iptal eder misiniz? Right and Wrong, Good and Bad, POD and POC, All Nine, Shorts, Boys and Beyonds.

Bekle. Bu prosese "erkekler ve erkek çocuklar" diye ilave etmek zorundayız. Biz bu şakayı yaptıktan sonra biraz garip enerji geldi ve erkeklerle, erkek çocuklar arasında ayırım yaratmaya çalıştığımızı fark ettim. Erkekler, erkek çocukların arkasını kollamaksızın onlara akıl hocası olmaktadır.

Dain:
Tek başımıza olduğumuz fikriyle büyüdük. Sadece kötü ve yanlış olduğumuza değil; birisinin arkamızı kollamasına bile değmeyeceğimize inanıyoruz.

Gary:
Kendi arkamızı kollamaya değeceğimizi bile düşünmüyoruz ki, işte bu nedenle erkeğin kendine güvenmediğini düşünüyorum.

Dain:
Seçtiğiniz, erkekler ve kadınlar, kadınlar ve kadınlar, erkekler ve erkekler ve erkekler ve erkek çocuklar ayırımını yaratmak için hangi aptallığı kullanıyorsunuz? Bununla ilgili var olan her şeyi godzilyon kez yıkıp yaratımlarını tümüyle iptal eder misiniz? Right and Wrong, Good and Bad, POD and POC, All Nine, Shorts, Boys and Beyonds.

Güzellik Duygunuzu Kesmek/Yok Etmek

Gary:
Biliyor musunuz, belki de "erkekler ve kız çocuklar"ı da aynı zamanda bu prosese dâhil etmeliyiz. Eğer yetişkin bir erkek genç bir kız görürse ve birazcık cinsel enerjisi varsa, sapık veya çok kötü kişi ya da çocuklarla seks yapmak isteyen biri olduğu için kendisiyle ilgili yargıya girmek zorunda kaldığının farkına vardım, bunlardan hiç birinin doğru olması gerekmez.

Eğer çok güzel bir at görürsem, benim için o bir attır. Çok güzel bir at gördüm ve bu bir tahrik oldu! Bütün ilgilendiğim tarafı güzel bir atı hareket ederken izlemek. Bununla ilgili herhangi bir şey yapmak zorunda değilim. Ona sahip olmam gerekmez. Onu kontrol edecek bir yere sahip olmam gerekmez. Sadece atın çok güzel olduğunu fark ettim.

Bölüm: Farklı Bir Şeye Adım Atmak

Erkekler kendilerini güzellik duygularını yok ederler çünkü bunun cinsel bir enerji olduğundan ve bunun da bir şey "demek" olmasından korkarlar.

Dain:
"Karşı cinse ilgi duyan" bir erkek olarak bu güzellik duygusuna sahip olduğunuzda, bunun sizin eşcinsel ya da yumuşak olmanız anlamına geldiğini düşünürsünüz.

Gary:
Bunu "metroseksüel" olarak adlandırıyorlar.

Dain:
Kesinlikle. Metroseksüel eşcinsel ve karşı cinsten hoşlanan erkeklerin bütün güzel şeylerine bir arada sahip olabildiğiniz konumdur: Metro-seksüel

Gary:
Evet.

Seminer katılımcısı:
(Kahkahalar)

Dain:
O neydi?

Gary:
Komik olduğumuz için birisi gülüyor.

Dain:
Oh, bir süredir bu sesi duymuyordum. İşte bu nedenle ne olduğunu anlamadım.

Seminer katılımcıları:
(Kahkahalar)

Gary:
Kadınlarla çok fazla konuşuyorsun!

Dain:
Seçtiğiniz, erkekler ve kadınlar, kadınlar ve kadınlar, erkekler ve erkekler, erkekler ve erkek çocuklar ve erkekler ve kız çocuklar ayırımını yaratmak için hangi aptallığı kullanıyorsunuz? Bununla ilgili var olan her şeyi godzilyon kez yıkıp yaratımlarını tümüyle iptal eder misiniz? Right and Wrong, Good and Bad, POD and POC, All Nine, Shorts, Boys and Beyonds

Gary:
Aman Tanrım. Bunun üzerindeki şarj inanılır gibi değil.

"Birbirimizin Arkasını Kolluyoruz"

Dain:
Önceki gece arkadaşımız Ricky ile akşam yemeği yiyordum. Bu onun ve benim o zamana kadar ilk kez bire bir birlikte olduğumuz zamandı. Ona Gary ile aramızdaki ilişkiyi anlatıyordum. Ona "Birbirimizi arkasını kolluyoruz, ama bu daha ilk günde ortada olan bir şey değildi. Arkadaşlığımız zamanla gelişti. Birbirimizi desteklemeyi ve arkasını kollamayı seçerek kendimiz olmak suretiyle belli bir seviye güven oluşturduk." dedim.

Ona dedim ki "Gary'i tanımak zorunda olduğum ilk konuşmada, ona beni arkamdan şişe geçirecek, beni bıçaklayacak her tür bilgiyi verdim, ama o bunu o şeklide almadı. Bana, benim de ona karşı kullanabileceğim her tür şeyi verdi, ama ben onu yapmadım. Bu 'Birbirimize nasıl katkı oluruz ve nasıl destekleriz?' idi. Birlikte takıldık, yaklaşık bir yıl boyunca inanılmaz bir arkadaşlık yaşadık ve sonra bir gün geldi ve 'Arkadaşlığımız bitti.' dedi."

Ona "Sen neden bahsediyorsun?" diye sordum.

Gary dedi ki, "Beni yargılıyorsun. Beni gerçekten kırıcı bir biçimde yargılıyorsun. Dünyanın geri kalanı beni yargılayabilir. Bu kabul edilebilir, ancak arkadaşlarıma beni yargılama izni vermem, o nedenle arkadaşlığımız sona erdi. Access Consciousness için çalışmaya devam edebilirsin, ama arkadaşlığımız şu an itibariyle bit-miş-tir. Artık daha fazla senin arkadaşın olmak istemiyorum. Bu benim işime yaramıyor."

Buna karşılık ben "Hoop!" dedim. "Beni yargılıyorsun" dediği zaman, ben zihnimde kelimenin tam anlamıyla "Yani evet, tabi ki! Arkadaşların yaptığı şey bu değil mi?" sorusu oluştu. Bu benim bakış açımdı.

Gary:
Bu sevgililerin yaptığı şeydir, arkadaşların değil.

Dain:
Sonra gitti ve ben hayatımda ve dünyamda bir boşluk hissettim. "Dur bir dakika. Gary'nin benim arkamı kollamadığı zaman hiç olmamıştı ve ben onu yargılıyordum? Bu berbat bir şey... Çekip gitmiş olsa dahi, bunu kendim için değiştirmeliyim." dedim.

Onu telefonla aradım ve "Gary, kesinlikle haklısın ve gerçekten özür dilerim. Bunu değiştirmek istiyorum, ama nasıl yapacağımı bilmiyorum. Bunula ilgili ne yapmalıyım bilmiyorum, o nedenle yardımını istiyorum. Eğer ödemek zorunda olsam dahi bir seans için ödeme yapacağım, ama bunu atlatmak için bana yardımcı olur musun lütfen?" dedim.

Gary "Tamam, sana bir saat veriyorum sonra buradan nereye gideriz göreceğiz." dedi. Onu yargılamayı seçtiğimin farkına varmam kırk beş dakikamı aldı. Bunu yapmayı seçtiğimin farkına varmak için kafamı tuğla bir duvarın içinden uzatmışım gibi hissettim, çünkü çok otomatikmiş gibi hissettirdi.

Sonunda bunu anladığımda, bu durum bütün dünyamı ve bütün realitemi değiştirdi. Yargımın eğer bana gösterdiği kadar çok özen gösteriyorsa bunun nedeni benimle seks yapmakla ilgilenmesidir, olduğunu gördüm. Eş cinseldi ve sadece seks yapmak istedi. Sadece beni yatağa atmayı istedi. Arkadaşıma karşı kurduğum yargılama dağlarını bulunduğu yerde tutmanın altında yatan işte buydu.

Kendinize bir erkekle arkadaşlık yapmaya izin vermemenizin

nedeni, evreninizde bir yerde sadece sizinle seks yapmak isteyecek bir erkeğin nazik, özenli ve ilgili olacağı sonuç ve yargısına varmanız olabilir mi? Bunu ortaya çıkaran her şeyi godzilyon kez yıkıp yaratımlarını tümüyle iptal eder misiniz? Right and Wrong, Good and Bad, POD and POC, All Nine, Shorts, Boys and Beyonds.

Gary:
Geçen gün birisiyle çalışıyordum. Onun her zaman taciz edildiği hissim vardı, ama o bunu hiç söylemedi. Seans sırasında, ona bazı şeyler sordum ve sonunda bir futbol koçunun onu taciz ettiğini hissettiği ortaya çıktı.

Ona sordum, "Ne demek istiyorsun? Koç ne yaptı?"

"Yani, omuzlarımı ovmayı alışkanlık haline getirmişti. Sıkışan kasları gevşetmeye çalıştığını söylüyordu." dedi.

Sordum, "Koç bunu yapıyorken cinsel enerjiye sahip miydi?"

"Evet" dedi.

Sordum, "Sana karşı cinsel enerjisi var mıydı?

"Evet" dedi.

Bu adam koçuyla bir cinsel deneyim yaşamadı. Koç ona yardım etmeye çalışıyordu. Çocuk için sevgi ve alaka duyguları taşıyordu ve çocuk bunu cinsel arzu olarak yorumladı, o nedenle ona bu tür bir enerji veren bir erkeğe karşı farkındalığını kapattı. Bunun seksle ilgili olduğu sonucuna vardı ve sonuç olarak taciz edilmiş hissetti.

Bazı erkeklerinsizi aslında şirin bir çocuk veya dayanamayacakları kadar tapılacak birisi olarak gördüklerinde ya da öyle hissetmeyip etrafınızdaki cinsel enerjilerini kapatmak zorunda kaldıklarında ve o kişiyi ve kendinizi reddedip sonra da bu durumun yanlışlığına girip, bu durumun sizi kendinizden veya sizi ondan veya sizi erkeklerden ya da sizi erkeklerden ve erkek çocuklardan ayırımını yarattığında, taciz edilmiş hissettiğiniz her yeri yıkıp yaratımlarını tümüyle iptal eder misiniz? Right and Wrong, Good and Bad,

POD and POC, All Nine, Shorts, Boys and Beyonds.

Görünüşe bakılacak olursa bazılarınız benzer deneyimler yaşadınız. Herhangi biriniz buna benzer, "erkek" olan birisinin aslında size yönelik cinsellik hissettiği ve sizin de taciz edildiğinizi hissettiğiniz veya sizden veremeyeceğiniz ya da vermeyeceğiniz bir şey istediği bir deneyim yaşadınız mı?

Bunu ortaya çıkaran her şeyi godzilyon kez yıkıp yaratımlarını tümüyle iptal eder misiniz? Right and Wrong, Good and Bad, POD and POC, All Nine, Shorts, Boys and Beyonds.

Erkeklerin Sahip Oldukları Nezaket

Seminer Katılımcısı:
Büyürken, erkeklerin sahip olduğu nezaketi bulamadım. Size ve Dain'e ve Access Consciousness' ta ki pek çok kişiye rastladığım da "Oh! İşte bu. Aradığım şey işte bu!" dedim. Gençken bunu görmek için kendime izin vermezdim.

Gary:
Gençken var olması gerektiğini bildiğin nezaketi bulabilmek için, kendini ve diğer erkekleri ayırmak zorunda kaldığın alanı yaratan, bilmek istemediğin ne oldu?

Seminer Katılımcısı:
Etrafımdaki erkeklerin nasıl hareket ettiğini gördüm. Büyükbabamın kız kardeşimle ve babamın annemle yaptığı şeyleri gördüm ve "Eğer erkek olmak buysa, ben olmak istemiyorum" kararını verdim.

Gary:
Orada nezaket görmemeniz ve gördüğünüz şeyin acı, ızdırap, yaralanma, yanlışlık ve kötülük olması nedeniyle, olmak istemediğinize karar verdiğiniz her şeyi yıkıp yaratımlarını iptal edip kendinize sahip çıkar mısınız? Right and Wrong, Good and Bad, POD and POC, All Nine, Shorts, Boys and Beyonds.

Dain:
Siz konuşurken bunun bir diğer parçası ortaya çıkıyordu. Annenizin erkeklerden hoşlanmadığı veya nefret ettiğinin, kız kardeşinizin erkeklerden hoşlanmadığı veya nefret ettiğinin ya da büyük annenizin erkeklerden hoşlanmadığı veya nefret ettiğinin ne kadar farkındaydınız?

Gary:
Yani bu nefret bile olmayabilir. Bu tümüyle güvensizlik olabilir.

Dain:
Tamam, harika. Tümüyle güvensizlik ki kendimizle ilgili etrafında gezindiğimiz şey kesinlikle budur.

Gary:
Evet, sonunda bunu yapıyor olursunuz. Erkeklere güvenecek kadınlara güvenemezsiniz. Kadınlardan erkeklere yönelik herhangi bir güven ifadesi görmezsiniz, o nedenle sonuçkendinize güvenemezsiniz çünkü siz bir erkeksiniz.

Dain:
Bununla ilgili oldukça çarpık/eğri büğrü olan şey bunu kadınların dünyasından çekip alıyorsunuz ve bunu asla göremiyorsunuz. O orada, diğer her şeyin altında, sizi her zaman yiyip bitiriyor. Bu erkeklerden gelmedi, sizden gelmedi. Bu bir bakış açısı olarak sürdürmeniz beklenen bir şeydi. Kadınların güven duymadığı erkeklere benzemeniz beklenmiyordu. Bu bir şey ifade ediyor mu?

Seminer Katılımcısı:
Evet.

Gary:
Kadınlar kendilerine de güvenmezler. Nefret etmekte nadiren iyidirler, ama güven duymamakta iyidirler ve güçlendirmek ve güç kazanmak adına nefret dolu ve kötü şeyler yapacaklardır,

çünkü tümüyle yetersiz onurlandırma ve tümüyle yetersiz güven karşısında kendilerini güçsüz hissederler.

Bunu yetiştiren veya boşa çıkartan her şeyi, bütün bunları yıkıp yaratımlarını iptal edebilir miyiz lütfen? Right and Wrong, Good and Bad, POD and POC, All Nine, Shorts, Boys and Beyonds.

Dain:
Erkek olarak kendinize güvenmeme ve diğer erkeklere de güvenmeme üzerine bir sürü şey vardır. Plânlanmış güven eksikliğini annelerinizden, kız kardeşlerinizden, halalarınızdan ve bütün dişilerdenalırsınız, çünkü onlar doğru olarak tanımlanması gereken şeyi görürler: erkeklere güvenemezler. Gerçek şu ki kendilerine ve erkeklere güvenmezler. Sizde hem kendinize ve hem de diğer erkeklere güvenmezsiniz, öyleyse kendiniz için aslında ne kadar özene sahipsiniz?

Hiç. Ve oradaki ufak bir özen, belki kuşku tarafından aşındırılmıştır, o nedenle kendiniz için hiç özeniniz olmaz. Kendi arkanızı kollayamazsınız. Her zaman kendinizden ayrılmak zorunda kalırsınız. Ayrıca özenli olan diğer erkekleri göremezsiniz.

Büyüdükçe ve seks yapmaktan gerçekten hoşlandıkça kadınların çekici buldukları erkeklerin dünyanın boktanları olduğunu görür ve "Dur bir dakika. Bu lanet biçimde kafa karıştırıcı." dersiniz. Özen gösterme enerjisini ve olduğunuz gücü algılayabilmenizin hiçbir yolu yoktur. Hatta sizin için doğru olana yönelmenin iyi bir şey olduğu hakkında bir ipucunuz bile yoktur.

Gary:
Pek çok kadın kendilerine ve erkek seçimlerine karşı güvensizdirler, kuşku duyarlar. Yapabildikleri bütün şey eşit derecede kuşku duyan bir erkek seçmektir. Bazılarınız bu tür güvensizliğe sahip arkadaş seçersiniz çünkü bu sizin, kendiniz hakkında hissettiğiniz güven eksikliği ile ilgili titreşiminize ve sürüklenmenize uyar.

Dain:
Sizi belli bir şekilde gören bir kadını seçersiniz ve o şekilde olduğunuzu düşünürsünüz. Güven duyulmaya değer olmadığınızı düşünürsünüz, böyle olduğunuz yalanını satın alırsınız. Ama öyle değilsiniz. Hiçbiriniz öyle değilsiniz.

Seçtiğiniz erkekler ve kadınlar, kadınlar ve kadınlar, erkekler ve erkekler, erkekler ve erkek çocuklar ve erkekler ve kızlar ayırımını yaratmak için hangi aptallığı kullanıyorsunuz? Bununla ilgili var olan her şeyi godzilyon kez yıkıp yaratımlarını tümüyle iptal eder misiniz? Right and Wrong, Good and Bad, POD and POC, All Nine, Shorts, Boys and Beyonds.

Ayırım Yaratmak

Seminer Katılımcısı:
Bir erkekten cinsel enerji almakta problem yaşadığımı hissetmiyorum, ama genel olarak ayırım yarattığımı hissediyorum. Erkeğin cinsel enerjisiyle ilgili sanki bir sorunum varmış gibi ayırım yaratıyorum.

Gary:
Bir erkekten gerçekten enerji alıyor musun? Yoksa kendin hakkında açık fikirli olduğun bakış açısını mı alıyorsun?

Seminer Katılımcısı:
Evet, o.

Gary:
Kendinizi elimine eden açık bir bakış açısı yaratmak için yaptığınız her şeyi yıkıp yaratımını tümüyle iptal eder misiniz? Right and Wrong, Good and Bad, POD and POC, All Nine, Shorts, Boys and Beyonds.

Seminer Katılımcısı:
Ayırımı yaratan bu mu?

Gary

Ayırım yaratmakla ilgili nedeniniz ve gerekçeniz "Evet, ama ben açık fikirliyim." dir. Pek çok insan "Evet, ama ben açık fikirliyim." der.

"Ama ben açık fikirliyim" yarattığınız ayırımdan işlevsel olmaya devam etmek için kendinize söylediğiniz bir yalandır. Açık fikirli olmanın, ayırımın üstesinden gelmek için, neyin gerçekten farklı olabileceğinin farkındalığı yerine, gereken her şey olduğu yalanını satın alırsınız.

Seminer Katılımcısı:
Evet. Vay canına.

Gary:
Açık fikirli oluşunuzu, bir taraftan ayırım yapmıyormuş gibi davranarak, ayırım yaratmanın gerekçesi olarak ne kadar kullandınız? Çok? Çok az? Yoksa megatonlarca mı? Bununla ilgili var olan her şeyi godzilyon kez yıkıp yaratımlarını tümüyle iptal eder misiniz? Right and Wrong, Good and Bad, POD and POC, All Nine, Shorts, Boys and Beyonds.

Dain:
Seçtiğiniz erkekler ve kadınlar, kadınlar ve kadınlar, erkekler ve erkekler, erkekler ve erkek çocuklar ve erkekler ve kızlar ayırımını yaratmak için hangi aptallığı kullanıyorsunuz? Bununla ilgili var olan her şeyi godzilyon kez yıkıp yaratımlarını tümüyle iptal eder misiniz? Right and Wrong, Good and Bad, POD and POC, All Nine, Shorts, Boys and Beyonds.

Seminer Katılımcısı:
Bunu değiştirmek istiyorum. Başka bir şey yaratmak istiyorum, başka bir şey olmak istiyorum ve başka bir şey yapmak istiyorum. Ve bunu nasıl yapacağımla ilgili tamamen kaybolmuş durumdayım.

Gary:
Peki, kendin olarak nasıl anda olunur ve seni eğlendirir örneğini görmedin değil mi?

Seminer Katılımcısı:
Hayır.

Gary:
Kendini yargılamanın seni eğlendirdiğini düşündün mü?

Seminer Katılımcısı:
Evet, bu belki de kendimi eğlendirdiğim tek yöntem.

Gary:
Kendinizi eğlendirmenin tek yolu yanlışlıklarınız üzerinden kendinizi yargılamaktır böylece ne kadar haklı olduğunuzla eğlenebilirsiniz. Bu evreninizi hiçbir şekilde genişletmez, o nedenle bu bakış açısındayanlış olan bazı şeyler vardır.

Dain:
Seçtiğiniz erkekler ve kadınlar, kadınlar ve kadınlar, erkekler ve erkekler, erkekler ve erkek çocuklar ve erkekler ve kızlar ayırımını yaratmak için hangi aptallığı kullanıyorsunuz? Bununla ilgili var olan her şeyi godzilyon kez yıkıp yaratımlarını tümüyle iptal eder misiniz? Right and Wrong, Good and Bad, POD and POC, All Nine, Shorts, Boys and Beyonds.

Cinsel Enerji ve Alıp Kabul Etme

Gary:
Hadi buna bir ilave daha yapalım: "Ve sizi kendinizden."

Cinsellik hissini ne yaratır? Bu alıp kabul etme hissidir. Eğer Dain gibi sizi tümüyle alıp kabul eden ve sizinle ilgili hiçbir yargısı olmayan bir erkeğe sahipseniz, alıp kabul edilirsiniz. Bu kadınlardan almayı istediğiniz aynı cinsel enerjidir, ancak Dain'in cinsel enerjisini, kadınların cinsel enerjisini geri çevirdiğiniz aynı yöntemle geri çevireceğinize dair parayla bahse girmeye istekli olurdum. Bu sizin için, size, sizinle ve sizin tarafınızdan alıp kabul etmeye muktedir olduğunuz her şeyi alıp kabul etmeye nasıl istekli olmadığınızla ilgili bir şeydir.

Bölüm: Farklı Bir Şeye Adım Atmak

Bunu ortaya çıkaran her şeyi ve bu olan her şeyi godzilyon kez yıkıp, yaratımlarını tümüyle iptal eder misiniz? Right and Wrong, Good and Bad, POD and POC, All Nine, Shorts, Boys and Beyonds.

Ne söylediğim hakkında hiçbir fikriniz var mı?

Seminer katılımcısı:
Burada azıcık kayboldum.

Gary:
İşte sorun bu. Erkeklerle ilişkilerinizde ne kadar sıklıkla kaybolduğunuzu fark ediyor musunuz?

Seminer katılımcısı:
Evet ve kadınlarla.

Gary:
Evet. Kadınlar nedeniyle kaybolursunuz, ama bir kadın nedeniyle kaybolmak tamamdır çünkü hala onun tarafından cinsel olarak uyarılmış olursunuz.

Seminer katılımcısı:
Evet, kesinlikle

Gary:
Ama bir erkek nedeniyle kaybolursanız, bunun nedeni erkeğin x, y veya z, yargı dışında hiçbir şey olmamasıdır.

Seminer katılımcısı:
Evet, rahat bir mesafeyi koruduğumu hissediyorum, onun için sanırım alıp kabul etmeyi kesiyorum. Neden olduğunu bilmiyorum, ama bunu yapıyorum.

Gary:
Herhangi bir şeyi kesmeniz alıp kabul etmeye gönüllü olmanın kurallarla belirlenmiş şablonuna uymuyor.

Seminer Katılımcısı:
Kolaylıkla söyleyebilirim ki hayatımda hiçbir zaman farklı herhangi

bir şey yapan bir rol modelim olmadı, onun için "Oh, bilmiyordum, bla, bla, bla..." diye iddia edebilirim ama onun böyle olmasını istemiyorum. Başka bir şey seçmek istiyorum. Sadece kaybolmuş hissediyorum.

Gary:
İşte bu nedenle bu tele konferansı yapıyoruz. İşte bu nedenle bu prosesi yapıyoruz. Hadi tekrar yapalım Dr. Dain.

Dain:
Seçtiğiniz erkekler ve kadınlar, kadınlar ve kadınlar, erkekler ve erkekler, erkekler ve erkek çocuklar, erkekler ve kızlar ve sizi kendinizden ayırımını yaratmak için hangi aptallığı kullanıyorsunuz? Bununla ilgili var olan her şeyi godzilyon kez yıkıp yaratımlarını tümüyle iptal eder misiniz? Right and Wrong, Good and Bad, POD and POC, All Nine, Shorts, Boys and Beyonds.

Farklı Bir Şey Seçmek

Seminer Katılımcısı:
Kendimi bu ayırımı yaparken gördüğüm de, ne yapacağını, nasıl olacağını ve farklı bir şeyi nasıl yaratacağını sormak uygun mu? Ayırım enerjisi içine düştüğümde, uzaklaşır ve enerjiyi geri çekerim. Aslında kendimi geri çekerim.

Gary:
Şunu sormak zorundasınız: Sonsuz bir varlık bunu hangi nedenle seçerdi? Şunu anlamalısınız ki siz geri çekilmeyi seçiyorsunuz. Her zaman bir seçimdir ve eğer değiştireceksiniz, "Tamam bunu seçiyorum ancak bunu hangi nedenle seçiyorum?" diye sormalısınız. Ondan sonra "Neye benzerse benzesin farklı bir şey seçeceğim" dersiniz.

Seminer Katılımcısı:
Farklı bir şey yapmaya çalışıyorum, ama herhangi bir değişimle sonuçlanmıyor ve o zaman kendimi daha da aptal hissediyorum...

Bölüm: Farklı Bir Şeye Adım Atmak

Gary:
Eğer farklı bir şey yapmanın sadece neyi seçerdiniz ona bakmanızı gerektirdiğini fark etmeye gönüllü olsaydınız bu neye benzerdi?

Seminer Katılımcısı:
Neyi seçerdinize bakmak ve onu seçmemek mi?

Gary:
Evet. Diyelim ki kız arkadaşınıza çok kızdınız ve "Biliyor musun? Farklı bir şey yapmak istiyorum. Kızgın olmaktan farklı ne olabilir?" dediniz.

"Bir bakalım, ödeşmek bir seçim olabilir, ona bağırmak bir seçim olabilir, onu sevmek bir seçim olabilir," de diyebilirsiniz ve bunu yaptığınızda, sadece bir tane değil, birden fazla seçiminiz olduğunu görmeye başlarsınız.

Seminer Katılımcısı:
Evet.

Gary:
Geri çekildiğinizi gerçek olarak tanımladığınız sorunu neyin çözeceğine bakıyorsunuz. Bu çok karmaşıktır. Basit gerçek geri çekildiğinizdir. Onun bütün toplamı budur. Başka bir şey yoktur. Onun için "Farklı bir şey yapmak istiyorum. Geri çekilmemek neye benzerdi? Vay canına, bu burada kalmak, burada olmak ve ne gerekiyorsa yapmak gibi olurdu." deyin.

Seminer Katılımcısı:
Evet.

Gary:
Neden bahsettiğimi anladınız mı?

Seminer Katılımcısı:
Evet, bu çok yardımcı oldu.

Gary:
Harika. Geri çekilmemeyi seçmek diğer seçeneklere kapı

açar. Sorun: Burada başka hangi seçeneklerim var? Eğer bunu seçmeyeceksem, başka hangi seçeneklerim var? Eğer "sahip olduğunuz başka hangi seçenekleriniz var" dan hareket ederseniz, diğer olasılıklar ortaya çıkabilir.

Seminer Katılımcısı:
Evet, kesinlikle.

Gary:
Herkes her zaman nasıl çözüm yaratılacağını onlara göstermemi sağlamaya çalışıyor ve ben sürekli "Bütün yapmanız gereken şey seçmektir" demeye devam ediyorum.

"Evet, ama yapamıyorum." diyorlar.

Neden yapamıyorsunuz? Çünkü neyin yanlış olduğuna veya farklı bir şey seçmek için yanlış olanı nasıl düzeltmek zorunda olduğunuza bakmaya devam ediyorsunuz. Hayır. Sadece fark edin, "Bu işe yaramıyor." Ve sonra sorun: "Farklı ne yapabilirim?"

Seminer Katılımcısı:
Bunu anladım. Bir tür çözüm aradığımı gördüm. Bu çok yardımcı olur.

Gary:
Eğer bunu seçmezsem, başka hangi seçeneklerim var?

Seminer Katılımcısı:
Evet, bu harika...

Gary:
Farklı bir netice elde edeceğiniz düşüncesiyle aynı şeyleri tekrar tekrar yapmaktan işte böyle kurtulursunuz.

Farklıya karşı Değişiklik

Seminer Katılımcısı:
Orada tamamen kayboldum ve nasıl değiştireceğim konusunda hiçbir ipucum yok.

Bölüm: Farklı Bir Şeye Adım Atmak

Gary:
"Nasıl değiştireceğim konusunda hiçbir fikrim yok" cümlesi eğitildiğiniz ve sürüklendiğiniz alanlardan biridir. Bu bir kadın bakış açısıdır. "farklı bir şey yapmak zorundayım" değil "Bir sorunum olmak zorunda. Şimdi değiştirmek zorundayım"

Seminer Katılımcısı:
Benim yaptığım şey kesinlikle bu.

Gary:
Soru "Bunu nasıl değiştiririm?" veya "Bunu değiştirmek için farklı ne yapabilirim?" değildir. Bu değişimle ilgili soru sormaktır. Soru şudur: Burada farklı ne yapabilirim?

Farklı biçimde değil farklı/değişik yapmaya ve olmaya gönüllü olmak zorundasınız. Bir şeyi farklı biçimde yapmak hala değiştirmeye çalışmaktır. İstediğiniz şeyi elde etmek için yeteri kadar farklı/değişik olmak için ne gerekiyorsa yapmaya ve olmaya gönüllü olmak zorundasınız.

Seminer Katılımcısı:
Çok teşekkürler.

Seminer Katılımcısı:
Değişiklik ve farklı arasındaki farkı anlayamadım.

Gary:
Hemen şimdi, sandalyedeki pozisyonunu değiştir.

Seminer Katılımcısı:
Tamam.

Gary:
Şimdi farklı bir şey yap. Hala sandalyede oturuyor musun yoksa farklı bir şey mi yapıyorsun?

Seminer Katılımcısı:
Oh, tamam anladım!

Gary:
Değişiklik elinizdeki bir şeye yapışmak ve ona bir şey ilave etmek ya da eksiltmek veya farklı bir şekilde hareket etmektir - ama olduğunuz yerde oturmaktır.

Seminer Katılımcısı:
O zaman bu aslında farklı bir şey yapmak değil, değil mi? Hala o aynı eski şeyler.

Gary:
Kesinlikle. Bir şeyi değiştirmeye çalıştığınızda, seçeneği kaybetmenizin nedeni işte budur. Ancak farklı bir şey yaparsanız, daha fazla seçeneğe sahip olursunuz. Kadınlar ilişkide oldukları erkeklere sıklıkla "Bunu değiştirmeye gereksinimimiz var." derler. Bunun anlamı "Farklı bir şey yapmaya gereksinimin var" değil "Benim olmanı istediğim yere uyma gereksinimin var" demektir.

Seminer Katılımcısı:
Benim ilişkilerimde yaptığım şey budur. İlişkinin farklı olması yerine ondan değişmesini istiyorum. Ancak değişmiyor ve ilişki farklı olmuyor.

Gary:
Yani, değişiyor; sadece daha işe yarar olmuyor.

Seminer Katılımcısı:
Evet.

Gary:
Eğer ilişkiyi değiştirmeye çalışıyorsanız, sandalyenin üzerinde oturup farklı yöne bakmaya çalışıyorsunuz demektir. Farklı seçeneklere izin veren farklı bir şey yapmaya çalışmıyorsunuz. Bunun yardımı oldu mu?

Seminer Katılımcısı:
Evet, son derece yardımcı oldu. Dün bir arkadaşımla kadınların erkeklere nazaran ne kadar daha karmaşık oldukları hakkında konuşuyordum. Görünen o ki bir şeyleri değiştirmek zorunda

olduğum bakış açısını kadınlardan satın almışım ve bu gerçekten karmaşık hissettiriyor.

Gary:
Evet, bütün erkelerin etraflarındaki kadınlardan öğrendiği şey işte budur. Bir kadın bakış açısı her zaman "Senin neyi değiştirmeye gereksinimin var? Seni nasıl değiştiririm?" şeklindedir. Karmaşıktır, çünkü sizden neyi değiştirmenizi istediklerini göremezsiniz – ve onlar size söylemeyecekler.

Seminer Katılımcısı:
Evet

Gary:
İlişkiyi değiştirmeye gönüllü olduğunuz zaman, ilişkiyi terk etmeye gönüllü olmuyorsunuz.

Farklı demek "Tamam, burada nasıl farklı olmak istiyorum?" diye sormaktır. *Farklı* demek ilişkiyi terk etmek anlamına gelebilir. Daha fazla seçeneğe sahipsiniz.

Seminer Katılımcısı:
Teşekkür ederim.

Dain:
Bir anneye sahip olduğunuzdan beri bunu alıyorsunuz. *Farklı* bütün olasılıkları açar çünkü ileri doğru gitmek zorunda olan şeyin ayrılmaz parçasına artık daha fazla bağlı değilsiniz ki *değişim* işte bununla ilgilidir.

Sizlerin işlevsel olmanız gereken durum şudur: Onun, olmasını istediğim gibi olması için bugün farklı ne olabilir ya da yapabilirim? Eğer bir şeyleri sadece değiştiriyorsanız, *farklı bir şey yapıp farklı bir sonuç elde etmek değil görünüş biçimlerini değiştirmeye çalışıyor olursunuz,* bunu anladınız mı?

Seminer Katılımcısı:
Evet, anladım!

Gary:
Değişim gereksinimini, farklılığın olasılığından daha gerçek olarak yaratmak için hangi aptallığı kullanmayı seçiyorsunuz? Bununla ilgili var olan her şeyi godzilyon kez yıkıp yaratımlarını tümüyle iptal eder misiniz? Right and Wrong, Good and Bad, POD and POC, All Nine, Shorts, Boys and Beyonds.

Değişime gereksiniminiz olduğunda, sonuçlandırmalardan işlersiniz. "Burada başka hangi olasılıklar mevcut?" diye sormazsınız. Erkek olmayı seçmekle, bir kadın olarak işlevsel olmaya çalışmak arasındaki fark budur.

Bir kadın bir elbise giyer ve görüntüsünü değiştirmek için farklı aksesuarlar kullanır. Çoğu kadına farklı bir şey yapması değil, görünüşü değiştirmesi öğretilmiştir. Bu bir anlam ifade ediyor mu? Hayır. Sadece işlevsel oldukları yöntem budur. Nasıl işlevsel olduklarına bakmaya gönüllü olmak ve nasıl işlevsel olmak istediğinizi görmek zorundasınız. Böylece farklı görünecekler diye bir şeyleri değiştirmeye çalışmaktan işlevsel olmak mı istiyorsunuz? Yoksa işinize yarayacak farklı bir şey yapmak mı istiyorsunuz?

Farklı Ne Yapabilirim?

Seminer Katılımcısı:
Eminim ki sizler bununla ilgili daha önce konuşmuşsunuzdur ama ben hiç duymadım. Son zamanlarda ben her şeye işime yaramıyor olarak bakıyorum ve onları "Burada farklı ne yapabilirim?" diye sormadan değiştirmeye çalışıyorum. Bu her zaman "Farklı ne yapabilirim?" yerine "Bunu biraz daha iyi nasıl yapabilirim?" veya "Bunubiraz daha işe yarar bir şey nasıl yaparım?" şeklinde oluyor.

Gary:
Bir ilişkiye girdiğinizde *farklı* olma değil *değişme* eğiliminde olursunuz, çünkü bunu, altta yatan temeli "Bir ilişkiye sahibim" den yaratırsınız.

Bölüm: Farklı Bir Şeye Adım Atmak

Dain:
İlişki başka her şeyin etrafında döndüğü bir merkezi nokta haline gelir. Bu bir ip alıp, bir ucunu toprağa çivileyip sonra da kendi kendinize bu ipin izin verdiği kadar uzağa gidebilirim demeye benzer. Pek çok kişinin bir kez ilişkiye girdikten sonra usanmaya başlamasının nedenlerinden biri budur. Kız arkadaşınızın ya da partnerinizin evine gidersiniz ve bu "Sadece burada oturmak ve bira içmek istiyorum" veya "Sadece TV seyretmek istiyorum" ya da "Sadece sigara içmek istiyorum" veya "Sadece bir şey yapmak istiyorum." haline gelir. Değişimdesiniz; sürekli olarak farklı olmuyorsunuz; ayrıca değişimde yeterli titreşim yoktur. Sizin için yeteri kadar yaşam; yeteri kadar farklılık yoktur.

Gary:
Farklılık tan işlevsel olmaya başladıysanız, en başta ilişkinizi oluşturan canlılığı oluşturursunuz.

Dain:
Ve kadın daha fazlası için yalvarırdı! Size saygı duyardı, sizi arzulardı, tarafınızdan her zaman tahrik olurdu. Ama tabiri caizse, siz onların oyununu oynamaya çalışırsınız. *Değişime* girersiniz, bu onların size saygı duymak istememelerine neden olur. Sizi ezip geçeceklerini, size sahip olabileceklerini, sizi kontrol edebileceklerini düşünürler ve değersiz olduğunuza inanırlar.

Gary:
Ki gerçekten elde etmek istedikleri bu değildir.

Dain:
Doğru, ne yazık ki bunu size empoze eden kim?

Gary:
Sizsiniz

Dain:
Dünya gezegeninin en büyük dallaması gibi görünen erkekler gördük, ancak kadınlar bunların üstüne başına tırmanıyordu. Sizi şimdiye kadar hiç olmayan biçimde kaba, özensiz, dallama

bu erkeklerden daha çekici kılacak şey farklı bir şey yaratma gönüllülüğünüzdür.

Gary:
Bunun önemli parçası yaratmak/oluşturmaktır. Değişmeye çalıştığınızda, yaratmaya çalışmıyorsunuz. Başlatılan bir şeyi alıp, yeteri kadar tadil edip, artık daha fazla rahatsızlık verici olmamasına çalışıyorsunuz. Bu sizin için yeterli mi?

Dain:
Farklı olmak yerine,*değişimden* yaşamakla yükümlü olduğunuzu düşünüyorsunuz. Bu fikir her şeyi lanet biçimde yoğun olarak altına almaktadır.

Gary:
Sürüklendiğimiz şey budur.

Dain:
Farklı bir şey seçmeyi düşünmeye başladığınız zaman, hücresel yapınız titreşime başlar. *Farklı olan* tarafından kafayı yediğinizi düşünürsünüz, *farklı* olanı sevmediğinizi düşünürsünüz, sadece daha iyi olmasına yetecek kadar değiştirme imkânına sahip olmak istediğinizi düşünürsünüz, ancak sizi öldüren şey budur. Sürüklenme modundan çıkmak zorundasınız, bunu yapmanın yöntemi sormaktır: Burada şimdi tamamıyla farklı bir olasılığın ortaya çıkmasına izin verecek farklı ne olabilir ya da yapabilirim?

Buna izin vermeyen her şeyi godzilyon kez yıkıp yaratımlarını tümüyle iptal eder misiniz lütfen? Right and Wrong, Good and Bad, POD and POC, All Nine, Shorts, Boys and Beyonds.

Değişim gereksinimi seçtiğiniz farklılık olasılığından daha gerçek ve daha gerekli olarak yaratmak için hangi aptallığı kullanıyorsunuz?

Gary:
Kadınlar "Değişmen gerekiyor," derler ondan sonra herhangi bir şey gereksinim haline gelince, direnç göstermek zorunda kalırsınız.

Bölüm: Farklı Bir Şeye Adım Atmak

Ya hayatınızdaki erkeklerle birlikte farklı bir şey yapmayı seçseydiniz? Bu onlarla seks yapmak zorunda olduğunuz anlamına mı geliyor? Hayır, çünkü şu anda onlarla ilişkinizi sürdürüyorsunuz, erkeklerle olan ilişkinizi, geçmişte yaptıklarınızdan daha farklı bir şey yapmadığınız halde değiştirmeye çalışıyorsunuz. Bütün bunlar değişimle ilgilidir.

Kadınlar bunu daha erken öğrenirler, kâğıttan bebekler vardır, değişik ve farklı görünmesi için yeni bir kâğıt elbise giydirirsiniz. Ama aslında farklı değildir; üzerine giydirdiğiniz şeyler nedeniyle görünüşü değişmiştir. Bu yeterli mi?

Eski eşim bir keresinde "Gary ve ben şimdilerde öylesine farklı bir ilişki yaşıyoruz ki onun giyim tarzını değiştirdim." demişti.

Dain:
Vay canına. "Bak ondan oyuncak erkek bebek yaptım."

Gary:
Onun oyuncak erkek bebeğiydim.

Dain:
Kaçınız yaşadığınız ilişkilerin çoğunda erkek oyuncak bebek haline geldiniz? Bununla ilgili var olan her şeyi godzilyon kez yıkıp yaratımlarını tümüyle iptal eder misiniz lütfen? Right and Wrong, Good and Bad, POD and POC, All Nine, Shorts, Boys and Beyonds.

Sizi oraya götüren şey kendinizi, kendinizden ayırımınızdır.

Değişim gereksinimini, seçtiğiniz farklılığın olasılıkları, seçimleri ve sorularından daha gerçek ve daha gerekli olarak yaratmak için hangi aptallığı kullanıyorsunuz? Bununla ilgili var olan her şeyi godzilyon kez yıkıp yaratımlarını tümüyle iptal eder misiniz lütfen? Right and Wrong, Good and Bad, POD and POC, All Nine, Shorts, Boys and Beyonds.

Gary:
"Burada başka hangi seçim, başka hangi olasılık ve başka hangi soruya sahibim?" diye sormaktansa "Bunu nasıl değiştiririm?" diye soruyorsunuz ki bu katkıda bulunamayacaksınız anlamına gelir. Sadece bir başkasına vermeye çalışırsınız. Bu bir anlam ifade ediyor mu?

Seminer Katılımcısı:
Tümüyle.

Seminer Katılımcısı:
Bu çok güzel! Bütün hayatım için kesinlikle doğru. Farklı bir şeyi yapmayı seçmeyi nasıl durdurdum görüyorum.

Gary:
Ne yazık ki, bize farklılığın farkındalığı verilmedi. Bu bilginin bir kısmı Costa Rica'da Dain'le hayatındaki bir durum hakkında konuşurken geldi. Dain "Bunu nasıl düzeltirim?" diye sordu. Ben "Neden düzelteceksin? Faklı bir şey yapabilirsin" dedim.

Dain:
Dedim ki "İnsanların yaptığı şey bu değil. Dünyada hiç kimse farklı bir şey yapmaz. Düzeltirsin böylece daha iyi çalışır." Gary neredeyse düşüyordu.

Gary:
Uzanmak zorunda kaldım. Beni çok korkutmuştu, çünkü bütün zamanımı Access Consciousness'u eğer farklı seçebileceğinizi bilirseniz, seçersiniz bakış açısından yaratmaya harcamıştım. Realitemin başka herkesten çok farklı olduğu benim için korkutucu ve baş döndürücüydü.

Dain:
Değişim gereksinimini seçtiğiniz farklılığın olasılıkları, seçimleri ve sorularından daha gerçek ve daha gerekli olarak yaratmak için hangi aptallığı kullanıyorsunuz? Bununla ilgili var olan her şeyi godzilyon kez yıkıp yaratımlarını tümüyle iptal eder misiniz

lütfen? Right and Wrong, Good and Bad, POD and POC, All Nine, Shorts, Boys and Beyonds.

Olasılıklar, seçimler ve sorulardan işlevsel olduğunuzda bu her yöne giden bir katkıdır. Bu sizin diğerlerine ve kendinize olan katkınızla ilgilidir. Eğer bir ilişkiye uymak için değişmeyi durdurur ve "Burada benim için ne ortaya çıkmak durumunda?" şeklinde bakmaya başlarsanız, onlardan işlevsel olmaya başlamak için farklı bir dizi sorular, farklı bir dizi olasılıklar, farklı bir dizi seçimler elde edeceksiniz. Oldukça fazla garanti edebilirim ki çoğu erkek ilişkilerinin işlerine yaraması için farklı ne olabileceğine asla bakmazlar.

"Her ne ise, tümüyle farklı ne yapabiliriz?" veya "Farklı bir katkı olmak ve bana farklı katkı olunması için farklı bir olasılık, seçim ve sorunun ortaya çıkmasına izin verecek farklı ne olabilirim ya da yapabilirim?" diye sormaktansa "Kendimi nasıl değiştirebilirim?" diye sorarsınız.

Olasılık, Seçim, Soru ve Katkı

Gary:
Gerçekten bir katkı olmak istediğinizi anlıyor musunuz?

Seminer Katılımcısı:
Evet.

Gary:
Katkıdan işlevsel olmanızın tek yolu seçim, olasılık ve soru üzerinden olur. Katkı hedefiniz zaten var. Bunun, katkı buna nasıl ilave edilecekle bir alakası yoktur; bu, varlık olarak sizin ve diğer herkesin arzuladığı şeydir- bir katkı olmak.

Eğer "farklı" dan işlevsel olmaya başlarsanız, hayatınızda farklı şeyler ortaya çıkar. Bu realiteyi değiştirmektense farklı bir realite oluşturmak zorundasınız. Düzeltici olmaya çalışmayın.

Seminer Katılımcısı:
Kendimi bir şeylerin daha işe yaraması veya daha iyi uyması için değiştirmeye çalıştığım zaman, kendimi kaybettiğim zaman mı oluyor?

Gary:
Evet, kendinizi kaybettiğiniz yer orası, çünkü farklı bir şey yapmıyor veya olmuyorsunuz; daha iyi uymak için değişiyorsunuz. Bu kıyafetinizi değiştirmek gibidir. Bir rol için giyindiniz. Başarı için giyinmediniz.

Seminer Katılımcısı:
Bu bana asla farkında olamadığım neyi seçtiğimle ilgili çok fazla farkındalık verdi. Bunun için minnettarım.

Dain:
Bu erkek olarak bizim erkek olma imkânı bulamadığımız pek çok alanı ve işlevsel olmaya çalıştığımız pek çok erkeklik olmayan durumu açıklamaktadır.

Gary:
Çünkü kendinizi ayarlamaya ve değişimin kesilmiş kartondan evrenine uymak üzere değiştirmeye çalışıyorsunuz.

Seminer Katılımcısı:
Kesinlikle. Kendime "Benim işime yarayacak olan nedir?" ve "Benim işime belki de diğer kişinin de işine yarayacak farklı ne yapabilirim?" diye sormak yerine "Başka birisinin işine yaraması için nasıl değiştirebilirim?" diye soruyordum.

Erkek Olmak Konusunda Hiç Cesaretlendirildiniz mi?

Seminer Katılımcısı:
Özür dilerim bunu ve erkek olarak olabileceğim olmayı anlamakta sorun yaşıyorum. Centilmenler Kulübüne çok minnettarım.

Bölüm: Farklı Bir Şeye Adım Atmak

Gary:
Öyleyse size bir soru sorabilir miyim?

Seminer Katılımcısı:
Evet.

Gary:
Erkek olmak için hiç cesaretlendirildiniz mi?

Seminer Katılımcısı:
Hayır, asla.

Gary:
Bu telekonferanstaki herhangi biri erkek olmak için cesaretlendirildi mi?

Seminer Katılımcısı:
Şimdi beni ağlatacaksınız.

Gary:
Ben erkek olmak için asla cesaretlendirilmedim. Kadınların evlenmek için seçecekleri erkek olmak için cesaretlendirildim.

Seminer Katılımcısı:
Erkek olmayı seçen bir erkeği hiç görmedim. Onlar sadece kadınları veya eşlerinin işine ne yarıyorsa o olmaya çalışıyorlar.

Seminer Katılımcısı:
Teşekkür ederim, beyler, bizimle uğraşmaya gönüllü olduğunuz için.

Gary:
Sizi seviyoruz. Sizi kendiniz sevdiğinizden daha iyi seviyoruz.

Dain:
Evet, kesinlikle! Sizi, kendinizi sevdiğinizden çok daha fazla seviyoruz.

Gary:
Farklı bir şey olmak için hızlanmanızı istiyoruz.

Seminer Katılımcısı:
Farklı benim yeni kelimem.

Gary:
Tamam, beyler dikkatli olun. Hepinizi seviyorum.

Seminer Katılımcısı:
Teşekkürler, beyler.

Gary:
Güle güle

Dain:
Güle güle

Bölüm: Ne Olduğunun Farkındalığından Seks Ve İlişki Yaratmak

Algılayabileceğiniz, bilebileceğiniz, olabileceğiniz ve alıp kabul edebileceğinizin doğruluğunu değil kısıtlı bakış açılarınızın doğruluğunu arama eğiliminiz vardır ve sonunda kendinizi işe yaramayan bir ilişkinin içinde bulursunuz.

Gary:
Merhaba centilmenler. Herhangi birinizin sorusu var mı?

İcada karşı Yaratım

Seminer Katılımcısı:
Şu anda, erkekle ilgili şeylerle uğraşacak zamanım yok. Bütün enerjim para kazanmaya ve işimi yapmaya gidiyor. Bu centilmen ıvır zıvırına zaman yok. Bütün bu diğer şeyler çok daha fazla önemli. Bununla ne oluşturuyorum? Benim için farklı bir şey yaratacak böylece her şeyi elde edebileceğim ne olabilirim ya da yapabilirim?

Gary:
Yaratım ve icat arasında farklılık olduğu konusunda berrak olmak zorundasınız. İcat, televizyon seyrederken insanları bir şeyler yaparken görüp sonra bunu, yaptıkları şey gerçektir diye icat etmeye/türetmeye çalışmak, böylece onların sahip oldukları şeyleri yaratacağınızı düşünerek aynı şeyleri söylemek ve aynı eylemleri yapmaktır. Ancak hiçbir şey yaratmıyorsunuz. Bu, realitenin ne olduğunun toplam icadıdır. Realitenin ne olduğunun farkındalığı değildir.

Sizi, farklı türden seçenekler bulacağınız böylece ne olduğuna bakacak ve "Bunu nasıl kullanmak istiyorum?" ve "Bunu nasıl yaratırım?" sorularını soracak alana getirmek istiyoruz.

Bölüm: Ne Olduğunun Farkındalığından Seks Ve İlişki Yaratmak

Bir keresinde Costa Rica'da iken, TV'de film izliyordum. Her şey İspanyolcaydı ve tam olarak anlayamıyordum, ancak neler olup bittiğinin ruhunu kapmıştım. "Tutkuyu" resmetmek istiyorlardı, onun için iç çamaşırlarıyla birinin zemine düştüğünü gösterdiler. Kişi Nike ve alçak konçlu çorap giymişti. Yüksek topukların üstüne düşen bir kadın külotu olsaydı bunun "tutku" olduğunu düşünebilirdim. Eğer Nike giyenin erkek mi yoksa dişi mi olduğunu bilseydim bunun "tutku" olduğunu düşünebilirdim, ancak olduğu haliyle "tutku" olarak bana bir şey vermedi (benim işime yaramadı). Bunu seyrederek işlevsel olduğumuz düşünceleri, hisleri, duyguları, seksi ve sekssizi (seks yoku) bizim icat ettiğimizin farkına vardım. Bize istediğimiz her şeyi verecek olanın gerçek ögelerini oluşturmuyoruz ve yaratmıyoruz. Örneğin seks hayatınızın ne kadarı bu realitenin görsel korteksine göre icat edildi?

Dain:
Görsel korteks, beynin görsel bilgileri işlediği bölümüdür. Görsel korteksinizin bir kişinin ne olması gerektiğiyle ilgili türettiğine eşleşen birisini görürsünüz ve bunun şu, şu ve şu demek olduğunu icat edersiniz/türetirsiniz. Gördüğünüz şey bunlardan hiçbiri anlamına gelmez, ama siz farkındalığınızı türetmenin/uydurmanın kısıtlamasına girmek lehine kesersiniz, yok edersiniz.

Göründüğü Şekle karşı Olduğu Şekil

Gary:
Siz, sonsuz varlık olarak algılar, bilir, olur ve alıp kabul edersiniz, doğru mu?

Algılama, bilme, olma ve alıp kabul etmenin alt armoniği düşüncelerden, hislerden, duygulardan, seks ve sekssiz (seks yok) tan işlevsel olmaktır. Bunu yapıyorken, siz, kısıtlı varlık olarak, dünyada görsel biçimde gördüğünüz her şey tasvir edilir. Örneğin, görsel açıdan bir şey yapmaya çalışırken sadece görünüşüne bakarsanız – olduğu şekle değil.

Algılayabileceğiniz, bilebileceğiniz, olabileceğiniz ve alıp kabul edebileceğinizin doğruluğunu değil kısıtlı bakış açılarınızın doğruluğunu arama eğiliminiz vardır ve sonunda kendinizi işe yaramayan bir ilişkinin içinde bulursunuz.

İşaretler, mühürler, semboller, amblemler ve seks, cinsel birleşme ve ilişkinin önemliliğinin icadını, seçtiğiniz yanlışlık, başarının reddi, alıp kabul etmenin eliminasyonu ve kaybetme olarak yaratmak için hangi aptallığı kullanıyorsunuz? Bununla ilgili var olan her şeyi godzilyon kez yıkıp yaratımlarını tümüyle iptal eder misiniz? Right and Wrong, Good and Bad, POD and POC, All Nine, Shorts, Boys and Beyonds.

İşaretler, mühürler, semboller ve amblemler ve önem verme, taktığınız ve kim olduğunuzla hiçbir alakası olamayan yaka kartıdır. Siz işaretleri, mühürleri, sembolleri, amblemleri ve seks, cinsel birleşme ve ilişkinin önemliliğini ararsınız.

İşaretler, mühürler, semboller, amblemler ve cinsel birleşmenin önemi şunlardır, "Benim tipime benziyorlar," "Benim tipime benzemiyorlar," "Eğlenceli olabilirler," "Eğlenceli olmayabilirler," "Bunu yapmalarını seyredebilirim, ama bulaşmak zorunda değilim." Gittiğiniz, seçime sahip olmak yerine olasılıkların elemine edilmesine göz yumduğunuz bütün o garip alanlardır.

İşaretler, mühürler, semboller, amblemler ve ilişkinin önemi şunlardır, "Oh, beni seviyorlar," "Oh, beni sevmiyorlar," "Oh, benimle birlikte olmak istiyorlar," "Benimle birlikte olmak istemiyorlar," "Oh, hayatımda birisi olsun istiyorum," " Hayatımda birisi olsun istemiyorum."

O kişinin kim olduğu hakkında hiçbir fikriniz olmadığı halde, kaç defa birisine bakıp sonra da "Birlikte olmak istediğim kişi işte bu," dediniz? Gerçekten ne istedikleriyle ilgili farkındalığa sahip değilsiniz ve siz sizden ne isteyecekleriyle ilgili bütün farkındalığınızı kesip yok ediyorsunuz, çünkü kimsenin sizden vermeye istekli olmadığınız bir şeyi istemelerini istemiyorsunuz.

Bu yeterli geldi mi?

Seminer Katılımcısı:
Hiç. Bu mağara adamı, otomatik pilot olayı gibi; Erkek olmanın temeli gibi görünüyor (mağara adamı sesi taklidi yaparak), "Uh, bu iyi gözüküyor, devam."

Erkeklik Organı (Sikin) Kuralı/Yönetimi

Gary:
Erkek olmak hakkında temel olan şey erkeklik organınızın kuralları tarafından yönetiliyor olmanızın gerekliliğidir. İster eşcinsel erkek olun ister normal erkek olun, erkeklik organı yönetir. Bu doğru mu yoksa bu bir icat mı/uydurmaca mı?

Seminer Katılımcısı:
İcat/uydurmaca

Gary:
Kaçınız erkeklik organı kuralını / yönetimini icat ettiniz? Erkeklik organı kuralı/yönetimini icat ettiğiniz her yeri şimdi yıkıp, yaratımlarını tümüyle iptal eder misiniz? Right and Wrong, Good and Bad, POD and POC, All Nine, Shorts, Boys and Beyonds.

Dain:
Bu harika. Erkelik organı kuralı/yönetimi

Gary:
Kaçınız aptalca şeyler söyleyen tipte biri olduğunuzu icat ettiğiniz alana sahip oldunuz?

Dain:
Çekici birisinin geçtiği her zaman!

Gary:
Ne zaman birisinin çekimine kapılsanız, "aptalca şeyler" söylersiniz.

Kendinizi aptalca şeyler söyleyen tipte biri olarak icat etmek için yaptığınız her şeyi yıkıp, yaratımlarını tümüyle iptal eder misiniz? Right and Wrong, Good and Bad, POD and POC, All Nine, Shorts, Boys and Beyonds.

Dain:
"Hadi canım, şunu alabilir miyim lütfen? Şunlardan birini alabilir miyim? Tamam, teşekkür ederim. İkinci bir tane daha alabilir miyim? Tamam, teşekkür ederim." Sanki başka hiçbir şeyin önemi yokmuş gibi. Aptalca şeyler söyleyen biri haline gelirsiniz.

Gary:
Tek haneli zekâ seviyesi olan biri haline gelirsiniz.

Erkeklik organınızın sizi yönettiği anlamına gelen, kendinizi tek haneli zekâ seviyeli olarak icat etmek için yaptığınız her şeyi yıkıp, yaratımlarını tümüyle iptal eder misiniz? Right and Wrong, Good and Bad, POD and POC, All Nine, Shorts, Boys and Beyonds.

Dain:
Vay canına. Bu tele konferansı şimdiden sevdim.

Gary:
Ben de sevdim.

Dain:
İşaretler, mühürler, semboller, amblemler ve seks, cinsel birleşme ve ilişkinin önemliliğinin icadını, seçtiğiniz yanlışlık, başarının reddi, alıp kabul etmenin eliminasyonu ve kaybetme olarak yaratmak için hangi aptallığı kullanıyorsunuz? Bununla ilgili var olan her şeyi godzilyon kez yıkıp yaratımlarını tümüyle iptal eder misiniz? Right and Wrong, Good and Bad, POD and POC, All Nine, Shorts, Boys and Beyonds.

Eğer Erkekseniz, Yanlışınız Var

Gary:
Şimdiye kadar hiç şirin, güzel görünümlü ve sizin için doğru kişi

olduğunu düşündüğünüz biriyle beraberken yanlışınız olduğu fikrine sahip oldunuz mu?

Seminer Katılımcısı:
Evet, ama eğer o kişiyle birlikte olmazsam yine yanlışım olur.

Gary:
Yani, tabi! Eğer yılanınız doğru yönü göstermezse, yanlışınız vardır. Bir yönü işaret ederse, yanlışınız vardır. Hiç göstermezse, yanlışınız vardır.

Dain:
Eğer göstermezse, daha da fazla yanlışınız vardır.

Gary:
Bunu kendi realiteniz olarak icat etmek için yaptığınız her şeyi yıkıp, yaratımlarını tümüyle iptal eder misiniz? Right and Wrong, Good and Bad, POD and POC, All Nine, Shorts, Boys and Beyonds.

Dain:
Şunu fark ettim, farklı kızlarla akşam yemeği için veya seks için veya her ne içinse dışarı çıkmak için hazırlanırken "Bu düzgün gözüküyor mu? Aman yarabbi, doğru etek tıraşı yaptım mı? Hadi dişlerimi bir kez daha fırçalayayım. Uh, deodorantımı kullandığımdan emin olmalıyım. Şunu yıkamayı unutmayayım." şeklinde düşünüyor olurdum. Nasıl yanlışlık yapacağım, zaten nasıl yanlış olduğum ve bu yanlışlığı bir şekilde iptal edecek nasıl yeteri kadar mükemmel görüneceğim veya kulağa hoş geleceğim ya da mükemmel bir şey söyleyeceğim hakkında yargı yoğunluğu vardı. Onların dünyasında olanları algıladığımın farkına varmam çok uzun bir zaman aldı.

Kendinizi bir seks partnerinin mükemmelliği gereksinimi olarak icat etmek için yaptığınız her şeyi yıkıp, yaratımlarını tümüyle iptal eder misiniz? Right and Wrong, Good and Bad, POD and

POC, All Nine, Shorts, Boys and Beyonds.

Görünüşe göre beyler hepiniz "mükemmel seks partneri" olmaya çalışıyorsunuz.

Gary:
Eğer erkekseniz, yanlışınız vardır. Eğer bir erkekle birlikte olan erkekseniz, hala yanlışınız vardır. Eğer bir erkekle seks yapmayı düşünüyorsanız, yanlışınız vardır. Eğer bir kadınla seks yapmayı düşünüyorsanız, yanlışınız vardır. İyi haber siz sadece lanet olası yanlışsınız.

Bunu realiteniz olarak icat etmek için yaptığınız her şeyi yıkıp, yaratımlarını tümüyle iptal eder misiniz? Right and Wrong, Good and Bad, POD and POC, All Nine, Shorts, Boys and Beyonds.

Dain:
İşaretler, mühürler, semboller, amblemler ve seks, cinsel birleşme ve ilişkinin önemliliğinin icadını, seçtiğiniz yanlışlık, başarının reddi, alıp kabul etmenin eliminasyonu ve kaybetme olarak yaratmak için hangi aptallığı kullanıyorsunuz? Bununla ilgili var olan her şeyi godzilyon kez yıkıp yaratımlarını tümüyle iptal eder misiniz? Right and Wrong, Good and Bad, POD and POC, All Nine, Shorts, Boys and Beyonds.

Gary:
Ulu tanrım, ulu tanrım. İyi haber siz beylerin hassas bilim seviyesine inen yanlışınız var.

Dain:
Bir şeyde haklı olmak iyidir.

Gary:
Evet, yanlış olmakta haklı olmak her zaman iyidir. Erkek olmanız nedeniyle otomatikman yanlışsınız.

Dain:
Haklısın.

Bölüm: Ne Olduğunun Farkındalığından Seks Ve İlişki Yaratmak

Gary:
Biliyorum, ama eğer haklıysam, sen yanlışsın ve eğer ben yanlışsam, sen haklısın ve eğer ben bir erkeksem ne olursa olsun yanlışım var.

Bu bakış açısı hakkında icat ettiğiniz her şeyi yıkıp yaratımlarını tümüyle iptal eder misiniz? Right and Wrong, Good and Bad, POD and POC, All Nine, Shorts, Boys and Beyonds.

Seminer Katılımcısı:
Lafın gelişi, eğer kadını elde edersek haklı olacağımızı mı düşünüyoruz?

Gary:
Yani, eğer onu elde ederseniz, en sonunda doğru işaretler, mühürler, semboller, amblemler ve önem ve önemsemelere sahip olduğunuzu kanıtlayacağınızı düşünüyorsunuz. Çoğunuz sadece cesaretin kırmızı rozetine veya aldatan erkek ve aşağılık biri olduğunuz anlamına gelen kırmızı "A" rozetine sahip olmaya isteklisiniz. Ya farklı bir realiteyi aktive eden ve gerçekleştiren kişi olsaydınız? Bunu seçiyor musunuz yoksa bundan kaçınıyor musunuz? Kaç defa, daha başlamadan bile önce kendinizi kaybeden olarak türettiniz? Godzilyondan fazla mı yoksa az mı?

Seminer Katılımcısı:
Fazla.

Gary:
Bu olan her şeyi godzilyon kez yıkıp yaratımlarını tümüyle iptal eder misiniz? Right and Wrong, Good and Bad, POD and POC, All Nine, Shorts, Boys and Beyonds.

Bu harika değil mi? Daha ağzınızı açmadan kaybettiniz. Bu bir ilişki yaratmayı veya cinsel birleşmeyi biraz zorlaştırır mı? Evet! Bu çıkarınıza en uygun şey değildir.

Doğum Kontrolünün İcadı

Dain:
İşaretler, mühürler, semboller, amblemler ve seks, cinsel birleşme ve ilişkinin önemliliğinin icadını, seçtiğiniz yanlışlık, başarının reddi, alıp kabul etmenin eliminasyonu ve kaybetme olarak yaratmak için hangi aptallığı kullanıyorsunuz? Bununla ilgili var olan her şeyi godzilyon kez yıkıp yaratımlarını tümüyle iptal eder misiniz? Right and Wrong, Good and Bad, POD and POC, All Nine, Shorts, Boys and Beyonds.

İşaretler, mühürler, semboller, amblemler ve önemsemeler sizi, farkındalığınızı doğurmaktan alıkoyan türetmelerdir. Nihai doğum kontrolü gibidirler. Yanlışlığı, başarının reddini, alıp kabul etmenin eliminasyonunu ve kaybetmeyi garanti etmeyi yaratacak şeyler olarak seks, cinsel birleşme ve ilişkiniz var. Sizler bundan dolayı kaybeden, kazanamayan gibi hissetmeyi sonlandırabilecek, alıp kabul edebilen ve yanlışı olmayan birisi olabilmek için doğru seks, doğru cinsel birleşme ve doğru ilişki elde etmeye çalışırsınız.

Seminer Katılımcısı:
Dain "İşaretler, mühürler, semboller, amblemler ve önemsemeler sizi farkındalığınızı doğurmaktan alıkoyan türetmelerdir" dediğinde benim için okudu. Bu nedir?

Gary:
Seksin, cinsel birleşmenin ve ilişkinin ne kadarı bir elemine etme ve farkındalığı doğurma değil kürtaj yaptırma yöntemidir?

Seminer Katılımcısı:
Tamamı.

Gary:
Yaptığınız seksin ne kadarı bütün farkındalığınızı durdurma temeline dayanıyor? Çoğu? Birazı? Yoksa mega tonlarcası mı? Right and Wrong, Good and Bad, POD and POC, All Nine, Shorts, Boys and Beyonds.

Dain:

İşaretler, mühürler, semboller, amblemler ve seks, cinsel birleşme ve ilişkinin önemliliğinin icadını, seçtiğiniz yanlışlık, başarının reddi, alıp kabul etmenin eliminasyonu ve kaybetme olarak yaratmak için hangi aptallığı kullanıyorsunuz? Bununla ilgili var olan her şeyi godzilyon kez yıkıp yaratımlarını tümüyle iptal eder misiniz? Right and Wrong, Good and Bad, POD and POC, All Nine, Shorts, Boys and Beyonds.

Gary:

Kaybetmenizin mümkün olduğuna gerçekten inanıyor musunuz? Bu inancı yaratmak için yaptığınız her şeyi yıkıp yaratımlarını tümüyle iptal eder misiniz? Right and Wrong, Good and Bad, POD and POC, All Nine, Shorts, Boys and Beyonds.

Kaybedenler yoktur. Kaybedenle kazanan arasındaki fark, ne olursa olsun deneyen kişiyle, buna bağlı olarak kaybetmemek için denemeye bile zahmet etmeyen kişi arasındaki farktır.

Kendiniz için yarattıklarınızın ne kadarı böylece aslında başarılı olmak, alıp kabul etmek veya kaybetmek zorunda kalmamak için değil her zaman farklı seçmediğinizden dolayı yanlış olduğunuzu kanıtlayabilmek için icat olmuştur? Bununla ilgili var olan her şeyi godzilyon kez yıkıp yaratımlarını tümüyle iptal eder misiniz? Right and Wrong, Good and Bad, POD and POC, All Nine, Shorts, Boys and Beyonds.

İşte siz beylerin kullanmaya/çalıştırmaya başlamanız gereken proses:

Seks, cinsel birleşme ve başarı yaratımının hangi fiziksel gerçekleştirmesini şimdi oluşturmaya, yaratmaya, başlatmaya ve sürdürmeye muktedirim? Bunun ortaya çıkmasına izin vermeyen her şeyi godzilyon kez yıkıp yaratımlarını tümüyle iptal eder misiniz? Right and Wrong, Good and Bad, POD and POC, All Nine, Shorts, Boys and Beyonds.

Ya Başarı Sadece bir Seçimse?

Seminer Katılımcısı:
Dediniz ki "seks, cinsel birleşme ve başarı." Başarı nasıl bu denklemin bir parçası oluyor? Beklenmeyen bir şeymiş gibi görünüyor.

Gary:
Yani, eğer birisiyle seks yapmayı becerirsen, daha fazla başarılı olduğunu hisseder misin?

Seminer Katılımcısı:
Evet.

Gary:
Daha fazla paraya sahip olma duygusuna ulaşırsan, daha başarılı hisseder misin?

Seminer Katılımcısı:
Evet.

Gary:
Bunlar gerçekten farklı şeyler mi?

Seminer Katılımcısı:
Farklı enerjiler, ama tatmin veya başarı orada.

Gary:
Her ne olursa olsun başarı hala orada. İşte bu nedenle çalıştırmanız için size bu prosesi veriyorum.

Seks, cinsel birleşme ve başarı yaratımının hangi fiziksel gerçekleştirmesini şimdi oluşturmaya, yaratmaya, başlatmaya ve sürdürmeye muktedirim? Bunun ortaya çıkmasına izin vermeyen her şeyi godzilyon kez yıkıp yaratımlarını tümüyle iptal eder misiniz? Right and Wrong, Good and Bad, POD and POC, All Nine, Shorts, Boys and Beyonds.

Bölüm: Ne Olduğunun Farkındalığından Seks Ve İlişki Yaratmak

Seminer Katılımcısı:
Dönüp dolaşıp başarıya geri geliyorum. Benim için öylesine dolu bir kelime ki. Bu bütünüyle kendimi onaylamakla ilgili ve yalnızca yargılama.

Gary:
Başarı her zaman bir yargıdır. Ya yargı hakkında endişe duymak zorunda olmasaydınız? Ya başarı sadece bir seçimse?

Seminer Katılımcısı:
Yargılama olmadan sadece başarıyı seçebilir misin?

Gary:
Evet.

Seminer Katılımcısı:
Bunu açıklayabilir misin?

Gary:
Evet. Yargılamayla başarı birisiyle seks yapacaksın görüşüdür. Yargılamayla başarı onun neticesi olarak bir şey yaratacaksın görüşüdür. Buna gerçekten ihtiyacınız var mı? Ya bir şeye başarı hissi olmaksızın bakmaya istekli olsaydınız? Sahip olmaya muktedir olduğunuz her şeye sahip olmaya istekli olsaydınız neye benzerdi? Başarı olarak baktığımız şeyler seks, cinsel birleşme ve romantizm hepsi yapmacıktır/zorlamadır. Zorlama bir realitedir.

Yaratabilirsiniz – veya İcat Edebilirsiniz

Dain:
Çünkü ya *yaratabilirsiniz* ya da icat *edebilirsiniz* ki bu konuşmanın ta başladığı yere kadar geri gider.

Gary:
Romantizm, seks ve cinsel birleşme başarınızın ne kadarı sizi boğma ve yok etmenin tam yerinde icat edildi/türetildi? Çoğu mu? Azı mı? Yoksa megatonlarca mı? Bununla ilgili var olan her şeyi godzilyon kez yıkıp yaratımlarını tümüyle iptal eder misiniz?

54

Right and Wrong, Good and Bad, POD and POC, All Nine, Shorts, Boys and Beyonds.

İcat birine bakıp sonra duygusal bağlantı kurmaya çalıştığınızda olur. Seksi ve cinsel birleşmeyi o durumdan oluşturmaya çalışırsınız, ama işe yaramaz bunun için hiçbir maddeye sahip değildir. Siz, olduğunuz varlık olarak, hayatta çok daha fazla cevhere sahipsiniz ve ne yazık ki eğer önemli cevhere sahip olsaydınız, ilgilendiğiniz insanları korkutma eğiliminiz olurdu.

Dain:
Onları oldukça dinamik bir biçimde korkutursunuz. Böylece hakkınızda aşırı olan her şeyi; Hakkınızda harika olan her şeyi; Hakkınızda garip olan her şeyi yumuşatmayı çok önceden öğrenirsiniz. Hakkınızda farklı olan her şeyi ki bu arada sizi siz yapan her şeydir; Sizi, birlikte olması eğlenceli olacak birine çekici kılan her şeydir. Bütün bunları yumuşatır ve kendinizi ona çekici gelmek üzere icat ettiğiniz birine çekici kılacak bir şey olarak icat etmeye çalışırsınız.

Gary:
Bu işinize yarıyor mu?

Seminer Katılımcısı:
Asla yaramıyor.

Gary:
Ne yaratmak istediğiniz hakkında gerçekçi olmak zorundasınız. Eğer "Hayatımda birisinin olmasını istiyorum," bakış açısında olursanız bu ne anlama gelir? Bir şey? Hiçbir şey? Yoksa aslında işinize yarayacak olanı görmek zorunda olmayacağınız kadar biçimsiz mi?

"Biriyle birlikte olma" kararınızın ne kadarı hiçliğin şekilsiz realitesinin icadıdır?

Dain:
İşaretler, mühürler, semboller, amblemler ve seks, cinsel birleşme

ve ilişkinin önemliliğinin icadını, seçtiğiniz yanlışlık, başarının reddi, alıp kabul etmenin eliminasyonu ve kaybetme olarak yaratmak için hangi aptallığı kullanıyorsunuz? Bununla ilgili var olan her şeyi godzilyon kez yıkıp yaratımlarını tümüyle iptal eder misiniz? Right and Wrong, Good and Bad, POD and POC, All Nine, Shorts, Boys and Beyonds.

Seks, cinsel birleşme ve başarı yaratımının hangi fiziksel gerçekleştirmesini şimdi oluşturmaya, yaratmaya, başlatmaya ve sürdürmeye muktedirsiniz? Bunun ortaya çıkmasına izin vermeyen her şeyi godzilyon kez yıkıp yaratımlarını tümüyle iptal eder misiniz? Right and Wrong, Good and Bad, POD and POC, All Nine, Shorts, Boys and Beyonds.

Farklı Olan Bir Şey Yaratmak

Gary:
Siz beyler, farklı olan bir şey yaratmakla ilgili konuştuğumuzu anladınız mı? Bir şeyin ne olmasını isterdiniz bilmek zorundasınız. Sorun:

- Kolay olacak mı?
- Eğlenceli olacak mı?
- Benim için genişletici olacak mı?
- Benim için besleyici olacak mı?
- Bir şey öğrenecek miyim?

Eğer değilse, yaptığınız her şey sizi becerecek birini istemek olur. Ve eğer sizi becerecek birisini isterseniz, pek çok insan sizi becerecektir – ve bu her zaman iyi bir şekilde olmayacaktır.

Dain:
Gerçek hikâye.

Gary:
Bu size anlamlı geliyor mu?

Seminer Katılımcısı:
Evet.

Gary:
Kaçınız birlikte olmayı istediğinize karar verdiğiniz kişi tarafından – ve iyi olmayan bir şekilde – becerildiniz? Bu kararı verdiğiniz her yeri, çünkü seks yapacağınız veya cinsel birleşmede bulunacağınız herhangi birisi hakkında bir karar verdiğiniz, bir yargılama yaptığınız, bir hesaplama yaptığınız veya bir sonuca vardığınız her zaman tabutunuzu mühürlüyorsunuz ve durumun içinde öleceksiniz. Bu olan her şeyi godzilyon kez yıkıp yaratımlarını tümüyle iptal eder misiniz? Right and Wrong, Good and Bad, POD and POC, All Nine, Shorts, Boys and Beyonds.

Dain:
İşaretler, mühürler, semboller, amblemler ve seks, cinsel birleşme ve ilişkinin önemliliğinin icadını, seçtiğiniz yanlışlık, başarının reddi, alıp kabul etmenin eliminasyonu ve kaybetme olarak yaratmak için hangi aptallığı kullanıyorsunuz? Bununla ilgili var olan her şeyi godzilyon kez yıkıp yaratımlarını tümüyle iptal eder misiniz? Right and Wrong, Good and Bad, POD and POC, All Nine, Shorts, Boys and Beyonds.

Seks, cinsel birleşme ve başarı yaratımının hangi fiziksel gerçekleştirmesini şimdi oluşturmaya, yaratmaya, başlatmaya ve sürdürmeye muktedirsiniz? Bunun ortaya çıkmasına izin vermeyen her şeyi godzilyon kez yıkıp yaratımlarını tümüyle iptal eder misiniz? Right and Wrong, Good and Bad, POD and POC, All Nine, Shorts, Boys and Beyonds.

Erkeklik organı kurallarının icadını/türetmesini yaratmak için hangi aptallığı kullanmayı seçiyorsunuz? Bunun ortaya çıkmasına izin vermeyen her şeyi godzilyon kez yıkıp yaratımlarını tümüyle iptal eder misiniz? Right and Wrong, Good and Bad, POD and POC, All Nine, Shorts, Boys and Beyonds.

Bölüm: Ne Olduğunun Farkındalığından Seks Ve İlişki Yaratmak

Gary:
Kaçınız erkeklik organınızın siz dâhil her şeyi yönettiğini düşünüyorsunuz? Erkeklik organınıza üzerinizde egemenlik kurma hakkı vermek için yaptığınız her şeyi yıkıp yaratımlarını tümüyle iptal eder misiniz? Right and Wrong, Good and Bad, POD and POC, All Nine, Shorts, Boys and Beyonds.

Kendinizi Daha Az Cinsel mi Yapıyorsunuz?

Dain:
Kaçınız erkeklik organınızın hayatınızı yönetmemesi, sizi tümüyle aseksüel yapmaması için çaba içindesiniz? Bununla ilgili var olan her şeyi godzilyon kez yıkıp yaratımlarını tümüyle iptal eder misiniz? Right and Wrong, Good and Bad, POD and POC, All Nine, Shorts, Boys and Beyonds.

Gary:
Vay canına. Mesele kendilerini aseksüel yapmaları değil. Kendilerini daha az seksüel yaptılar böylece seksi sevmeyenler tarafından kabul edilebileceklerdir.

Dain:
Oh evet, ben bunu çok uzun zaman yaptım.

Seminer Katılımcısı:
Aman tanrım.

Gary:
Böylece seksi sevmeyenler tarafından kabul edilebilmek için kendinizi daha az seksüel hale getirmek için yaptığınız her şeyi yıkıp yaratımlarını tümüyle iptal eder misiniz? Right and Wrong, Good and Bad, POD and POC, All Nine, Shorts, Boys and Beyonds.

Seminer Katılımcısı:
Bunu yapmayı daha çocukken öğreniyoruz. Dün oğlumu annesine

götürdüm, annesinin onu kabul edebilmesi için bütün cinselliğini nasıl tamamıyla kapattığını seyretmek çok ilginçti.

Gary:
Evet, bu tür cinselliğe sahipseniz üzerinize çamur atılacağını fark eder ve onu kıyma yaparsınız.

Cinselliğinizin yanlışlığının, cinselliğinizin yargılanmasının mükemmelliği olarak icadını ve ölü ve ölmekte olanlar için cinsel enerji sunma gerekliliğini yaratmak için hangi aptallığı kullanmayı seçiyorsunuz? Bununla ilgili var olan her şeyi godzilyon kez yıkıp yaratımlarını tümüyle iptal eder misiniz? Right and Wrong, Good and Bad, POD and POC, All Nine, Shorts, Boys and Beyonds.

Dain:
Vay canına. Vay canına. "Vay canına" dedim mi?

Cinsel Enerji Yetersizliğinden Ölmekte Olanları İyileştirmeye mi Çalışıyorsunuz?

Gary:
Bu iyi bir prosestir. Bir ton şarjı var. Anlaşılan çoğunuz cinsel enerjinizi kesip düşürüyorsunuz, böylece yetersiz cinsel enerjiden ölmekte olanları iyileştirebileceksiniz.

Seminer Katılımcısı:
Aman tanrım.

Dain:
Cinselliğinizin yanlışlığının, cinselliğinizin yargılanmasının mükemmelliği olarak icadını ve ölü ve ölmekte olanlar için cinsel enerji sunma gerekliliğini yaratmak için hangi aptallığı kullanmayı seçiyorsunuz? Bununla ilgili var olan her şeyi godzilyon kez yıkıp yaratımlarını tümüyle iptal eder misiniz? Right and Wrong, Good and Bad, POD and POC, All Nine, Shorts, Boys and Beyonds.

Hey, benim bir sorum var. Cinsel enerjiyi sahip birinin

Bölüm: Ne Olduğunun Farkındalığından Seks Ve İlişki Yaratmak

etrafındayken, özellikle başka bir erkeğin etrafındayken, tırsıp garip rekabetçi şeyler yapmanın nedeni bu mu? Daha ziyade bir kadın seçmeyi veya ölmekte olan birkaç talihsiz bir arkadaş seçip onları hayata döndürmeye çalışmayı seçersiniz ve sonra eğer diğer bazı kişiler onları sizin yerinize hayata döndürmekle ilgilenirlerse kızarsınız.

Sen kötü çocuk, cinselliğinin yanlışlığının, cinselliğinin yargılanmasının mükemmelliği olarak icadını ve ölü ve ölmekte olanlar için cinsel enerji sunma gerekliliğini yaratmak için hangi aptallığı kullanmayı seçiyorsun? Bununla ilgili var olan her şeyi godzilyon kez yıkıp yaratımlarını tümüyle iptal eder misin? Right and Wrong, Good and Bad, POD and POC, All Nine, Shorts, Boys and Beyonds.

Gary:
Sadece, spermlerinizi birisine enjekte etmeniz hayat ve yaşam yaratmaz, diyebilir miyim?

Bunu yaratmaya çalıştığınız her yeri ve aslında hayatı ve yaşamı yaratacak, icat ettiğin/türettiğin her şeyi yıkıp yaratımlarını tümüyle iptal eder misiniz, godzilyon kez? Right and Wrong, Good and Bad, POD and POC, All Nine, Shorts, Boys and Beyonds.

Seminer Katılımcısı:
Ya üzerlerine enjekte ederseniz?

(Kahkahalar)

Dain:
Sizi seviyorum, sizi seviyorum.

Bütün zamanınız ve enerjinizle ve ölü ve ölmeyi seçenlere cinsel enerji sunma gerekliliği dışında yapacak başka şeyiniz olmaması nedeniyle cinselliğinizin yanlışlığını, cinselliğinizin yargılanmasının mükemmelliği olarak yaratmak için hangi aptallığı kullanmayı seçiyorsunuz? Bununla ilgili var olan her şeyi godzilyon kez yıkıp yaratımlarını tümüyle iptal eder misiniz? Right and Wrong, Good

and Bad, POD and POC, All Nine, Shorts, Boys and Beyonds.

Gary:
Kaçınız aslında seks yaptığınız ölü ve ölmekte olan insanların, sunacağınız sekse ihtiyacı olan insanlar olduğunu icat ettiniz? Kendinizle siktirici biçimde eğlenmektense bunu yaratmak için yaptığınız her şeyi yıkıp yaratımlarını tümüyle iptal eder misiniz? Right and Wrong, Good and Bad, POD and POC, All Nine, Shorts, Boys and Beyonds.

Dain:
Cinselliğinizin yanlışlığının, cinselliğinizin yargılanmasının mükemmelliği olarak icadını ve ölü ve ölmekte olanlar için cinsel enerji sunma gerekliliğini yaratmak için hangi aptallığı kullanmayı seçiyorsunuz? Bununla ilgili var olan her şeyi godzilyon kez yıkıp yaratımlarını tümüyle iptal eder misiniz? Right and Wrong, Good and Bad, POD and POC, All Nine, Shorts, Boys and Beyonds.

Gary:
Onun için cinsel enerji sunmak zorunda olduğunuz ölmekte olan talihsiz olduğunuza karar mı verdiniz?

Dain:
Ve aslında ölü ve ölmekte olanlardan cinsel enerji alabilir misiniz?

Gary:
Bu icadı/türetmeyi gerçek olarak yaratmak için yaptığınız her şeyi yıkıp yaratımlarını tümüyle iptal eder misiniz? Right and Wrong, Good and Bad, POD and POC, All Nine, Shorts, Boys and Beyonds.

Seminer Katılımcısı:
Ölü ve ölmekte olan birisini desteklemek bir başarı ölçüsüymüş gibi görünüyor.

Dain:
Orada hiçbir şey yok ve siz "Seni hayata getireceğim! Bundan dolayı ben güçlüyüm. Ben bir başarıyım çünkü seni hayata getirdim." dersiniz.

Bölüm: Ne Olduğunun Farkındalığından Seks Ve İlişki Yaratmak

Cinselliğinizin yanlışlığının, cinselliğinizin yargılanmasının mükemmelliği olarak icadını ve ölü ve ölmekte olanlar için cinsel enerji sunma gerekliliğini yaratmak için hangi aptallığı kullanmayı seçiyorsunuz? Bununla ilgili var olan her şeyi godzilyon kez yıkıp yaratımlarını tümüyle iptal eder misiniz? Right and Wrong, Good and Bad, POD and POC, All Nine, Shorts, Boys and Beyonds.

Gary:
Seks yapmak için aslında eğlenceli olan birini seçmek varken ölü ve ölmekte olanı seçtiğiniz yeri görmenize engel olan her şeyi yıkıp yaratımlarını tümüyle iptal eder misiniz? Right and Wrong, Good and Bad, POD and POC, All Nine, Shorts, Boys and Beyonds.

Dain:
Bunu, ölü ve ölmekte olan haline gelmek zorunda kaldığınız, böylece birisinin gelip size enerji vereceği yerle ilgili yapan her şeyi yıkıp yaratımlarını tümüyle iptal eder misiniz lütfen? Right and Wrong, Good and Bad, POD and POC, All Nine, Shorts, Boys and Beyonds.

Cinsel Çekicilik

Gary:
Cinsel çekicilik olarak adlandırdığınız şey mi bu?

Dain:
Vay canına

Gary:
Cinsel çekicilik olarak icat ettiğiniz/türettiğiniz şey işte budur. Eğer ölü ve ölmekte olan birini elde ederseniz, size çekici gelecektir. Eğer siz ölü ve ölmekte iseniz, siz başka birisine çekici geleceksiniz.

Bununla ilgili var olan her şeyi godzilyon kez yıkıp yaratımlarını tümüyle iptal eder misiniz? Right and Wrong, Good and Bad, POD and POC, All Nine, Shorts, Boys and Beyonds.

Cinsel çekiciliğinizin yüzde kaçı size yanlışlığınızı görmenizi veya yanlışlığınız olmanızı sağlayan icat? Çoğu? Birazı? Yoksa mega tonlarcası mı? Bununla ilgili var olan her şeyi godzilyon kez yıkıp yaratımlarını tümüyle iptal eder misiniz? Right and Wrong, Good and Bad, POD and POC, All Nine, Shorts, Boys and Beyonds.

Dain:
Cinselliğinizin yanlışlığını, cinselliğinizin yargılanmasının mükemmelliği olarak icadını ve ölü ve ölmekte olanlar için cinsel enerji sunma gerekliliğini yaratmak için hangi aptallığı kullanmayı seçiyorsunuz? Bununla ilgili var olan her şeyi godzilyon kez yıkıp yaratımlarını tümüyle iptal eder misiniz? Right and Wrong, Good and Bad, POD and POC, All Nine, Shorts, Boys and Beyonds.

Gary:
Vay canına, bu umduğumdan bile çok daha yoğun oldu.

Seminer Katılımcısı:
Gerçekten minnettarım

Dain:
Adamım, bu gerçekten şaşırtıcı. Ve ben, diğerinin sonu gelmez bir proses olduğunu düşündüm.

Cinselliğinizin yanlışlığını, cinselliğinizin yargılanmasının mükemmelliği olarak icadını ve ölü ve ölmekte olanlar için cinsel enerji sunma gerekliliğini yaratmak için hangi aptallığı kullanmayı seçiyorsunuz? Bununla ilgili var olan her şeyi godzilyon kez yıkıp yaratımlarını tümüyle iptal eder misiniz? Right and Wrong, Good and Bad, POD and POC, All Nine, Shorts, Boys and Beyonds.

Gary:
Ya etrafınızdaki diğer insanlardan daha fazla cinsel enerjiniz varsa?

Kaçınız cinsel iyileştiricisiniz ve başkalarının sizin cinsel iyileştiriciniz olmasını istiyorsunuz? Sizi öldüren şey işte budur. Başkalarının sizin cinsel iyileştiriciniz olmalarını istiyorsunuz. Dünyada yaptığınız her icadı yıkıp yaratımlarını tümüyle iptal eder misiniz? Right and Wrong, Good and Bad, POD and POC, All Nine, Shorts, Boys and Beyonds.

Yaratım üzerine Odaklanma

Böylece olması için onu yaratmak yerine bir şeyin olacağını icat etmeye çalışıyorsunuz. Başarılı olmak istiyorsanız, neyi yaratmaya muktedir olduğunuza bakmalısınız. Birisiyle cinsel olarak bir araya gelmenin yaratımına odaklanmaya mecbursunuz.

Dain:
Bir şeyin olacağını icat ettiğiniz zaman ve bu olmadığında, icadını yaratmaya muktedir olmanız gerekeni, yaratmaya muktedir olmadığınızın yanlışlığıyla baş başa kalırsınız. Kiminle veya neyle seks yapabileceğiniz veya kim ve ne tarafından cinsel ilişkide bulunacağınız ya da bunu nasıl konumlandırmak isterseniz, üzerine pek çok zaman ve enerji harcamaya gönüllü oluşunuz dışında hayatınızın her alanında başarı yaratmak için ne kadar enerji koymaya gönüllüsünüz?

Gary:
Seksi başarının tanımı olarak kullanma eğilimindesiniz. Eğer çok fazla sayıda insana çekici gelen cinsel enerjiye sahipseniz başarılısınız. Ya sizi kapana kısılmış tutan bu yalansa?

Cinsel enerjinin başarının işareti olacağı ve cinsel enerjinin size cinsel ilişki getireceği yalanını satın almak için yaptığınız her şeyi yıkıp yaratımlarını tümüyle iptal eder misiniz? Right and Wrong, Good and Bad, POD and POC, All Nine, Shorts, Boys and Beyonds.

Seminer Katılımcısı:
Hey, Gary, sen yalan diyorsun, ama çok doğru hissettiriyor. Eğer cinsel enerjiye sahipseniz, başarılı olacaksınız fikriyle iğne, misina ve kurşun aldım.

Gary:
Bu doğru mu, yoksa kendinize karşı yaptığınız bir şey mi?

Dain:
Ya da kendinize karşı icat ettiğiniz bir şey mi?

Gary:
Bu enerjiyi kendin için kullanmak yerine kendine karşı kullanmak için yaptığınız her şeyi yıkıp yaratımlarını tümüyle iptal eder misiniz? Right and Wrong, Good and Bad, POD and POC, All Nine, Shorts, Boys and Beyonds.

Tatile Çıkmak

Dain:
Bütün bu icatlar şimdiye kadar seksin eğlenceli olmasının önünde duran devasa bir parçadır, çünkü seks bütün bu icatlara dayanmaktadır. Ayrıca bu kendinizi var olan başarıdan uzak tuttuğunuz yerlerden biridir. Seks ve cinsel birleşmede bulunmak – ya da kaçınmak - için koyduğunuz enerji miktarını düşünün ve sorun, "eğer bu miktar enerjiyi işime koysaydım, geçen yıl içerisinde ne yaratabilirdim?" Belki bunu değiştirme olasılığını göz önüne alabilir böylece o enerjiyi işinize koymaya başlayabilirsiniz.

Hayatımda kadınlarınobje olduğu zaman vardı. Bir noktada, bir sabah bir buluşmaya gittim ve aynı gün daha sonra seks yaptığım başka bir kız vardı. Geceyi onunla geçirdim ve ertesi öğleden sonra üstüne başka bir kız geldi, o ve ben seks yaptık. İki buçuk günlük tatil yaptım, eğer isterseniz.

Gary:
Şimdi işte böyle adlandıracağız, "Dain tatile çıkıyor."

Dain:
Evet, "Tatile çıkıyorum!" Orası zihnimi kapattığım yerdi. Bilinçten, farkındalıktan ve işimi yaratmaktan tatil izni almamdı.

Gary:
Seks ve cinsel birleşmenin "tatilde" olarak hangi fiziksel geçekleştirmesini şimdi artık oluşturmaya, yaratmaya ve başlatıp sürdürmeye muktedirsiniz? Bunun ortaya çıkmasına izin

vermeyen her şeyi godzilyon kez yıkıp yaratımlarını tümüyle iptal eder misiniz? Right and Wrong, Good and Bad, POD and POC, All Nine, Shorts, Boys and Beyonds.

Dain:
Bu deneyimi yaşadığım için gerçekten minnettardım çünkü yargılarını iptal edebileceğim, bedenlerini tahrik edeceğim ve hoşlandığım bir seviyede yoğunluk yaşayacağım yerde, insanların evrenine, onları hayata getirmek ve seks yapmak için çok fazla miktarda enerji koyduğumu fark ettim. Duruma baktım ve "Adamım, eğer bunca enerjiyi işime koysaydım, işim bu hafta sonu sadece birazcık ileri doğru yalpa yapacağına tatile çıkardı" dedim. İşimden çok fazla miktarda enerji çekiyordum. Sınırlı miktarda enerjiye sahip olduğunuzdan değil, ama "Yaratıcı olan budur, oluşturucu olan budur ve başka çok az şey böyle," gibi bir düşünceye sahipseniz kendinizi oluşturabileceğiniz başarıdan uzaklaştırırsınız.

Gary:
Eskiden bunu atlamayı nasıl yapardım biliyor musun? Uyuşturucu kullandığım, seks ve rock and roll yaptığım eski günlerde birisiyle seks yapmadan önce iki tane esrarlı sigara içerdim böylece bütün yargılamalarını atlardım. Baya işe yaradı.

Dain:
Eğer bu farkındalığa sahip olabilir ve "Yaptığım seçimler dolayısıyla aslında başarımı yok mu ediyorum?" diye sorarsanız farklı bir seçim yapabileceğinizi belki bulabilirsiniz. Şöyle diyebilirsiniz, "Tamam, bunun oluşturucu ve yaratıcı olması için ne gerekir? Şu anda buraya gitmemi oluşturan sahip olduğum bütün icatları, yıkıp yaratımlarını iptal ediyorum."

Tümüyle Farklı bir Realiteden Seks ve İlişki Yaratmak Neye Benzerdi?

Gary:
Gelecek hafta, tümüyle farklı bir realiteden seks ve ilişki

oluşturmaya ve yaratmaya istekli olsaydınız bu neye benzerdi, buna bakmanızı istiyorum. Bu soruyu bir tekrar dizinine koyun ve durmaksızın dinleyin:

Bu realitenin ötesinde bir realiteden seks, cinsel birleşme, ilişkiler ve başarının hangi fiziksel gerçekleştirmesini şimdi artık oluşturmaya, yaratmaya, başlatmaya ve sürdürmeye muktedirim? Bununla ilgili var olan her şeyi godzilyon kez yıkıp yaratımlarını tümüyle iptal eder misiniz? Right and Wrong, Good and Bad, POD and POC, All Nine, Shorts, Boys and Beyonds.

Dain:
Tamamdır, güzel adam.

Seminer Katılımcısı:
Sadece bu tele konferans için ne kadar minnettar olduğumu söylemek istiyorum. Hepsi şaşırtıcı. Çok teşekkür ederim.

Seminer Katılımcısı:
Çok teşekkür ederim.

Dain:
Teşekkür ederim. Bundan daha iyi nasıl olur?

Gary:
Teşekkür ederim beyler. Sizi çok seviyorum.

Bölüm: Siz Değerli Ürünsünüz

*Diğerlerini artık daha fazla değerli ürün yapmak istemiyorum.
Ben değerli ürün haline geldim
ve daha önce olduğundan çok daha fazlası benim için mevcut*

Gary:
Merhaba centilmenler. Hadi bazı sorularla başlayalım

Gereklilik Şeytanları
Seminer Katılımcısı:
Centilmenler Kulübüne çok minnettarım. Hayatımda ilk kez, bir erkek ve bir erkek bedeni içinde olduğum için mutluyum. "Bundan daha iyi nasıl olur?" sorusunu soruyorum ve yaklaşık yüzde doksanında "daha iyi gitmez" sesi duyuyorum. Bunun benim düşüncem mi, bir başkasının düşüncesi mi yoksa bir varlığın düşüncesi mi bilmiyorum.

Ayrıca " Seçtiğim 'Bundan daha iyi nasıl olur?' sorusunun tümüyle yok edilmesi ve elimine edilmesini yaratmak için hangi aptallığı kullanıyorum?" sorusunu da soruyorum. Bununla ilgili biraz netlik verebilir misin lütfen?

Gary:
Şunu sormak zorundasın: Ayırımın şeytanları mı? Ve onlara gitme zamanlarının geldiğini söyleyin. Şöyle söyleyin: Şeytanlar, geldiğiniz yere geri dönün, bana ve bu realiteye asla geri dönmeyin.

Herhangi birisi ya da herhangi bir şey size, şeytan olana bir şey yapamazsın diyebilir. Entiti yeni bir bedeni memnuniyetle üzerine alabilen bir varlıktır. Şeytan, birisi ya da bir şey üzerinde güç kullanma işi verilen bir entiti dir. Bu sizi kilitler ve eksiltilmiş durumda tutar. Biz sizi böyle bir durumun olmadığı yere ulaştırmak istiyoruz. Şeytanlar birinin takipçisi haline geldiğiniz her zaman gelirler, çünkü takip etmekte olduğunuz insandan güç elde etmeye çalışıyorsunuz. Herhangi birinize bir kadının üzerinde kullanmak üzere hiç güç verildi mi?

Seminer Katılımcısı:
(Kahkahalar)

Gary:
Bu bir evet olmalı. Hadi bu prosesle başlayalım:

Yapay yoğunlukları ve karşı cinsi takip etme gerekliliği şeytanlarının icatlarını yaratmak için hangi aptallığı kullanmayı seçiyorsunuz? Bununla ilgili var olan her şeyi godzilyon kez yıkıp yaratımlarını tümüyle iptal eder misiniz? Right and Wrong, Good and Bad, POD and POC, All Nine, Shorts, Boys and Beyonds.

Seminer Katılımcısı:
Yapay yoğunluğun ne olduğu hakkında konuşabilir misin?

Gary:
Gerçekten bir şeye sahip olmak istediğinizde "Bu gerçekten güzel bir fikir!" bakış açısını alırsınız. Onu yoğunlaştırırsınız. "Bu nedenle buna ihtiyacım var" dersiniz. Bu icat edilmiş bakış açısıdır. Yapaydır. Yoğunluğu iyi bir şey yaratacağınız inancını yaratmak için kullanırsınız.

Bir kadını veya altın vajinayı takip etmek istediğiniz her zaman, şeytanların etkisi haline geldiğiniz bir yeri yaratıyorsunuz. Ve bazı hayatlarınızda bir kadın idiyseniz, erkekleri takip etmeye çalışırsınız. Ne zaman kendinizi birisinin takipçisi yapsanız, şeytanları sizi kontrol etmesi için davet edersiniz.

Seminer Katılımcısı:
Bir guruyu takip ettiğinizde, onun üzerinde güç kullanmaya mı çalışıyorsunuz?

CENTİLMENLER KULÜBÜ

Gary:
Bir guruyu takip edersiniz çünkü onun sizi olduğunuz zeki insan olarak görmesini istersiniz. Şeytanları sizi görmeleri ve ne kadar zeki olduğunuzun farkına varmaları için davet edersiniz. Şeytanlar birisini takip etmeye çalıştığınız her zaman aktive olurlar.

Seminer Katılımcısı:
Bu çok ilginç.

Gary:
Yapay yoğunlukları ve karşı cinsi takip etme gerekliliği şeytanlarının icatlarını yaratmak için hangi aptallığı kullanmayı seçiyorsunuz? Bununla ilgili var olan her şeyi godzilyon kez yıkıp yaratımlarını tümüyle iptal eder misiniz? Right and Wrong, Good and Bad, POD and POC, All Nine, Shorts, Boys and Beyonds.

Şeytanların güç kaynağı olduğunu ve yapay yoğunluğun bir güç kaynağı olduğunu siz icat ettiniz. Tabiki, hiçbiriniz yapay olarak yoğun değilsiniz. Yoksa öyle misiniz?

Yapay yoğunlukları ve karşı cinsi takip etme gerekliliği şeytanlarının icatlarını yaratmak için hangi aptallığı kullanmayı seçiyorsunuz? Bununla ilgili var olan her şeyi godzilyon kez yıkıp yaratımlarını tümüyle iptal eder misiniz? Right and Wrong, Good and Bad, POD and POC, All Nine, Shorts, Boys and Beyonds.

Her ne zaman birisini ya da bir şeyi takip etmeye çalışsanız, hayatınıza en kötü neticeyi yaratacak şeyi davet ediyorsunuz. Takip etme düşüncesi, birisinin üzerinizde güç kullanma ihtiyacı olduğu ya da üzerinizde kontrol sahibi olabilecekleri ve birisinin sizin üzerinizde kontrol sahibi olmasının sizin için kendiniz olmaktan daha önemli olduğu düşüncesidir.

Yapay yoğunlukları ve karşı cinsi takip etme gerekliliği şeytanlarının icatlarını yaratmak için hangi aptallığı kullanmayı seçiyorsunuz? Bununla ilgili var olan her şeyi godzilyon kez yıkıp yaratımlarını tümüyle iptal eder misiniz? Right and Wrong, Good and Bad, POD and POC, All Nine, Shorts, Boys and Beyonds.

Bölüm: Siz Değerli Ürünsünüz

Seminer Katılımcısı:
Bu tele konferansta kalmakta büyük güçlük çekiyorum. Yalnızca burada olmak istemiyorum. Kulaklığımı çıkarıp atmak istiyorum. Bu şeytan işi mi yoksa başka bir şey mi?

Gary:
Şeytanlar her zaman sizi, size onlardan özgürlük verecek her şeyden uzaklaştırmaya çalışırlar. O nedenle şu anda, hepiniz, şu ana kadar karşı cinse sahip olmak veya karşı cins olmak için seçtiğiniz bütün şeytanlara şunu deyin: Geldiğin yere geri dön, bana ve bu realiteye bir daha asla geri dönme.

Seminer Katılımcısı:
Vay canına, bu harika

Seminer Katılımcısı:
Teşekkür ederim.

Gary:
Herkes daha iyi hissediyor mu?

Seminer Katılımcısı:
Evet!

Gary:
Yapay yoğunlukları ve karşı cinsi takip etme gerekliliği şeytanlarının icatlarını yaratmak için hangi aptallığı kullanmayı seçiyorsunuz? Bununla ilgili var olan her şeyi godzilyon kez yıkıp yaratımlarını tümüyle iptal eder misiniz? Right and Wrong, Good and Bad, POD and POC, All Nine, Shorts, Boys and Beyonds.

Şimdi daha fazla mevcut kalabiliyor musunuz?

Seminer Katılımcısı:
Çok daha fazla mevcut durumdayım. Bedenim neredeyse titriyor.

Gary:
İyi. Bu titreme mi, yoksa bedeninizin gerçekten olabileceği enerji olmak mı? Entiti ve şeytanları bedeninize ve realitenize siz davet

ettiniz o nedenle yatakta olmanız gereken şeytan olabilirsiniz. Bu bir kadından seks talep etmeniz gerektiği ve onun da bunu vermesinin beklendiği, çünkü sizi takip etmesi gerektiği durumdur, ancak siz zaten onu takip ediyorsunuz, öyleyse yönetim kimde ve bu nasıl işliyor?

Seminer Katılımcısı:
İşlemiyor.

Seminer Katılımcısı:
Gary, geçen gün tele konferansta daha fazla bilinçli oldukça, bu şeytanları da o kadar fazla uyandırırız dediğini duydum ve bunu söylediğini ilk kez duydum.

Gary:
Daha fazla bilinçli hale geldikçe, şeytanları ve entitileri de daha fazla uyandırırsınız çünkü bir şeylerin etkisi olmaya artık daha fazla istekli olmadığınızda, işlerini sürdürmeleri daha zor hale gelecektir.

Seminer Katılımcısı:
Bu şeytan prosesini çalıştırırken, seslerin bazı günler gittiğini, bazı günler on misli olduğunu fark ettim.

Bilinci Şeytanların Dünyasının İçine İşletmek

Gary:
Evet, çünkü onlardan yeni bir set uyanıyor. Şunu çalıştırabilirsiniz:

Seçebileceğim nüfuz edebilen bilinçten kaçınmak için hangi aptallığı kullanıyorum? Bunun ortaya çıkmasına izin vermeyen her şeyi godzilyon kez yıkıp yaratımlarını tümüyle iptal eder misiniz? Right and Wrong, Good and Bad, POD and POC, All Nine, Shorts, Boys and Beyonds.

Eğer bilinci şeytanın dünyasına nüfuz ettirirseniz, kendilerini burada sürdüremezler. Şeytanlar takipçi ve trilyonlarca yılın etkisi olarak insanlar yaratma işini yapıyorlar ve bunun daha fazla sürdürmeyi gerçekten istemiyorlar. Oldukları yerden hoşlanmıyorlar; takılıp kaldıkları yeri onların size takılmalarını sevdiğinizden daha fazla sevmiyorlar. Bilinç dünya gezegeni üzerinde daha fazla aydınlığa çıktıkça, işleri o kadar değersiz kalır. Örneğin Hindistan ve Orta Doğunun çoğunda, yüzyıllarca şeytan tanrılara taptılar. Ve dünyanın diğer bölümünde insanlar kara büyü uyguladılar.

Sizin, varlık olarak kendi dışınızda bir şeye ihtiyacınız olduğu düşüncesi icat edilmiş bir realitedir. İnsanlar "Oh, şeytan romu" veya "Şeytana uydum yaptım" ya da "İblise uydum yaptım" gibi şeyler söylüyorlar. Bunlar bizim şeytanları varoluşa davet etme yöntemleridir, ancak bilinç karşısında işlerini sürdüremezler. O nedenle çalıştırmaya devam edin:

Seçebileceğim nüfuz edebilen bilinçten kaçınmak için hangi aptallığı kullanıyorum? Bunun ortaya çıkmasına izin vermeyen her şeyi godzilyon kez yıkıp yaratımlarını tümüyle iptal eder misiniz? Right and Wrong, Good and Bad, POD and POC, All Nine, Shorts, Boys and Beyonds.

Seminer Katılımcısı:
Para şeytanı var mı?

Gary:
Evet. Para bir şeytan olarak kabul edilir. İnsanlar parayı onları bir hayata sahip olmaktan uzakta tutan şeytan addederler. "Para bütün kötülüklerin kökenidir" veya "Para aşkı, bütün kötülüklerin kökenidir" derler. Nasıl açıklarsanız açıklayın fark etmez, para; kolay, eğlenceli veya sahip olunması değerli olarak değil kötülük olarak tasvir edilir.

Seçebileceğiniz nüfuz edebilen bilinçten kaçınmak için hangi aptallığı kullanıyorsunuz? Bunun ortaya çıkmasına izin vermeyen her şeyi godzilyon kez yıkıp yaratımlarını tümüyle iptal eder misiniz? Right and Wrong, Good and Bad, POD and POC, All

Nine, Shorts, Boys and Beyonds.

İşte çalıştırmak isteyeceğiniz bir başka proses daha:

Bilincin nüfuz edebilen kanunları olmanın hangi fiziksel gerçekleştirmesini şimdi artık oluşturmaya, yaratmaya, başlatmaya ve sürdürmeye muktedirsiniz? Bunun ortaya çıkmasına izin vermeyen her şeyi godzilyon kez yıkıp yaratımlarını tümüyle iptal eder misiniz? Right and Wrong, Good and Bad, POD and POC, All Nine, Shorts, Boys and Beyonds.

Eğer bu iki prosesi bir döngü yaparak çalıştırırsanız, sadece ilişkiler ve kadınlarla ilgili değil, hayatınızın her alanında bir şeyleri değiştirmeye başlayacaktır.

Birisini Doğruluyor musunuz?

Seminer Katılımcısı:
Hayatımdan ne istediğim konusuyla mücadele ediyorum. Kendimi sürekli olarak ikinci planda düşünüyorum.

Gary:
Hadi bu prosesi deneyelim:

İcatları, yapay yoğunlukları ve takip ettiğim doğruluğu muhafaza eden ve koruyan şeytanları yaratmak için hangi aptallığı kullanmayı seçiyorsunuz? Bununla ilgili var olan her şeyi godzilyon kez yıkıp yaratımlarını tümüyle iptal eder misiniz? Right and Wrong, Good and Bad, POD and POC, All Nine, Shorts, Boys and Beyonds.

Seminer Katılımcısı:
"Doğruluk mu" dediniz? O nedir?

Gary:
Takip ettiğim doğruluğu mu seçiyorum? Diyelim ki birisinin doğru insan olduğuna karar verdiniz. Kolay değiller; bir fahişe değiller. Kendilerini kolaylıkla ele vermezler. Onun için doğru olduklarına karar verirsiniz, seçtiğiniz her şeyde kendinizi yanlış kılmak zorunda kalırsınız. Ondan sonra da kişi sizi seçmedi diye

Bölüm: Siz Değerli Ürünsünüz

ne kadar berbat halde olduğunuza bakmak zorunda kalırsınız.

Erkeklerin bunu kadınlara yaptığından değil. Oh evet, yaparlar! Hadi bunu bir kez daha çalıştıralım.

İcatları, yapay yoğunlukları ve takip ettiğim doğruluğu muhafaza eden ve koruyan şeytanları yaratmak için hangi aptallığı kullanmayı seçiyorum? Bununla ilgili var olan her şeyi godzilyon kez yıkıp yaratımlarını tümüyle iptal eder misiniz? Right and Wrong, Good and Bad, POD and POC, All Nine, Shorts, Boys and Beyonds.

"Mükemmel kız işte o" diye nasıl söylediğinizi hiç fark ettiniz mi? Bu onu doğrulamaktır. "Bu kız mükemmel. Çok güzel." Doğruluk. Kendinizi değerli kılmaktansa, birisini doğrulamanın yöntemi budur.

Bununla ilgili var olan her şeyi godzilyon kez yıkıp yaratımlarını tümüyle iptal eder misiniz? Right and Wrong, Good and Bad, POD and POC, All Nine, Shorts, Boys and Beyonds.

İcatları, yapay yoğunlukları ve takip ettiğiniz doğruluğu muhafaza eden ve koruyan şeytanları yaratmak için hangi aptallığı kullanmayı seçiyorsunuz? Bununla ilgili var olan her şeyi godzilyon kez yıkıp yaratımlarını tümüyle iptal eder misiniz? Right and Wrong, Good and Bad, POD and POC, All Nine, Shorts, Boys and Beyonds.

Seminer Katılımcısı:
Geçen hafta seni aradığımda, bana başka herkes için seçmek yerine kendim için seçmek üzere bir temizleme verdin. Bunu daha fazla yapmaya başladım, özellikle partnerimle birlikte ve bu pek çok gergin durumlar yarattı, çünkü o benim asla kendimi değil, önce onu ya da bizi seçmemealışkındı.

Gary:
Yani, gerçekten altın vajinası var.

Seminer Katılımcısı:
(Gülerek) Kesinlikle. Son iki haftada olanların hepsi bugün söylediklerinin enerjisiyle çakışıyor. Burada neyi görmediğimi

netleştirmek için bana yardımcı olabilir misin?

Gary:

Seçtiğiniz altın vajinayı yaratmak için hangi aptallığı kullanıyorsunuz? Bununla ilgili var olan her şeyi godzilyon kez yıkıp yaratımlarını tümüyle iptal eder misiniz? Right and Wrong, Good and Bad, POD and POC, All Nine, Shorts, Boys and Beyonds.

Anlaş ve Teslim Et

Seminer Katılımcısı:
Daha öncekinden farklı bir şey yapmayı veya olmayı seçtiğim zaman sert biçimde tepki gösteriyor.

Gary:
Bir şeyleri değiştiriyorsun. Birbirinizle hiç "Anlaş ve Teslim et" yapmadınız değil mi?

Seminer Katılımcısı:
Hayır, kesinlikle yapmadık.

Gary:
İlişki bir iş anlaşmasıdır, o nedenle "Anlaş ve Teslim et" yapmalısınız, tıpkı bütün iş anlaşmalarında yaptığınız gibi. İş etkileşimleri ve ilişkilerde zorluklar ortaya çıkar çünkü çoğu insanın ne istediği konusunda hiçbir fikri yoktur. Eğer nazik ve iyi olurlarsa, insanların onlara nezaket ve iyilik vereceklerine inanırlar.

İnsanların neyi teslim etmeyi istediklerini, neyi teslim edeceklerini ve onlar için anlaşma nedir görmeye istekli değilsiniz. Neyin olması gerektiği hakkında godzilyon tane fanteziniz vardır ki bu gerçekten neyin ortaya çıkacağına bakmıyorsunuz anlamına gelir. Mutlaka "Anlaş ve Teslim Et" yapmalısınız yoksa realitenizi yükselteceğiniz bir alan olmayacaktır. Neye ihtiyacınız olduğu ve arzuladığınız, karşınızdakinin neye ihtiyacı olduğu ve arzuladığı konusunda net olmak zorundasınız. Sorun:

Bölüm: Siz Değerli Ürünsünüz

- Anlaşma nedir?
- Ne teslim edeceksiniz?
- Benden neyi teslim etmemi bekliyorsunuz?
- Tam olarak neye benzeyecek ve nasıl çalışacak?
- Senin için ne olmak zorundayım?

"Hey, sevgilim. Burada bir "Anlaş ve Teslim Et" yapabilir miyiz? Benden ne bekliyorsun?" diye sormak zorundasınız. Eğer onu "tatlım" veya "balım" yerine "sevgilim" diye çağırırsanız, sizin ona verdiğiniz küçük şeylerle yaşamak için daha nazik olmak zorunda kalacaktır.

Seminer Katılımcısı:
Harika. Onun çevresinde yaptığım seçimlerle şeytanları mı yarattım?

Gary:
Evet. Onu her zaman takip etmenizi oluşturan kaç tane şeytanınız var? Pek çok, biraz yoksa megatonlarca mı?

Seminer Katılımcısı:
Megatonlarca.

Gary:
Onu hayatınızın gurusu mu yaptınız? Kaçınız kadınları takip etmeniz gereken guru yaptınız? Sizi kadınları ve emirlerini takip etmekte tutan şeytanları yaratmak için yaptığınız her şeyi ve söyledikleri şeyi yapmanızı ve bununla ilgili var olan her şeyi godzilyon kez yıkıp yaratımlarını tümüyle iptal eder misiniz? Right and Wrong, Good and Bad, POD and POC, All Nine, Shorts, Boys and Beyonds.

Seminer Katılımcısı:
Bu sana birisini takip etmenin onların üzerinde güç elde etme olup olmadığı hakkında sorduğum soruyla uyuşuyor.

Bu Ajandamı (Sikimi) Büyütecek mi?

Gary:
Birkaç yıldır, Dain ve ben ne zaman bir şey yapmayı göz önüne alsak, "Bu benim ajandamı büyütecek mi?" sorusunu sorarız. Buradaki düşünce eğer bir şeyi yapmak ajandamızı büyütecekse, bunu yapmalıyız şeklindedir.

Bütün erkeklerin penislerinin Ajanda olarak adlandırıldığını ve eğer bir kadın işin içindeyse, hepinizin ajandanızın büyüyeceğini düşündüğünüzü ortaya çıkarmak çok şaşırtıcı oldu. Doğrusu, öyle olduğunu biliyorsunuz.

Seminer Katılımcısı:
(Kahkahalar)

Gary:
Ajandanız bacaklarınızın arasında asılı duran o şeydir. Her seks düşündüğünüz zaman ajandanızı büyütüyorsunuz. Dain ve ben ajandamızla ilgili sorular sormaktan kaçınmanın bir yolunun, aşağıdaki sorular olduğunu bulduk:

Eğer bunu seçersem, hayatım beş yıl içinde neye benzer olacak?

Eğer bunu seçmezsem, hayatım beş yıl içinde neye benzer olacak?

Neyi yaratmak istediğinizi bulmanın tek yolu budur ki bu muhtemelen ajandanızı büyütmek olacaktır.

Seminer Katılımcısı:
Neden beş yıl? Oldukça uzak. Neden sadece bir yıl değil?

Gary:
Beş yıl geleceğe doğru çok uzaktır bir şeyin neye benzeyeceğini icat edemezsiniz. Beş yıla yaymak, düşünce, his ve duygularınız yerine bazı şeyleri enerjetik olarak algılamanızı mümkün kılacaktır.

Seminer Katılımcısı:
Teşekkür ederim.

Lider Olduğunuz Zaman, Değerli Ürün Haline Gelirsiniz

Seminer Katılımcısı:
Doğruluğu takip etmenin gereği erkeklerle olan cinsel ilişkide her zaman uyguladığım yöntemi açıklıyor. Bir erkek gördüm ve "Evet, doğru kişi bu" dedim. Tek haneli zekâ seviyesi faaliyete geçiyor ve biz alıp başımızı gidiyoruz. Ona bütün gücümü veriyorum, senin de söylediğin gibi, sonra eğer beni seçmezse, o zaman yanlış oluyorum. Bunu yapmanın farklı bir yolunu gösterebilir misin?

Gary:
Evet. Sormak zorundasınız, "Liderlik yapmaktansa neden takip ediyorum?"

Seçebileceğin liderlik yapmaktan kaçınmak için hangi aptallığı seçiyorsunuz? Bununla ilgili var olan her şeyi godzilyon kez yıkıp yaratımlarını tümüyle iptal eder misiniz? Right and Wrong, Good and Bad, POD and POC, All Nine, Shorts, Boys and Beyonds.

Seminer Katılımcısı:
Bu neye benzer?

Gary:
Yani, lider olduğunuz zaman, değerli varlık haline gelirsiniz. Access Consciousness' ta kadınlar Dain'e geldiler ve "Oh, seninle seks yapmak istiyoruz." dediler. Gerçekten böyle mi demek istediler?

Seminer Katılımcısı:
Hayır.

Gary:
Hayır. Ne demek istediler?

Seminer Katılımcısı:
Onun üzerinde güç kullanmak istediler. Önemli olmak istediler.

Gary:
Evet. Önemli olmak istediler ve bir ilişkiye sahip olmak istediler. Bu hafta sonu bir bayandan bir not aldım. Not şöyle, "Seninle akşam yemeğine çıkmak ve iyi zaman geçirmek ve daha fazlasını istiyorum." Hoş görünümlü bir kadın, ama o cehennemden gelen şeytan bir fahişe.

Seminer Katılımcısı:
Bu tamda senin koridorun değil mi Gary? İstediğin şey bu değil mi?

Gary:
Bir zamanlar hoşuma giderdi. Altın vajinayı takip etmemin genelde bana kötü geldiğini keşfettim. Diğerlerini artık daha fazla değerli ürün yapmıyorum. Ben değerli ürün haline geldim ve benim için şimdiye kadar olduğundan daha fazlası mevcut.

Seçebileceğiniz değerli ürün ve lider olmaktan kaçınmak için hangi aptallığı kullanıyorsunuz? Bununla ilgili var olan her şeyi godzilyon kez yıkıp yaratımlarını tümüyle iptal eder misiniz? Right and Wrong, Good and Bad, POD and POC, All Nine, Shorts, Boys and Beyonds.

Çoğunuz eğer birisi size sahip olmaya veya sizinle seks yapmaya gönüllüyse, değerli olamayacaklarını düşünürsünüz. Ve eğer sizinle seks yapmaya gönüllü değillerse, kendinizin değerli olmadığını düşünürsünüz. Niye kendi değerinizi düşürüyorsunuz?

Bununla ilgili var olan her şeyi godzilyon kez yıkıp yaratımlarını tümüyle iptal eder misiniz? Right and Wrong, Good and Bad, POD and POC, All Nine, Shorts, Boys and Beyonds.

Seminer Katılımcısı:
Geçenlerde bir kadınla tanıştım ve tıpkı kendi söylediği gibi "Şimdi gitmeden önce, seks yapmak zorundayız." durumuydu.

Gary:
Seçtikleri ve yaratmak istedikleri kendi arzuları, kendi realitesiyle

Bölüm: Siz Değerli Ürünsünüz

ilgili olmalı. Bunun senin arzuladığınla ne alakası var?

Seminer Katılımcısı:
Hiçbir alakası yok.

Gary:
Çoğu insan kendi işlerine yarayacak olanı seçmektense diğer insanların arzuları ve taleplerinden hareket ederler.

Seminer Katılımcısı:
Nasıl oluyor da kendi evreninde benzer eksikliğe sahip oluyor?

Gary:
O kadında takip edebileceği bir kişi arıyor. Size verdiğim ilk prosesin erkek veya kadın hakkında olmadığının, karşı cins hakkında olduğunun farkına varın.

Yapay yoğunlukları ve karşı cinsi takip etme gerekliliği şeytanlarının icatlarını yaratmak için hangi aptallığı kullanmayı seçiyorsunuz? Bununla ilgili var olan her şeyi godzilyon kez yıkıp yaratımlarını tümüyle iptal eder misiniz? Right and Wrong, Good and Bad, POD and POC, All Nine, Shorts, Boys and Beyonds.

Bu, oyunun her iki yönüne de uygulanır. Farkında olmanız gereken şey işte budur. Oyunun her iki yönünü de nasıl oynarsınız? Sizinkiyle uyuşan bir deliliğe sahip bir kişi bulduğunuz zaman, kendinizi o kadın veya erkek için çok çekici bulursunuz. Şirin değil mi? Uyumlu deliliğiniz sizi birbirinize çekici kılıyor.

Seminer Katılımcısı:
(Kahkahalar)

Seminer Katılımcısı:
Ayrıca diğer yaşamlardan tanıdığımız insanları öldürmeyi istediğimizde bu nasıl oluyor? Bu başka bir şey mi?

Gary:
O karşınızdaki kişiden ayıramadığınız, gerçekten yoğun çekicilikleri yaşadığınızda bu genelde şudur; Bu "Gerçekten bla, bla, bla yapmak

isterim" veya "Birlikte olmamız benim için gerçekten önemli" ya da "Pek çok yaşamımızda birlikte olduğumuzu biliyorum." dediğiniz zamanlarda olur.

Seminer Katılımcısı:
Son zamanlarda farklı şeyler yapmaya başladım. Eski şablonlara eskisi kadar fazla girmiyorum. Bazı şeyler gerçekten değişti.

Gary:
Harika, yolumuza devam ediyoruz. Ve aradığımız şey bu: Yola devam etmek.

Seks Arzulamanın Çevresindeki Yanlışlık

Seminer Katılımcısı:
Şeytanlar hakkında seks yapmayı arzulamanın çevresindeki yanlışlıkla ilişkilendirerek konuşabilir misin?

Gary:
Her şeyden önce, seks ve cinsel birleşme her zaman bir yanlışlıktır.

Kaç yaşam süresince şeytanları seçtiniz ve Tanrının veya seks yapma isteğinizi durduracak herhangi birinin yardımını istediniz? Cinsel enerjiyi kesen kaç tane şeytanınız var?

Seminer Katılımcısı:
Çok.

Gary:
Bu olan her şeyi godzilyon kez, şimdi geldikleri yere geri dönmelerini, bütün sonsuzluklar boyunca size ve realitenize asla geri dönmemelerini talep eder misiniz?

Seminer Katılımcısı:
Evet.

Gary:
Bunun ortaya çıkmasına izin vermeyen her şeyi godzilyon kez,

üçte: Bir... İki... Üç! Teşekkür ederim.

Hiç "Allah'ım lütfen benim her zaman seks yapmak istememe neden olma, çünkü her zaman seks yapmak istediğim için çok hatalıyım" veya "Seks yapmak zorundayım. Seks yapabilmem için birisi bana yardımcı olabilir mi?" dediğiniz oldu mu? Her ikisi de şeytanları davet eder. Her ikisi de gücünüzü alır götürür. Seçim yapmaya ve alıp kabul etmeye gönüllü olmaya ihtiyacınız var.

Sekste ve Cinsel Birleşmede Tümüyle Hazır Bulunma

Seminer Katılımcısı:
Seks yaparken bedenini bırakıp gittiğinde neler olur? Bu şeytanlarla ilintili mi?

Gary:
Yani, genel olarak seks sırasında bedeni terk etmek mevcut olmadan mevcut olmanın bir yöntemidir. Büyüyen ajandanızı kendiniz olarak ortaya çıkmadan yerinde bırakıyorsunuz. Yani işe yaramaz, yarar mı?

Seminer Katılımcısı:
Hayır.

Gary:
Tümüyle mevcut olsaydınız bu neye benzerdi?

Seçtiğiniz seks ve cinsel birleşmeden kaçınmak için hangi aptallığı kullanıyorsunuz? Bununla ilgili var olan her şeyi godzilyon kez yıkıp yaratımlarını tümüyle iptal eder misiniz? Right and Wrong, Good and Bad, POD and POC, All Nine, Shorts, Boys and Beyonds.

Kültürel Sürüklenme

Seminer Katılımcısı:
Ben Asyalıyım ve bana öyle görünüyor ki Asyalı insanlar seks hakkında daha tutucular.

Gary:
Hayır, seks hakkında daha çok bastırılmışlar.

Seminer Katılımcısı:
Bu kültürel programlama mı?

Gary:
Evet.

Seminer Katılımcısı:
Ben bekârım ve kızlara yaklaşmakta sorunlarım var. Gerçek meselenin ne olduğunu bilmiyorum. Bu bazen korku ya da endişe hissetmek gibi oluyor.

Gary:
Beyler, farkında olduğunuzu anlamak zorundasınız. Kadınların dünyasında da, daha fazla değilse bile sizinkinde olduğu kadar korku ve endişe vardır. Belki "Bu bana mı ait?" diye sormak istersiniz, çünkü pek çok zaman, kızların da sizin kadar problemleri olur.

Ben lisedeyken, okuldaki en güzel kız olarak addedilen bir kız vardı. Kimse onunla konuşmaz ya da çıkma daveti yapmazdı. Korkuyorlardı çünkü kızın kendilerini reddedeceklerinden emindiler. Sonunda cesaretimi siktir edip, kıza çıkma teklif ettim. Kız sonuçta o zamana kadar birlikte olduklarımın içinde en sıkıcı kişi oldu. Ondan sonra çirkin kişileri seçtim, çünkü onlar en azından çok ilginçlerdi. Gerçekten güzel olan birinin, kendisine çıkma teklif edilmesiyle ilgili olarak, çirkin olan biri kadar çok endişeye sahip olduğu konusunda netlik kazandım. "Bu korku veya endişe ya da her ne ise bana mı ait? Yoksa onlara mı ait?" diye sormak zorundasınız, böylece neler olup bitiğini anlarsınız.

Seminer Katılımcısı:
Kızlara yaklaşmakla ilgili başkalarının yargılamalarına kulak asmadan bu durumun üstesinden nasıl gelebilirim?

Bölüm: Siz Değerli Ürünsünüz

Gary:
Değerli bir ürün olduğunuzu fark edebilirsiniz.

Seminer Katılımcısı:
Ben üç günlük beden seminerine katıldım ve kızlarla beden proseleri takası yapmak istedim, ama toplum ve annem kızların bedenine dokunmanın yanlış olduğunu öğretti.

Gary:
Sana kızların bedenine dokunmanın yanlış olduğunu öğrettiler. Dokunsanız da, dokunmasanız da yanlış yapmış olursunuz. Bu kültürel sürüklenmedir. Kültürel sürüklenme herkesten satın aldığınız her şeydir. Toplumunuzun ve kültürünüzün söylediği her şeydir. Bütün bunlar hatalı moloz yığınlarıdır. Bu temizlemeyi çalıştırmayı deneyin:

Seçtiğim kültürel sürüklenmeyi yaratmak için hangi aptallığı kullanıyorum? Bununla ilgili var olan her şeyi godzilyon kez yıkıp yaratımlarını tümüyle iptal eder misiniz? Right and Wrong, Good and Bad, POD and POC, All Nine, Shorts, Boys and Beyonds.

Seminer Katılımcısı:
Bu dinleri de kapsar mı?

Gary:
Evet, din her zaman kültürel sürüklenme olmuştur. Kaç yaşam sürecinde din adamıydınız ve yemininizi bozarak birisiyle ki bu genel olarak bir erkek çocuktur, seks yaptınız ancak biz bunun hakkında konuşmayacağız. İffetli olmak normal değildir.

Bununla ilgili var olan her şeyi ve erdemli olma yeminlerini bozduğunuz için kendinizi yargıladığınız bütün yaşam sürelerini godzilyon kez yıkıp yaratımlarını tümüyle iptal eder misiniz? Right and Wrong, Good and Bad, POD and POC, All Nine, Shorts, Boys and Beyonds.

Seçtiğiniz cinsellikten yoksun kalmayı yaratmak için hangi aptallığı kullanıyorsunuz? Bununla ilgili var olan her şeyi godzilyon kez yıkıp yaratımlarını tümüyle iptal eder misiniz? Right and Wrong, Good and Bad, POD and POC, All Nine, Shorts, Boys and Beyonds.

Olduğunuz Cinsel Enerji Olmak

Seminer Katılımcısı:
Cinsellikten yoksun kalmak nedir?

Gary:
Cinsellikten yoksun kalma, olduğunuz cinsel varlık olmak yerine bunu inkâr etmeye, bastırmaya, o olmamaya ve elimine etme yöntemi bulmaya çalışmanızdır.

Seminer Katılımcısı:
Ah. Tamam.

Gary:
Seçtiğiniz cinsellikten ve cinsel birleşmeden yoksun kalmayı yaratmak için hangi aptallığı kullanıyorsunuz? Bununla ilgili var olan her şeyi godzilyon kez yıkıp yaratımlarını tümüyle iptal eder misiniz? Right and Wrong, Good and Bad, POD and POC, All Nine, Shorts, Boys and Beyonds.

Siz beyler cinsellikten ve cinsel birleşmeden yoksun kalma adına çok fazla enerji koyuyorsunuz. Şimdiye kadar cinsel birleşmede bulunmanız baya hayret verici.

Seçtiğiniz cinsellikten ve cinsel birleşmeden yoksun kalmayı yaratmak için hangi aptallığı kullanıyorsunuz? Bununla ilgili var olan her şeyi godzilyon kez yıkıp yaratımlarını tümüyle iptal eder misiniz? Right and Wrong, Good and Bad, POD and POC, All Nine, Shorts, Boys and Beyonds.

Kendinizi sonsuza dek cinsellik ve cinsel birleşmeden yoksun bırakmaya çalışıyorsunuz. Ben çıkıp seks yapmam ama çok fazla olasılıklara sahibim ve her zaman sorular sorarım:

Bölüm: Siz Değerli Ürünsünüz

- Kolay olacak mı?
- Eğlenceli olacak mı?
- Bir şeyler öğrenebilecek miyim?

Genellikle "Bir şeyler öğrenecek miyim?" diye sorduğum zaman "Evet, bunun ne kadar kötü olabileceği!" cevabını alırım. O nedenle oraya gitmem. Ajandam büyüdüğü sürece bunu yapmanın doğru olacağını çözmeye alıştım.

Her daim ajandanızı büyütmenin kaynağı olarak icatları, yapay yoğunlukları ve penisinizin şeytanlarını yaratmak için hangi aptallığı kullanmayı seçiyorsunuz? Bununla ilgili var olan her şeyi godzilyon kez yıkıp yaratımlarını tümüyle iptal eder misiniz? Right and Wrong, Good and Bad, POD and POC, All Nine, Shorts, Boys and Beyonds.

Cinsel enerji olan şeyin ne kadarını bastırıyorsunuz?

Seminer Katılımcısı:
Bu yine takip etme işi değil mi? Cinsel enerjinizi kadınların sevdiğini düşündüğünüz şeye dayanarak değiştirecek veya bastıracaksınız.

Gary:
Evet, aslında kendiniz olmaktansa öyle yapacaksınız. Eğer gerçekten cinsel enerji olursanız, olduğunuz her şey olursunuz. Eğer olduğunuz her şey olursanız, daha yoğunlukla heyecanlı, daha değerli ve daha çok arzu edilebilir hale gelirsiniz.

Bununla ilgili var olan her şeyi godzilyon kez yıkıp yaratımlarını tümüyle iptal eder misiniz? Right and Wrong, Good and Bad, POD and POC, All Nine, Shorts, Boys and Beyonds.

Seminer Katılımcısı:
Orada kafam karıştı çünkü kendime "Bu kişi benden ne talep ediyor?" ve "Neyi alıp kabul etmeye istekli?" diye soruyordum. Neyi alıp kabul etmeye istekli olduğunu aldım ve o olmaya karar

verdim – ancak çok fazla alıp kabul etmeye istekli olmadı.

Kendim için Ne Yaratmak İstiyorum?

Gary:
Çoğumuzun yaptığı budur. Sadece diğer kişilerin alıp kabul edebildiklerini vermeye çalışırız ve onları haklı kılarız. Ya diğer kişilerin haklılığı veya onların dürüstlüğü ya da iyi yürekliliklerini varsaymak yerine, ona bakıp "Burada gerçekten farklı bir şey yaratmak istiyorum. Kendim için ne yaratabilirim" diye sormaya gönüllü olsanız?

Eğer kendiniz için ne yaratabilirsiniz ona bakmaya başlarsanız, daha çok mu yoksa daha az mı yaratır ve oluştururdunuz? Eğer işinize yarayan şeyleri yapıyor olsaydınız hayatınızda daha fazla alıp kabul etmeye gönüllü olan insanlar yaratır mıydınız?

Geçenlerde Dain ile konuşuyordum ve dedim ki "kadınların neyi arzuladığına bakmayı durdurmak ve kendinin ne arzuladığını sormaya başlamak zorundasın. Büyüyen ajandanın bilinci yok."

Büyüyen ajandanız, başlangıçta gelenden daha fazlasını mı arzuluyor? Bunu ortaya çıkaran her şeyi godzilyon kez yıkıp yaratımlarını tümüyle iptal eder misiniz? Right and Wrong, Good and Bad, POD and POC, All Nine, Shorts, Boys and Beyonds.

Erkek olmanın yanlışlığını yaratmak için hangi aptallığı kullanmayı seçiyorsunuz? Bununla ilgili var olan her şeyi godzilyon kez yıkıp yaratımlarını tümüyle iptal eder misiniz? Right and Wrong, Good and Bad, POD and POC, All Nine, Shorts, Boys and Beyonds.

Erkek uyarıldığı/sertleştiği zaman yumuşak ve gevşediği/yumuşadığı zaman serttir. Bunun ne olduğunu biliyor musunuz?

Seminer Katılımcısı:
Hayır.

Küçülerek (Kasılarak) Orgazm/Genişleyerek (Büyüyerek) Orgazm

Gary:
Eğer birisi nedeniyle tahrik olduysanız/sertleştiyseniz, onlara ne isterlerse verirsiniz. Onlara istediklerinizi vermezseniz ve kendi istediğinizi alırsanız, aniden daha fazla ilgi göstermezsiniz. Bedenin çalışma yöntemi budur. Bu bir doğru olma veya yanlış olma durumu değildir. Eğer orgazm olacağım düşüncesiyle seks yapar ve küçülerek orgazm yaşarsanız ki bu çoğu insanın yaptığı şeydir, seks yapmak sizi yaşamınıza devam etmek için gayrete getirmez. Orgazmı yaratmak için küçüleceksemiz, yaşamın oluşturucu enerjisini yaratmıyorsunuz ki orgazmı yaratmak için genleştiğinizde elde edeceğiniz şey bu enerjidir.

Biraz önce söylediklerimin bir kelimesini bile anlamamanıza neden olan her şeyi yıkıp yaratımlarını tümüyle iptal eder misiniz? Right and Wrong, Good and Bad, POD and POC, All Nine, Shorts, Boys and Beyonds.

Çocukken muhtemel mastürbasyon yapmak için banyoya gitmişsinizdir. Bunu mümkün olduğu kadar çabuk atlatmak istemişsinizdir, çünkü kimsenin ne yaptığınızı anlamanızı istemediniz. Ebeveynleriniz büyük ihtimalle sizi kendi kendinizle eğlenme konusunda cesaretlendirmediler. Çok az anne ve baba "Acele etme. Kendinin ve penisinin keyfini çıkar" demişlerdir. Hep "Orada ne yapıyorsun?" diye sorarlar.

Eğer cinsel enerjinizi gerçekten yükseltmek istiyorsanız, mastürbasyonu farklı şekilde yapmanızı şiddetle tavsiye ederim. Kız arkadaşınızla birlikte veya onsuz yapabilirsiniz. Aslına bakarsanız eğer acele etmezseniz keyif bile alabilir. İlk üç buçuk dakikada boşalmayacağınıza karar verin; bundan daha uzun sürede yapabilirsiniz. Penisinizle yumuşak ve nazik bir şekilde oynamak için bir saat harcamaya istekli olun ve yaklaştığınızı hissettiğiniz her anda, boşalmak için hızlanmak yerine yavaşlayın. Daha yavaş ve nazikçe yapın. Eğer isterseniz biraz kaydırıcı kullanın ama yavaş ve nazikçe yapın. Rahat, tatlı ve kibar olun. Küçüldüğünüzü hissettiğiniz her an "hayır" deyin ve genişleyerek boşalın.

Bu uygulama esnasında sertliğinizi kaybedebilirsiniz, ama sertleşme geri gelene kadar penisinizle nazikçe oynamaya geri dönün. Nazikçe ve rahatlık içinde sıvazlamaya devam edin. Eğer bunu yaparsanız a) daha iyi bir sevgili haline, b) sizinle ve sizin için bu şekilde zaman geçiren sevgiliniz olması için kendinize izin vermeye istekli hale ve c) bir kısıtlama haline gelen enerji infilakı olarak patlamak yerine, enerji oluşturan orgazm yaratmaya başlar hale gelirsiniz. Böylesine bir orgazm yaşadığınızda - küçülerek değil genişleyerek – işe gitmek isteyeceksiniz, iyi zaman geçirmek isteyeceksiniz, uyumaya gitmekten daha fazlasını yapmayı isteyeceksiniz.

Şimdiye kadar boşaldıktan sonra uyumaya gitmeyi istediğiniz bir deneyim yaşadıysanız, orgazm oluşturmak için küçülüyordunuz. Orgazmı oluşturmak için küçülmeyi kullanmak her zaman bedeninizin oluşturucu ve yaratıcı enerjisini orgazm lehine azaltır.

Seminer Katılımcısı:
Yarattığımız yapay yoğunluk pornonun heyecanından mı geliyor?

Gary:
Şeyinizi boşalmak için yapabildiğiniz kadar hızlı sıvazladığınız zaman, boşalmak için üzerinde yapay yoğunluk yaratıyorsunuz.

Seminer Katılımcısı:
Harika.

Gary:
Bunu boşalmanın tek yöntemi olarak icat ediyorsunuz, ondan sonra bir kadınla seks yaptığınızda, sanki hızlı ve sert olmanın kadını tatmin etmenin tek yoluymuş gibi her zaman hızlı ve sert yapmak zorunda kalıyorsunuz. Her şeyden önce, neden her zaman kadının nasıl tatmin olacağıyla ilgili de sizin nasıl tatmin olacağınızla ilgili değil? Orgazma zorlamak yerine genişlemeden

hareket etmeye istekli olduğunuzda, orgazmı davet edersiniz. Her kiminle seks yapıyorsanız onu farklı olasılık ve farklı seçeneğe davet edersiniz.

Seminer Katılımcısı:
Geçen gün görüştüğüm kadın bunu benimle birlikte yaptı. Penisimi sıvazladı, emdi ve yaladı ve ben uykuya daldım. Hatta birkaç kez horladım. Bu nedir? Sadece bedenin rahatlaması mı?

Gary:
Evet, çünkü beden rahatlamalı. Sertleşmiş biçimde uyandığınız hiç oldu mu?

Seminer Katılımcısı:
Rahat olduğum zaman, gerçekten sertleşmelerim olur.

Gary:
Kesinlikle! Rahatlama sertleşmeyi yaratan kaynaktır. Rahatlama uyarılmanın kaynağıdır. Bu alıştırmayı yapmanızı işte bu nedenle istiyorum. Orgazm yaratmaya çalışıyorsunuz düşüncesini ortadan kaldırmak için. Bunun yerine daha sürdürülebilir, daha eğlenceli olabilecek sertlik yaratma becerisi için çabalıyorsunuz. Bu sadece sertlik oldu diye sertliğinizin keyfini çıkarmaktır. Bu birisiyle yatakta olduğunuzda sizi daha iyi yapmaya başlayacaktır.

Bu sizi aynı zamanda yaratmak istediğinizi, yaratmak istediğiniz biçimde yaratma seçimine sahip olacağınız alana da götürür ki bu sizi değerli ürün yapar. Şu anda çoğunuz penisinizi sokacak nemli, sıcak bir yere sahip olduğunuz için çok mutlu olmalısınız. Bu çoğu erkek için oldukça yeterlidir. Ve bunun çoğu erkek için oldukça yeterli olması nedeniyle, kadınlar erkeklerin bencil olduklarını düşünmeye başladılar. Kadınlar erkeklerin fazla hızlı olduklarını, yeteri kadar yavaş olmadıklarını düşünürler. Pek çok kadının seksin sadece küt, küt, küt olduğu bakış açısı vardır. Onlar "Bunu atlatıp boşalır mısın, böylece artık durabiliriz?" şeklinde düşünürler. Bu kadınları orgazmik kalitede seks sayesinde genişleyen hayat ve yaşama davet etmekle ilgili değildir. Bu kendinizi veya onları boşaltmakla ilgilidir. Bunların her ikisi de hedef olmamalıdır.

Seminer Katılımcısı:
Genişlemeyle orgazma karşı, orgazma küçülerek ulaşma- ile ilgili bir temizlemeniz var mı?

Gary:
Ne yazık ki ben bunu yaratamam. Siz alıştırma yapmak zorundasınız, çünkü bunu diğer şekilde yapmayı öğrendiniz. Yanlış olduğu için değil; Bu sadece çoğunuzun sahip olmayı isteyeceğinizi düşündüğüm şeyi yaratmayacak. Yanlış mıyım?

Seminer Katılımcısı:
Hayır.

Gary:
Seksin sadece ajandanızı değil, size canlılık kazandıracak ve hayatınızı genişletecek bir şey olmasını istersiniz. Görebildiğim kadarıyla burada farklı bir olasılık var. En çok hangi olasılığa sahip olmak istersiniz? Seksin ve cinsel birleşmenin daha genişletici biçimini mi yoksa onun daha küçülerek yapılan biçimini mi?

Seminer Katılımcısı:
Daha genişletici biçimine sahip olmak isterim.

Seminer Katılımcısı:
Gary, bana çok yardımcı olan bir soru verdin. Nasıl bir rahatlık içerisinde olursam; Seks ve cinsel birleşme ile ilgili daha önce varlığından bile haberdar olmadığım olasılıkları yaratabilirim?

Gary:
Bunun için teşekkür ederim. Bu soruyu unutmuştum. Yardımcı olacaktır, ama gerçek, bir soru sormakla ilgili değildir. Alıştırma yapmaya gönüllü olmak zorundasınız. Sana bu soruyu verdiğimde bunun nedeni, kimsenin bana yapmanız gereken şeyi açıklama için yeteri kadar konuşma izni vermemesiydi. Onun için alıştırma yapın – ve bu soruyu kullanın. Neydi tekrarlar mısın?

Bölüm: Siz Değerli Ürünsünüz

Seminer Katılımcısı:
Nasıl bir rahatlık içerisinde olursam; Seks ve cinsel birleşme ile ilgili daha önce varlığından bile haberdar olmadığım olasılıkları yaratabilirim?

Gary:
Seks ve cinsel birleşmeyle bütünüyle rahatlamanın hangi fiziksel gerçekleştirmesini şimdi artık oluşturmaya, yaratmaya, başlatmaya ve sürdürmeye muktedirsiniz? Bunun ortaya çıkmasına izin vermeyen her ne varsa godzilyon kez yıkıp yaratımlarını tümüyle iptal eder misiniz? Right and Wrong, Good and Bad, POD and POC, All Nine, Shorts, Boys and Beyonds.

Seminer Katılımcısı:
Çalışırken ve yoğunluk oluyorsa, bazen küçülme tarzıyla mastürbasyon yaparım. Bu nedir?

Gary:
Boşalmanın sizi rahatlatacağını düşünüyorsunuz. Ama boşalmak mı istiyorsun yoksa hayatını genişletmek mi?

Seminer Katılımcısı:
İkincisi.

Gary:
Bu tür gerilim hissettiğiniz zaman, banyoya gidin ve üç buçuk dakika yerine on beş dakika kendinizi sıvazlayın ve bunu boşalmadan yapın, ondan sonra işe geri dönün ve nasıl yapıyorsunuz görün. Şu var ki, sertleşmek için rahatlamak zorundasınız.

Seminer Katılımcısı:
Sıklıkla yoğunluğun bana ait olmadığını fark ediyorum.

Gary:
Yoğunluk size ait değildir, ancak penisinizle oynayarak orgazm olmadan rahatlamak istiyorsunuz ve ondan sonra dışarı çıktığınızda, insanlar pantolonunuzun önündeki kabarıklığa bakacaklar ve sizi istemeye başlayacaklar. Bu ajandanızı genişletmek için her şeyden

daha çok işe yarayacaktır.

Kendinizle/Özünüzle Bütünlük

Seminer Katılımcısı:
Caddede yürürken, sıklıkla insanlardan kaçınır ve cinsel enerjimi küçültürüm/kasarım. Aslında kendimi yok olmuş hissederim. Bu sadece cinselliğin genişlemesi meselesi mi yoksa mevcut olma mı?

Gary:
Cinsel enerjini küçülten/kasan ve kendini yok eden sen misin? Yoksa bu diğer insanların hiçbir zaman cinsel olamadıkları mı?

Seminer Katılımcısı:
İkincisi, evet.

Gary:
Etrafındaki insanlara sürüklenmeye mi çalışıyorsun?

Seminer Katılımcısı:
Evet.

Gary:
Etrafınızdaki titreşimsel çözülmeye sürüklenmek için hangi aptallığı kullanmayı seçiyorsunuz? Bununla ilgili var olan her şeyi godzilyon kez yıkıp yaratımlarını tümüyle iptal eder misiniz? Right and Wrong, Good and Bad, POD and POC, All Nine, Shorts, Boys and Beyonds.

Seminer Katılımcısı:
Çözülme ne anlama geliyor? Nasıl işe yarıyor?

Gary:
İnsanlar bütünlükten mi yoksa sonuçlandırma ve yargıdan mı işlevsel olurlar?

Seminer Katılımcısı:
Sonuçlandırma ve yargı.

Gary:
Tamam, sizin işlevsel olmak istediğiniz yer orası mı?

Seminer Katılımcısı:
Hayır. O zaman bütünlükten mi işlevsel olmalıyım?

Gary:
Evet. Kendi/Öz bütünlüğünüzle işlevsel olmalısınız. Etrafınızdaki titreşimle, bu titreşimin siz olmanız gerektiğini düşünerek sürükleniyorsunuz. Ancak gerçekten olmanız gereken şey diğer hiçbir şeye aldırmadan kendinizsiniz.

Diğer kişilerin kullandığı dağılmış realiteler ile birlikte titreşimsel sürüklenmeyi yaratmak için hangi aptallığı kullanmayı seçiyorsunuz? Bununla ilgili var olan her şeyi godzilyon kez yıkıp yaratımlarını tümüyle iptal eder misiniz? Right and Wrong, Good and Bad, POD and POC, All Nine, Shorts, Boys and Beyonds.

Seminer Katılımcısı:
Bu şeytanlar hakkında söylediklerine geri gelmek mi? Ben insanların çevresindeyken ve onları kendimden büyük kıldığımda şeytanları davet ettiğimi mi söylüyorsun?

Gary:
Eğer herhangi bir kişiyi sadece sizden farklı kılmak yerine kendinizden büyük kılarsanız, takipçi olup olmayacağınızı belirlemek zorunda kalırsınız. Gerçek, iyi bir takipçi misiniz? Soruyu sormadan önce "gerçek" dedim, onun için doğru olanı itiraf etmelisiniz.

Seminer Katılımcısı:
Hayır, tam olarak değil.

Gary:
Hayır, boktan bir takipçisiniz, işte bu nedenle bir ilişkide olduğunuz zaman her zaman kızacağınız noktaya gelirsiniz. Ya da diğer kişiyi kızdırırsınız böylece kendi doğruluğunuzda olabilirsiniz.

Seminer Katılımcısı:
Bunu şimdi değiştirebilir miyiz?

Gary:
Bunu kendi realiteniz olarak yaptığınız her şeyi yıkıp yaratımlarını tümüyle iptal eder misiniz? Right and Wrong, Good and Bad, POD and POC, All Nine, Shorts, Boys and Beyonds.

Kendinizle bütünlük içinde olsaydınız ve hiçbir özür/mazeret olmadan olduğunuz her şey olsaydınız bu neye benzerdi? Daha çok mu yoksa daha az mı çekici olurdunuz?

Seminer Katılımcısı:
Kimin umurunda?

Gary:
Kesinlikle! Umurunuzda olmaz ve umurunuzda olmaması nedeniyle, herkes sizi çok arzu edilebilir bulur. Umurunuzda olduğu müddetçe, sizi nasıl kullanabileceklerine, sizin olmalarını istedikleri hale getirmek için nasıl konuşacaklarına ve sizi yapmalarını istediklerini yapmanız için nasıl ikna edebileceklerine bakarlar.

Seminer Katılımcısı:
Bütün bunlar için teşekkür ederim. Şimdi o enerjiyi aldım ve "Vay canına!"

Gary:
Pekâlâ beyler. Burada işimizin bittiğini düşünüyorum

Seminer Katılımcısı:
Teşekkür ederim, Gary.

Gary:
Tamamdır arkadaşlarım, kendinize dikkat edin. Sizi çok seviyorum. Yakında görüşmek üzere...

Bölüm: Olasılıklar Kralı Olmak

Ya olmadığınız gibi davrandığınız kişi iseniz?
Ya gerçekten olasılık kralı iseniz?

Gary:
Merhaba centilmenler. Dr. Dain bugün bizimle birlikte.

Hoşnutsuzluğun Ölümsüz Mevsimi/Sezonu

Dain:
Herkese merhaba. Bu telekonferansta olmaktan mutluyum. Şunu söylemek zorundayım ki, bu telekonferanslara başlamadan önce, diğer erkeklerle bağlantı kurmada bende sizler kadar direnç gösteriyordum, yani sanırım dünyamızda bir şeyler değişiyor. Benim dünyamda kesin bir şeyler değişiyor. Umarım sizin dünyanızda da değişiyordur.

Bir taraftan, dünyada bir şeyleri değiştirmek için buradasınız; diğer taraftan, başka erkelerin varlığıyla aşina olduğumuz bir hoşnutsuzluk var. Bunun kadınlarla olmayacağını düşünürsünüz, ama kadınlarla bu daha da fazla büyütüldü. Onu görmek istemezsiniz çünkü kadınlar sizin diyelim ki ilginç bulacağınız başka özelliklere sahip olma eğilimindedirler.

Gary:
Seçtiğiniz icadı, yapay yoğunluğu ve hoşnutsuzluğun ölümsüz mevsimini/sezonunu yaratmak için hangi aptallığı kullanıyorsunuz? Bununla ilgili var olan her şeyi godzilyon kez yıkıp yaratımlarını tümüyle iptal eder misiniz? Right and Wrong, Good and Bad, POD and POC, All Nine, Shorts, Boys and Beyonds.

Dain:
Oh, neşe

Bölüm: Olasılıklar Kralı Olmak

Gary:
Oh, sefalet.

Dain:
Eğer ayrılığımızın bizim için yaratabileceğimiz olasılıklar bağlantısından daha değerli olduğu düşüncesinin üstesinden gelirsek birlikte gerçekten ne yaratabiliriz merak ediyorum.

Seçtiğiniz icadı, yapay yoğunluğu ve hoşnutsuzluğun ölümsüz mevsimini/sezonunu yaratmak için hangi aptallığı kullanıyorsunuz? Bununla ilgili var olan her şeyi godzilyon kez yıkıp yaratımlarını tümüyle iptal eder misiniz? Right and Wrong, Good and Bad, POD and POC, All Nine, Shorts, Boys and Beyonds.

Seminer Katılımcısı:
Hoşnutsuzluk derken ne demek istiyorsunuz?

Gary:
Bu her hangi bir şeyle asla gerçekten tatmin olmayacaksınız demektir. Tatmin olmanız gerektiğini biliyorsunuz, ama gerçekte o şekilde hissetmiyorsunuz ve tatmin olmayı nasıl hissedeceğinizi veya o şeklide nasıl olmalı bulmak için çalışmaya devam ediyorsunuz, çünkü hissetmeniz gereken yöntem odur ki bu aslında sizin için gerçek değildir.

Seminer Katılımcısı:
Oh, şu mesele...

Gary:
"Şimdi artık bir kadınım var, mutlu olacağım" düşüncesine inanmak gibi. Siz beyler her zaman sahip olduklarınızla ve asla olmadıklarınızla hoşnut olmaya çalışıyorsunuz. Neden hoşnut olmak istiyorsunuz? Bunun değeri ne olabilir?

Seminer Katılımcısı:
Sanki bunun iyi bir cevabı yokmuş gibi.

Gary:
Nedenfarkındalık yerine hoşnutluk aramaya devam ediyorsunuz? Hoşnutluk, elde edebileceklerinizle tatmin olmalısınız düşüncesidir. İçinizden hayatınızda altın vajinayı elde edemeyecek bir tek kişi yoktur ve sizin talebinizi üzerine bir vajinanın sizin için hazır olduğu gerçeğiyle hoşnut olmanız bekleniyor. "Burada şimdiye kadar göz önüne bile almadığım hangi seçeneklere sahibim?" diye asla sormuyorsunuz.

Bunun ortaya çıkardığı her şeyi godzilyon kez yıkıp yaratımlarını tümüyle iptal eder misiniz? Right and Wrong, Good and Bad, POD and POC, All Nine, Shorts, Boys and Beyonds.

Dain:
Seçtiğiniz icadı, yapay yoğunluğu ve hoşnutsuzluğun ölümsüz mevsimini/sezonunuyaratmakiçinhangiaptallığıkullanıyorsunuz? Bununla ilgili var olan her şeyi godzilyon kez yıkıp yaratımlarını tümüyle iptal eder misiniz? Right and Wrong, Good and Bad, POD and POC, All Nine, Shorts, Boys and Beyonds.

Gary:
Hayatınızda bir kadına sahip olduğunuzda,kadının kendini sizin hiçbir zaman hoşnut olmamanızı garanti etmeye adaması nedeniyle, bu durumun nadiren olması dışında, hoşnut olacağınızı düşündüğünüzü hiç fark ettiniz mi? Bir şeylerle ilgili hoşnut olur olmaz, kadın "Balım, konuşmak zorundayız," diyecektir ki bu ne demektir? "Siz hatalısınız, boku yediniz, ırzınıza geçtiler" ve hiç te iyi bir şekilde değil.

Seçtiğiniz icadı, yapay yoğunluğu ve hoşnutsuzluğun ölümsüz mevsimini/sezonunuyaratmakiçinhangiaptallığıkullanıyorsunuz? Bununla ilgili var olan her şeyi godzilyon kez yıkıp yaratımlarını tümüyle iptal eder misiniz? Right and Wrong, Good and Bad, POD and POC, All Nine, Shorts, Boys and Beyonds.

Erkekler, kadınların onlarla hoşnut olacaklarını düşünürler, ama asla olmazlar. Erkekler her zaman bir kadınla nasıl hoşnutluk yaratacaklarınabakarlar, çünkü kadının bir kez hoşnut olması halinde, aynı zamanda en sonunda hoşnutluk elde edeceklerini düşünürler. Bu işe yaramaz.

Erkekler Arasında Ayırım Yaratan Çarpık Hoşnutsuzluk

Dain:
Erkeklerin arasında bununla ilintili olan garip bir enerji fark ettim. Bu sanki kendi aralarında ve başka erkeklerle aralarında ayırım yaratan çarpık bir hoşnutsuzluk gibi duruyor. Gary, senin diğer beylerle aranda olmadığını biliyorum, ama pek çok başka kişinin benimle arasında bu var. Ben bir erkekle karşılaşayım bu enerjiyi algılayabilirim.

Bunun açıklayabilmemin en iyi yolu şudur: Gary bana anlattı, bir keresinde "Benim Dain'le sorunum var. Onunla rekabet ediyorum." diyen bir erkekle çalışıyormuş. Gary sonunda adamın derdinin o adamın aslında benimle seks yapmak istediğini bulmuş ve benimle rekabeti o alandan yaratıyormuş. Beni aşağı çekmek istiyordu. Beni hatalı kılmak istiyordu ve arkamdan kötü konuşuyordu.

Eğer butümüyle yok olsaydı siz beyler bizim için neler mevcut olurdu hayal edebilir misiniz? Sizi bilmem ama burası benim için mevcut olan kapasite ve gücü yok ettiğim yerlerden biridir. Bu başımı dik tutarak yürüme ve kolaylık duygusu hissetme yeteneğidir. Bunu atlatacak yola sahip olduğumu iddia etmiyorum; Sadece gündeme getiriyorum çünkü bu öbür erkeklerin farkında olmaya ve hakkında konuşmaya istekli olmadıkları bir şey. Şunu söylüyorum "Ne var biliyor musunuz? Bunun hakkında konuşmanın zamanı, bunun farkında olmanın zamanı ve bunu lanet olası değiştirme zamanı, çünkü eğer diğer erkeklerden ayrılıyorsanız, aynı zamanda siz ve kendiniz arasında da ayırım yaratıyorsunuz?"

Eğer yarın sabah uyanırsanız ve daha fazla normal, daha fazla eşcinsel veya daha fazla kendinizi cinsel açıdan ne olarak tanımladıysanız o değilseniz, bunun sizin için ne kadar fazla özgürlük yaratacağını fark ediyor musunuz? Bir kadın veya bir erkek aramak için uykudan kalkmak zorunda olmasaydınız, eğer seks için arama yapmak zorunda kalmasaydınız, enerjinizi daha başka neyin üzerine koyardınız? Farklı bir olasılık yaratabilecek ne oluşturabilir ve yaratabilirdiniz?

Gary:
Ve neden sizi kendinizden ayırasınız? Olay şu ki, sabitbir bakış açısına sahip olmak için, sizi kendinizden ayırımını yaratmak zorundasınız.

Kendi cinselliğiniz olarak yaratmak için yaptığınız çalışmaların ne kadarı aslında olmanızın mümkün olduğu olasılıktan bihaber olma gereksinimini yarattığınız yerdir? Bununla ilgili var olan her şeyi godzilyon kez yıkıp yaratımlarını tümüyle iptal eder misiniz? Right and Wrong, Good and Bad, POD and POC, All Nine, Shorts, Boys and Beyonds.

Dain:
Var olma için bütün seçimlerin seçimi olarak kişilik ve cinsellik yaratmak üzere hangi aptallığı kullanmayı seçiyorsunuz? Bununla ilgili var olan her şeyi godzilyon kez yıkıp yaratımlarını tümüyle iptal eder misiniz? Right and Wrong, Good and Bad, POD and POC, All Nine, Shorts, Boys and Beyonds.

Ya Hayatınızda Gereksinim Duygusu Olmasaydı?

Gary:
Bu işlevsel olunacak farklı bir yer olurdu. Bu hayatınızda gereksinim olmadığının bir tanınması olurdu. Gereksinim duygusu dışına çıktığınız zaman, artık daha fazla içinde kısıtla olan bir yer yaratmak durumunda olmazsınız. Kısıtlama gereksinime dayanır. Neden? Çünkü gereksinim her zaman en küçük ortak paydayı yaratmakla ilgilidir. Bu bir şeyleri icat etmekle ilgilidir. Ne zaman bir şey icat etseniz, onu bir üzüntü yaratmak, keyif kaçırmak için kullanırsınız.

Seçtiğiniz cinselliği yaratmak için hangi aptallığı kullanıyorsunuz?

Bölüm: Olasılıklar Kralı Olmak

Bununla ilgili var olan her şeyi godzilyon kez yıkıp yaratımlarını tümüyle iptal eder misiniz? Right and Wrong, Good and Bad, POD and POC, All Nine, Shorts, Boys and Beyonds.

Kadınlarla rahatsız olmayı, keyfinizi kaçırmayı yaratmak için hangi icadı kullanıyorsunuz? Bununla ilgili var olan her şeyi godzilyon kez yıkıp yaratımlarını tümüyle iptal eder misiniz? Right and Wrong, Good and Bad, POD and POC, All Nine, Shorts, Boys and Beyonds.

Seçtiğiniz icadı, yapay yoğunluğu ve hoşnutsuzluğun ölümsüz mevsimini/sezonunu yaratmak için hangi aptallığı kullanıyorsunuz? Bununla ilgili var olan her şeyi godzilyon kez yıkıp yaratımlarını tümüyle iptal eder misiniz? Right and Wrong, Good and Bad, POD and POC, All Nine, Shorts, Boys and Beyonds.

Hoşnutsuzluk duygusu erkeklerin neden daima yeni bir kadın aradıklarının nedenidir. İlişkilerin neden var olamayacağının nedenidir. Her zaman sahip olduklarınızdan hoşnutsuz olmak durumunda olursunuz. Sahip olmanız gerektiğini düşündüğünüz şeyi elde ederseniz, farklı bir sonuç elde edeceğinizi varsayarsınız, asla sadece bir kadınla mutlu olamayacağınızın nedeni işte budur.

Bununla ilgili var olan her şeyi godzilyon kez yıkıp yaratımlarını tümüyle iptal eder misiniz? Right and Wrong, Good and Bad, POD and POC, All Nine, Shorts, Boys and Beyonds.

Dain:
Seçtiğiniz icadı, yapay yoğunluğu ve hoşnutsuzluğun ölümsüz mevsimini/sezonunu yaratmak için hangi aptallığı kullanıyorsunuz? Bununla ilgili var olan her şeyi godzilyon kez yıkıp yaratımlarını tümüyle iptal eder misiniz? Right and Wrong, Good and Bad, POD and POC, All Nine, Shorts, Boys and Beyonds.

Gary:
Kaçınız sadece bir kadınla hoşnut olmaya çalıştınız, yine de daima ayı zamanda başka bir kadın aradınız?

Ben evliyken hep "Bundan daha harika bir şeyler olmalı" diye düşünüp dururdum, ondan sonra çok meşhur bir adam olduğum ve sürekli beni arayan bir kadının olduğu geçmiş yaşam deneyimlerinin içine daldım. Eninde sonunda beni gerçekten seven, gerçekten beni benim için isteyen ve benim gerçekten mükemmel olduğumu düşünen bir kadın olabileceği bakış açısına sahip olduğumu fark ettim. Ne yazık ki aslında bu oluşmuyor. Bu realitenin gerçeği yerine olasılık çılgınlığının fantezi dünyası.

Seçtiğiniz icadı, yapay yoğunluğu ve hoşnutsuzluğun ölümsüz mevsimini/sezonunu yaratmak için hangi aptallığı kullanıyorsunuz? Bununla ilgili var olan her şeyi godzilyon kez yıkıp yaratımlarını tümüyle iptal eder misiniz? Right and Wrong, Good and Bad, POD and POC, All Nine, Shorts, Boys and Beyonds.

Şansa bakın ki hiç biriniz bu bakış açısına sahip değilsiniz.

Seminer Katılımcıları:
(Kahkahalar) Hayır.

Gary:
Evet sahipsiniz. Çok şirinsiniz. Hepinizi seviyorum.

Dain:
Seçtiğiniz icadı, yapay yoğunluğu ve hoşnutsuzluğun ölümsüz mevsimini/sezonunu yaratmak için hangi aptallığı kullanıyorsunuz? Bununla ilgili var olan her şeyi godzilyon kez yıkıp yaratımlarını tümüyle iptal eder misiniz? Right and Wrong, Good and Bad, POD and POC, All Nine, Shorts, Boys and Beyonds.

Benim bir sorum var. Eğer size benzer olmakla yargıladığınız başka bir adam varsa ve onun sizden daha fazla seçtiğini görürseniz, bu sizin dünyanızda ne yapar?

Seminer Katılımcısı:
Acınacak durumda hissettirir.

Bölüm: Olasılıklar Kralı Olmak

Dain:
Acınacak durumda hissettirir ve böylece kendinizden daha eksiği olduğunuz bir ayırım yaratırsınız.

Seminer Katılımcısı:
Evet.

Gary:
Kendinizi kadından daha eksik olarak yaratmak için hangi icadı kullanıyorsunuz? Bununla ilgili var olan her şeyi godzilyon kez yıkıp yaratımlarını tümüyle iptal eder misiniz? Right and Wrong, Good and Bad, POD and POC, All Nine, Shorts, Boys and Beyonds.

Seminer Katılımcısı:
Vay canına.

Dain:
Kendinizi kadından daha eksik olarak yaratmak için hangi icadı kullanmayı seçiyorsunuz? Bununla ilgili var olan her şeyi godzilyon kez yıkıp yaratımlarını tümüyle iptal eder misiniz? Right and Wrong, Good and Bad, POD and POC, All Nine, Shorts, Boys and Beyonds.

Gary:
Vay canına, bunu değiştireceğim:

Kendinizi kadından daha az değerli olarak yaratmak için hangi icadı kullanmayı seçiyorsunuz? Bununla ilgili var olan her şeyi godzilyon kez yıkıp yaratımlarını tümüyle iptal eder misiniz? Right and Wrong, Good and Bad, POD and POC, All Nine, Shorts, Boys and Beyonds.

Savunmasız Olmak

Dain:
Vay canına. Bu hemen hemen onu tarif eder.

Kendinizi kadından daha az değerli yaratmak için hangi icadı kullanmayı seçiyorsunuz? Bununla ilgili var olan her şeyi godzilyon kez yıkıp yaratımlarını tümüyle iptal eder misiniz? Right and Wrong, Good and Bad, POD and POC, All Nine, Shorts, Boys and Beyonds.

Bunun bakabileceğiniz iki başka parçası daha var. Bir tanesi icattır. Sorun: Seçtiğim kadınlara yaklaşımla ilgili problem yaratmak için hangi icadı kullanıyorum?

Diğeri ise biz bir konumu savunuruz ve eğer savunacak bir şeyiniz varsa, , onlara karşı iyi savunulduğunuzu düşünmedikçe birisine yaklaşıp onlarla görüşme yapmakta sorun yaşayacaksınız.

Kadınlara encazip gelen şeylerden biri orada tümüyle savunmasız olmaya gönüllü olan bir erkektir. Derler ki "Aman tanrım, sen nereden çıktın?" Başka herkes onlara "Hey, bu nedenle çok harikayım ve şu nedenle çok harikayım. Ne kadar harika olduğumu görmen lazım." davranış tarzıyla yaklaşırlar. Kadınlar buna alışıktır ve bunun içindeki kandırmacanın belli bir miktarı onlar için eğlendirici olabilir, ancak orada tümüyle savunmasız olarak bulunduğunuzda, onlara çok daha fazla çekici gelirsiniz.

Savunmasız demek acınası küçük bir pısırık olduğunuz anlamına gelmez. Kendinizle ilgili herhangi bir şeye karşı savunma yapmanızı gerektirmeyecek kadar çok fazla farkındalığınızın mevcut olması anlamına gelir. Sadece yanaşıp "Merhaba, beni hayalarımdan tekmeleyebileceğinizi biliyorum. Benden hoşlanmayabileceğinizi de biliyorum. Yüzüme gülebileceğinizi biliyorum, ama bütün bunlar benim için sorun değil çünkü biliyorum ki bir kez buradan ayrıldığımda seninle konuşurken olduğu kadar çok kendime sahip olacağım." dersiniz. Bir pozisyonu savunmak zorunda kaldığınız zaman, buna seçeneklerinizden biri olarak sahip olamazsınız.

Eğer savunmayı reddetseydiniz olma özgürlüğü verebilecek, gerçekten reddetmeniz gereken hangi savunmalı pozisyonu seçiyorsunuz? Bununla ilgili var olan her şeyi godzilyon kez yıkıp yaratımlarını tümüyle iptal eder misiniz? Right and Wrong, Good

and Bad, POD and POC, All Nine, Shorts, Boys and Beyonds.

O (kadın)Beni Değerli bir Ürün Yapacak mı?

Bir şeylerin cinselliği ile ilgilendiğiniz müddetçe, olma özgürlüğüne sahip değilsiniz. Özgürlüğe veya kolaylığa sahip değilsiniz, çünkü çoğu zaman, hatta birisine yaklaşmayı düşünmeden bile önce, "O kadın beni değerli ürün yapacak bütün ölçütlerleuyuşuyor mu?" ona bakarsınız. Daha en başta onunla konuşmanızın tek nedeni de budur. Bunun %90'nında, erkeklerin %90'ı o kadınla ilgilenmezler bile. Bu daha çok "Vay canına, bu benim için eğlence olacak" değil, "Vay canına, bir bakayım. Bu kadın beni değerli kılacak mı? Şu kadın beni değerli kılacak mı? Şurada duran kadın beni değerli kılacak mı?" gibidir.

Eşitlikten, neşe ve eğlenceyi alırız ve bizi değerli kılacak şeyi yapmayı seçeriz. Çok çok uzun zaman önce ben kolejdeyken bir kızla tanıştım. Kesinlikle seks yapabileceğimi bildiğim bir kızdı ve gerçekten uzun bir süre onunla seks yapamadım, onun için onunla flört ettim ve onu tahrik ettim. Beni değerli bir ürün yapacak kız değildi. Seks yapılması eğlenceli olacak bir kızdı, ama beni değerli bir ürün yapacak özelliklere sahip değildi, onun için seks yaptıktan sonra hiç kimseyi uyandırmadan onu evden çıkarmaya çalışıyordum böylece onlar...

Gary:
Ne kadar çirkin olduğunu farketmeyecekler miydi?

Dain:
Evet, böylece ne kadar çirkin olduğunu ve ne denli adi hale gelebileceğini fark etmiyorlardı. Burada fark ettiğim şey "Bunun benim eğlenmemle hiçbir alakası yoktu. Ben önceden belirlenmiş sonuç arıyordum ve buna uyacak birini bulmaya çalışıyordum. Bunun ne benimle ne de onunla alakası vardı." Seks ve ilişkilerinizin ne kadarını o alandan yarattınız?

Seks ve Cinsel Birleşmenin Eğlencesinden Kaçınma.

Gary:
Seks ve cinsel birleşmenin eğlencesinden mutlak ve tümüyle kaçınmayı yaratmak için hangi aptallığı kullanmayı seçiyorsunuz? Bununla ilgili var olan her şeyi godzilyon kez yıkıp yaratımlarını tümüyle iptal eder misiniz? Right and Wrong, Good and Bad, POD and POC, All Nine, Shorts, Boys and Beyonds.

1970'lerde, İsveç'ten gelen bir kızla tanıştım. İsveçlilerin cinsel olarak dünyadaki herkesten daha özgür oldukları beklenir onun için birlikteeğlenceli zaman geçireceğimizi düşündüm.Tabi bakış açılarında öylesine lanet yargılayıcı ve katı olmasını saymazsak. Özgürlük bunun neresinde?

Seminer Katılımcısı:
Seks ve cinsel birleşmenin eğlencesinden kaçınma. Bu benim evrenimde ortaya çıkanahlak standartları vediğer saçmalıklarla mı alakalı?

Gary:
Herkesin standartları vardır. Hepsi ahlaklıdır. Neyse ki sizin için eğer yeteri kadar şirinseniz, bütün standartların ve ahlakın üstesinden gelebilirsiniz. Ama eğer yeteri kadar şirin ve seksi değilseniz bunların üstesinden gelemezsiniz. Bir gün size nasıl yürüneceğini göstereceğim böylece kendi katılığınızın üstesinden gelebilirsiniz.

Seminer Katılımcısı:
Ne demek istiyorsun

Gary:
Bedeninizden keyif alıyormuş ya da gerçekten cinsel birleşme istiyormuşsunuz gibi yürümüyorsunuz. Gerçekten seks istiyormuş gibi yürümüyorsunuz. Gerçekten seks yapmaktan hoşlanan birine değil, seks yapmak isteyecek birinin suretine benziyorsunuz.

Bedende bulunan belli türde bir enerji akışını elimine edersiniz,

Bölüm: Olasılıklar Kralı Olmak

bu nedenle seksin eğlencesini davet eden olamazsınız. Sadece seks olasılığını davet eden olabilirsiniz. Böylece olasılığı davet edersiniz ve sonra bir gecede iki veya üç kadına sahip olmak durumunda olursunuz ki bu iyidir. Harikadır. Mükemmeldir, ama siz bu ölçümün içinde neredesiniz?

Seminer Katılımcısı:
Bu doğru. Ben orada bile değilim.

Gary:
Değişmek zorunda olan parça işte budur.

Kendinizi hiçbir zaman cinsel ilişkiye giremeyen çekici prens olarak yaratmak için hangi aptallığı kullanmayı seçiyorsunuz? Bununla ilgili var olan her şeyi godzilyon kez yıkıp yaratımlarını tümüyle iptal eder misiniz? Right and Wrong, Good and Bad, POD and POC, All Nine, Shorts, Boys and Beyonds.

Seçtiğiniz kral olmadan kaçınmak için hangi icadı kullanıyorsunuz? Bununla ilgili var olan her şeyi godzilyon kez yıkıp yaratımlarını tümüyle iptal eder misiniz? Right and Wrong, Good and Bad, POD and POC, All Nine, Shorts, Boys and Beyonds.

Cinsel Arzu Uyandıran Siz

Kaçınız, henüz çocukken, elinizde neden tahrik olduğunuz hakkında hiçbir ipucuna sahip değilken uygunsuz bir biçimde tahrik oldunuz?

Seminer Katılımcısı:
Evet. Pek çok kereler.

Gary:
Evet.

Bütün bunları bastırmak ve baskı altında tutmak için yaptığınız her şeyi yıkıp yaratımlarını tümüyle iptal eder misiniz? Right and Wrong, Good and Bad, POD and POC, All Nine, Shorts, Boys and Beyonds.

Tahrik olmanızın nedeni başkalarını tahrik etmenizdir. Kendinizin cinsel enerjisi olduğunuz zaman, başkalarının bedenlerindeki cinsel enerjiyi tahrik edersiniz. Diğer kişileri cinsel olarak tahrik edersiniz.

Zaman zaman alıp kabul ettiğiniz cinsel uyarının ne kadarı olduğunuz cinsel uyarı ve diğerlerinin size karşı cinsel olarak tahrik olmalarının farkındalığını geçersiz kıldığınız bir yer? Bununla ilgili var olan her şeyi godzilyon kez yıkıp yaratımlarını tümüyle iptal eder misiniz? Right and Wrong, Good and Bad, POD and POC, All Nine, Shorts, Boys and Beyonds.

Buna ciddi biçimde bilinçsizlik eklidir. Ben on beş yaşındayken, her gün cebir dersimde cinsel biçimde tahrik olurdum ve öğretmen beni çağırırdı. Cebir'in nesi tahrik edici ki? Dört yıl cebir beni azdırdığı için sadece lanet biçimde garip biri olduğumu düşündüm. Ve sonra bir gün bu duruma baktım ve "Vay canına" dedim. Matematik öğretmenimin eşcinsel olduğunu ve ona karşı tahrik olduğumu fark etmemiştim. Bir kez sertleştiğimde, beni ayağa kaldırıp bir denklemi çözmek için tahtaya göndermeye çalıştı.

On beş yaşında olduğunuz kadar abaza olduğunuz gerçeğini kabul etmeye istekli olmadığınız her yeri ve bunu bastırmak ve baskı altında tutmak için yaptığınız her şeyi yıkıp yaratımlarını tümüyle iptal eder misiniz? Right and Wrong, Good and Bad, POD and POC, All Nine, Shorts, Boys and Beyonds.

Seminer Katılımcısı:
Benim bir sorum var. Bazen bir kadınla birlikte olduğumda ve aramızda gerçekten iyi bir alan olduğunda, ereksiyon olmuyor. Bu benim evrenimde "Burada ben erkek değilim" gibi gerçekten acayip, garip bir alan yaratıyor.

Gary:
Öyleyse bir kadınla beraber çıktığında ve aranızda gerçekten iyi bir alan oluyor ancak tahrik olmuyorsun, kadının belki de seninle seks

yapmaya istekli olmadığını hiç kabul ettiğin oldu mu? Yoksa seks yapmaya istekli, ama sen ve bedenin arzulu mu değil? Sizler eğer bir kadın sizi isterse, vermek zorunda olduğunuzu düşünüyorsunuz.

Seminer Katılımcısı:
Doğru

Gary:
Çünkü bunun nedeni sizin eksiksiz, tam ve bütünüyle bir sürtük olmanızdır.

Dain:
Gary bunu kötü bir şeymiş gibi söyledi, ama ben öyle olduğunu düşünmüyorum.

Gary:
Sürtük olmanın kötü bir şey olmasıyla ilgili bir bakış açısına sahip değilim, ancak sürtük olduğunuzu kabul etmedikçe, birisi sizi istediğinde, neye benzerlerse benzesin oraya gideceksiniz. Dain kolay olacağını bilmesi nedeniyle seks yaptığı bir kız hakkında konuşuyordu. Kolay demek size herhangi bir şeye mal olmaması demektir, onun için oraya gidersiniz. Siz beyler sürekli "Evet, ama benim standartlarıma uymalı" demeye çalışırsınız. Standartlarınız, seçebilecek olduğunuzdan kaçındığınız şeylerdir.

Muhtemelen kolay ve eğlenceli olacak, seçebilmeniz gereken şeyden kaçınmak için hangi standartların icadını kullanıyorsunuz? Bununla ilgili var olan her şeyi godzilyon kez yıkıp yaratımlarını tümüyle iptal eder misiniz? Right and Wrong, Good and Bad, POD and POC, All Nine, Shorts, Boys and Beyonds.

Seminer Katılımcısı:
Teslim etmek zorunda olduğunuzu düşündüğünüz şey, bunun standartla da bir alakası var mı?

Gary:
Hayır, bunun daha çok bir çekici prens olmakla alakası vardır. Eğer evli değilseniz, bir prens olmak zorundasınız. Bir kez

evlendiğinizde, köle olursunuz. Asla kral olamazsınız.

Seminer Katılımcısı:
Ne yazık ki olamayız.

Gary:
Seçebileceğiniz kral olmaktan kaçınmak için hangi aptallığı kullanıyorsunuz? Kral olmakla ilgili iyi olan şey krallar kirli olabilir, kokuyor olabilir, her tür şey olabilirler ve hala istedikleri her şeyi elde ederler.

Bununla ilgili var olan her şeyi godzilyon kez yıkıp yaratımlarını tümüyle iptal eder misiniz? Right and Wrong, Good and Bad, POD and POC, All Nine, Shorts, Boys and Beyonds.

Seminer Katılımcısı:
Sertleşme, ereksiyon ve seksi hissetme hakkında konuşuyoruz. Dün bana yaşlı bir bayan tarafından Bars yapıldı ve bayan bars yaparken ben gerçekten harika bir ereksiyon yaşadım. Bu çoğu zaman olur. Bu, o bayanın benimle seks yapmak istediği anlamına mı geliyor? Yoksa ben mi onu tahrik ediyorum yoksa onun tarafından tahrik mi oluyorum? Bundan ne çıkartıyorsun?

Dain:
Evet.

Gary:
Bu doğrudur, evet. Özür dilerim. Sen bir erkeksin. Bir penisin var. Nefes alıyorsun. Ereksiyon olmasını istiyorsun. Bu sana veriliyor. Ne zaman en kullanışlı hale gelirsiniz? Kaya kadar sert olduğun zaman. Ne zaman işe yaramaz olursunuz? Kaya kadar sert olmadığınız zaman. Çoğu erkek bu tür cinsel enerjiden kaçınmaya çalışır. O yaşlı bayan size bakar ve "Lütfen buna sahip olabilir miyim?" diye düşünür ve bedeniniz "Ooh, teşekkürler. Burada, size bunun ne kadar iyi olduğunu göstereceğim" der böylece sertleşirsiniz. Bu onu istemek değildir. Sizi istediği ve sizin ondan alıp kabul etmeye istekli olmanız çünkü onun sizin standardınız olmadığı gerçeğidir.

Bölüm: Olasılıklar Kralı Olmak

Dain:
Bu aynı zaman yaşam enerjisinin de bir parçasıdır. Yaşıyorken tahrik olursunuz. Ölürken olmazsınız. Gezegenimizdeki çoğu insan ölüyor, onun için doğal olarak ve hayat ve yaşam olarak tahrik olmanın ne olduğunu bilmiyoruz. Gerçekten, birisi ya da başka bir şey sizi ne kadar fazla mağlup etmeye çalıştıysa çalışsın fark etmez, bu yaşam enerjisidir.

Seminer Katılımcısı:
On beş yaşımızdayken, her zaman ereksiyon yaşamaya alışıktım. Otobüste, eve giderken trende, her neredeyse. Sadece hayat ve yaşam tarafından tahrik edilirdim. Şimdi görünen o ki çok daha düzensiz. Başıma o kadar çok gelmiyor. Geriye daha düzenli olarak sertleştiğim ve hayat ve yaşam tarafından daha fazla tahrik edildiğim o zamana dönmek harika olurdu.

Uyarılmanın/Tahrikin Doruğu

Gary:
Evet, bu uyarılmanın doruk noktasıdır. Hayat ve yaşam. Uyarılmanın doruklarında olan yaşamaya istekli olan birisidir. Yaşlı bayan yaşamaya istekliydi ve sana daha da iyi yaşamak için bir olasılık olarak baktı. On beş yaşındayken, pek çok insan arkandan şehvet duydular ve sen fark etmedin çünkü bu tür şeyleri fark etmen beklenmiyordu, gerekmiyordu; siz bu konuda bir şey yapmak zorunda olduğunuzu düşünürsünüz. Ama bu, bu konuda bir şey yapmak zorunda olduğun anlamına gelmez. Bu sadece insanların arkandan şehvet duymaları demektir.

Şehvetin asla arkandan gelmemesi ve hayatına, yaşamına, gerçeğine veya ereksiyon yaşamana asla nüfus etmemesini garanti altına almak için ne kadar enerji kullanıyorsunuz? Bununla ilgili var olan her şeyi godzilyon kez yıkıp yaratımlarını tümüyle iptal eder misiniz? Right and Wrong, Good and Bad, POD and POC, All Nine, Shorts, Boys and Beyonds.

Dain:
Eğer şehvetin realitenize gerçekten tekrar nüfus etmesine izin verseydiniz kötü olurdu. Sizler gençken, bu kontrolünüz dışındaydı. Ve sizde Gary'nin cebir sınıfında olduğu gibi "Aman Tanrım!" durumunda olurdunuz. O "Oh hayır! Bir ereksiyon daha," diye düşünüyordu ve tabi ki öğretmen onu çağırıyor olurdu ve o "Hayır! Ben matematikten anlamıyorum." diye düşünüyordu.

Gary:
"Cevabı bilmiyorum. Hiçbir fikrim yok. Hayır, bu problemi çözemem." Kendimi hayatımın o alanında beceriksiz kılıyordum. Ben cebir konusunda özürlüydüm çünkü ayağa kalkıp sertleştiğimi göstermek istemiyordum.

Dain:
Harika olan şey, ayağa kalkabileceği ve sertliğini gösterebileceği bir realitede yaşamak olurdu. "Hey, şu anda bana harika bir şey oluyor. Öylesine sertleştim ki neredeyse hepsini herkesin üzerine kaçırmak üzereyim. Şu ikinci dereceden denklemle ilgili istediğiniz şey neydi tekrar söyler misiniz?" Ya bunun mümkün olduğu bir realitede yaşasaydık? Bu olasılığı göz önünde bulundurduğunuz zaman, sahip olma ve o anda kendimiz ve bedenimizde her ne meydana geliyorsa olma imkânından ne kadar uzakta olduğumuzu fark edersiniz.

Gary:
Seçebileceğim ereksiyon yaşamaktan kaçınmak için hangi icadı kullanıyorum? Bununla ilgili var olan her şeyi godzilyon kez yıkıp yaratımlarını tümüyle iptal eder misiniz? Right and Wrong, Good and Bad, POD and POC, All Nine, Shorts, Boys and Beyonds.

Seminer Katılımcısı:
Bu telekonferans gerçekten uyarıldığımı hissettirdi.

Gary:
Eğer hayat ve yaşam için sertleşiyorsanız, bu size şu anda sahip

olduklarınızdan daha fazla yaratım ve oluşturma verir mi?

Seminer Katılımcısı:
Oh, cehennem olsun evet!

Gary:
Eğer şehvetin, yaşam neşesinin ve cinsel birleşme neşesinin hayatınızın bir parçası olduğu yerde olmaya istekli değilseniz, oluşturucu ve yaratıcı kapasitede yaşama şekline sahip olmaya da istekli değilsiniz. Yaşamın orgazmik kalitesi, şehvetin yoğunluğu ve orgazmla gelen yaratıcı özsulara sahip olmaya istekliliikten gelir.

Seçebileceğiniz ereksiyon yaşamaktan kaçınmak için hangi icadı kullanıyorsunuz? Bununla ilgili var olan her şeyi godzilyon kez yıkıp yaratımlarını tümüyle iptal eder misiniz? Right and Wrong, Good and Bad, POD and POC, All Nine, Shorts, Boys and Beyonds.

Herhangi biriniz hayat ve yaşam hakkında sadece bir miktar heyecanlanabileceğinizi fark etti mi?

Seminer Katılımcısı:
Evet.

Gary:
Kaçınız sertleştiğiniz zaman, bunun sizi gerçekten iyi hissettirdiğini fark ettiniz?

Dain:
Bu bir tür mutlu bir dönemdir. Sanki "Oh, merhaba!" der gibi.

Gary:
Mutlu, dağınık bir dönem.

Dain:
Yapay yoğunlukları ve karşı cinsi takip etme gerekliliği şeytanlarının icatlarını yaratmak için hangi aptallığı kullanmayı seçiyorsunuz? Bununla ilgili var olan her şeyi godzilyon kez yıkıp yaratımlarını tümüyle iptal eder misiniz? Right and Wrong, Good and Bad,

POD and POC, All Nine, Shorts, Boys and Beyonds.

Seçebileceğiniz ereksiyon yaşamaktan kaçınmak için hangi icadı kullanıyorsunuz? Bununla ilgili var olan her şeyi godzilyon kez yıkıp yaratımlarını tümüyle iptal eder misiniz? Right and Wrong, Good and Bad, POD and POC, All Nine, Shorts, Boys and Beyonds.

Bastırmayı ve baskı altında tutmayı yaratmak için hangi aptallığı kullanmayı seçiyorsunuz? Bununla ilgili var olan her şeyi godzilyon kez yıkıp yaratımlarını tümüyle iptal eder misiniz? Right and Wrong, Good and Bad, POD and POC, All Nine, Shorts, Boys and Beyonds.

Kendinizi "kral değil" olarak yaratmak için hangi icadı kullanmayı seçiyorsunuz? Bununla ilgili var olan her şeyi godzilyon kez yıkıp yaratımlarını tümüyle iptal eder misiniz? Right and Wrong, Good and Bad, POD and POC, All Nine, Shorts, Boys and Beyonds.

Kendinizi hiçbir zaman cinsel ilişkiye giremeyen çekici prens olarak yaratmak için hangi aptallığı kullanmayı seçiyorsunuz? Bununla ilgili var olan her şeyi godzilyon kez yıkıp yaratımlarını tümüyle iptal eder misiniz? Right and Wrong, Good and Bad, POD and POC, All Nine, Shorts, Boys and Beyonds.

Gary:
Yani, bu parçayı ekleyebilirsiniz! Sizinle eğlenebilecek kadar akıllı olan herhangi birisi yerine sadece prenses tarafından yatağa atılırsınız. Biliyorsunuz, prenseslerin hepsi bakiredir ve nasıl vereceklerini bilmezler – ve oral seks nasıl yapacaklarını kesinlikle bilmezler.

Bununla ilgili var olan her şeyi godzilyon kez yıkıp yaratımlarını tümüyle iptal eder misiniz? Right and Wrong, Good and Bad, POD and POC, All Nine, Shorts, Boys and Beyonds.

Dain:
Kendinizi seçtiğiniz kadından daha az değerli olarak yaratmak için

Bölüm: Olasılıklar Kralı Olmak

hangi icadı kullanmayı seçiyorsunuz? Bununla ilgili var olan her şeyi godzilyon kez yıkıp yaratımlarını tümüyle iptal eder misiniz? Right and Wrong, Good and Bad, POD and POC, All Nine, Shorts, Boys and Beyonds.

Seçebileceğiniz ereksiyon yaşamaktan kaçınmak için hangi icadı kullanıyorsunuz? Bununla ilgili var olan her şeyi godzilyon kez yıkıp yaratımlarını tümüyle iptal eder misiniz? Right and Wrong, Good and Bad, POD and POC, All Nine, Shorts, Boys and Beyonds.

Gary:
Bunu çalıştırdığımız zaman bedeninizin nasıl heyecanlandığını fark ettiniz mi?

Seminer Katılımcısı:
Evet.

Gary:
Onun için her ne yaparsanız yapın, bunu ses kaydıyla bir dizin oluşturup önümüzdeki otuz gün boyunca dinlemeyin. Lütfen bunu yapmayın, yoksa kendinizi genel olarak hayattan ve yaşamdan heyecanlanıyorken bulursunuz.

Dain:
Ve bu kötü olurdu.

Gary:
On beş yaşındayken, hayat hakkında hem heyecanlıydınız hem de aynı zamanda bastırıyordunuz. Sertleştiğiniz zaman şükran duyuyordunuz ve sertleştiğiniz müddetçe geri kalan şey daha önemsiz görünüyordu. Ya bunun bir yanlışlık olduğu yerine bunu hayatınızdaki oluşturucu enerji olarak kullansanız?

Seçebileceğiniz ereksiyon yaşamaktan kaçınmak için hangi icadı kullanıyorsunuz? Bununla ilgili var olan her şeyi godzilyon kez yıkıp yaratımlarını tümüyle iptal eder misiniz? Right and Wrong, Good and Bad, POD and POC, All Nine, Shorts, Boys and Beyonds.

Seks bir Yaşam Gücüdür

Seminer Katılımcısı:
Bu benim şu andaki hayatıma benziyor. Seks ya da mastürbasyon yapmadığım zaman veya sertleşmediğimde, başka her şey önemsiz kalıyor.

Gary:
Evet biliyorum. Pekin neden? Hiçbir ipucun var mı?

Seminer Katılımcısı:
Hayır yok, neden?

Gary:
Sertleştiğiniz zaman, sizde ve bedeninizde mevcut yaşam gücünü alırsınız. Seks bir yaşam gücüdür. Bu size bu realitenin kısıtlamaları ötesinde yaratım ve oluşturma olasılıklarının farkındalığını verecek bir şeydir ancak bu durum bu realitede bize bu şekilde tanıtılmamıştır. Bu bize hayat ve yaşam üzerine ısrarcı bir enerji olarak değil bir doğruluk veya bir yanlışlık olarak tanıtılmıştır. Seks, bizden hayatı ve yaşamı kısıtlamamızı talep eden bir şey olarak ele alınmıştır.

Seminer Katılımcısı:
Bu başımı ağrıtıyor.

Gary:
Bu iyi bir şeydir. Şimdi eğer hem büyük hem de küçük kafana yapıyorsa…

Dain:
Bu harika olur.

Gary:
Bunu ortaya çıkaran her şeyi godzilyon kez yıkıp yaratımlarını tümüyle iptal eder misiniz? Right and Wrong, Good and Bad, POD and POC, All Nine, Shorts, Boys and Beyonds.

Küçük kafanızı büyük kafanızla geçersiz kılmak için hangi icadı kullanmayı seçiyorsunuz?

Bölüm: Olasılıklar Kralı Olmak

Seminer Katılımcısı:
Benim büyük bir kafam var. Siz hangisi hakkında konuşuyorsunuz?

Gary:
Her ikisi hakkında da konuşuyoruz. Eğer küçük kafanız büyük kafanız kadar büyükse, porno filmler yapman gerekir arkadaşım.

Dain:
Küçük kafanızı büyük kafanızla geçersiz kılmak için hangi icadı kullanmayı seçiyorsunuz? Bununla ilgili var olan her şeyi godzilyon kez yıkıp yaratımlarını tümüyle iptal eder misiniz? Right and Wrong, Good and Bad, POD and POC, All Nine, Shorts, Boys and Beyonds.

Seçebileceğiniz ajandanızı (sikinizi) büyütmekten kaçınmak için hangi icadı kullanıyorsunuz? Bununla ilgili var olan her şeyi godzilyon kez yıkıp yaratımlarını tümüyle iptal eder misiniz? Right and Wrong, Good and Bad, POD and POC, All Nine, Shorts, Boys and Beyonds.

Sizi Değerli olarak Görmek

Seminer Katılımcısı:
Son zamanlarda kendim için seçim yapmaktansa bir kadın adına seçim yapmak için bekliyordum. Bu temizlemeler buna yardımcı olacak mı?

Gary:
Değerli olmak hakkındaki temizleme "Kadını kendinizden daha değerli olarak yaratmak için hangi icadı kullanmayı seçiyorsunuz?" en fazla değişimi yaratacaktır. Bu kadının nasıl sizden daha değerli olduğuna baktığınız alanları değiştireceğiniz temizlemedir. Kendinizi değerli olarak görmüyorsunuz.

Seminer Katılımcısı:
Biliyorum.

Gary:
Kendinizi değerli görmediğinizde, kadına, tehlikeli ve hoş olmayan, iğrenç, sürtük türünde bir enerjiyle yaklaşırsınız. Bu kadınlara sizin bir tür sapık olduğunuz bakış açısını verir. Bu onlara size gelmeleri için bir davetiye olmaz. Bu daha çok sizin onlara yaklaşmaya çalışmanıza benzer. Bu bir şey ifade ediyor mu?

Seminer Katılımcısı:
Bir kadınla tanıştım ve başlangıçta, değerli ürün olan bendim. Enerji çekiyordum ve sadece kendimdim ve bir zaman sonra "Oh, yine eski rotama geri dönmüşüm" gibi oldu. Bunun çevresinden nasıl dolanırım bilmiyorum.

Gary:
Şunu çalıştırmak isteyebilirsiniz:

Seçtiğim bu kadınla ilgili sorun yaratmak için hangi icadı kullanıyorum? Bununla ilgili var olan her şeyi godzilyon kez yıkıp yaratımlarını tümüyle iptal eder misiniz? Right and Wrong, Good and Bad, POD and POC, All Nine, Shorts, Boys and Beyonds.

Bu İlişkinin İşe Yaraması için Ne Gerekecek?

Seminer Katılımcısı:
Teşekkür ederim. Ben Centilmenler Kulübü tele konferansını Avustralya'dan dinledim, birisi "Bir ilişki nasıl yaratabilirim?" diye sordu. Sen "Kadın ilişki hakkında kendi fikrini oluşturur ve erkekte bu ilişki hakkında kendi düşüncesini oluşturur ve eğer bunların birlikte gitmelerini isterlerse işe yaramaz," gibi bir şey söyledin.

Gary:
Temel olarak bunun özeti şudur: Siz onunla bir ilişki kurmak için kadının dünyasına nasıl uyacağınızı görmeye çalışırsınız. O sizin onun dünyasına nasıl uyacağınızı görmeye çalışır ki bu onun için ilişki demektir ve bunların hiçbiri "Burada aslında işe yarayacak olan nedir?" sorusuyla bulunmakla alakalı değildir.

Siz ikinizin birlikte çok güzel, romantik resmini icat etmeye başlarsınız. Siz gülümsüyorsunuz ve öpüyorsunuz ve her şey mükemmel. "Oh, o mükemmel. Bu ilişki mükemmel olacak." diyorsunuz. Bunlar soru mu? Hayır! "Her şey yolunda gidecek. Bunun nasıl yolunda gideceğini görmek için sabırsızlanıyorum." dersiniz. Bunların hiçbiri soru değildir. Mükemmel ilişki düşüncesinin icadı aslında elde edeceğiniz ilişkinin farkındalığı değildir. Gerçekten neyin mümkün olacağını görmektense kendinize ya da ona, ikinizden biri için üzüntü yaratıyorsunuz.

Sormak zorundasınız:
- Bu ilişkinin yürümesi için ne gerekir?
- Burada neler oluyor ve ben bunun ne olmasını istiyorum?

Gerçekten Sahip Olduğunuz Farkındalığın İnceliği/Ustalığı

Dain:
Bu aslında sahip olduğunuz farkındalığın ustalığından ziyade sonuçlandırmaya dayalıdır. Farkındalığın ustalığına, inceliğine sahipsiniz. Bu o olan bütün enerji inceliğinin farkındalığıdır. Neyin mümkün olduğu, neyin olmadığının, birisiyle neyin mümkün olduğu, neyin olmadığının farkındalığıdır.

Bize farkındalık yerine sonuca varma öğretildi ve sonuca varmaya gittiğinde, farkındalığın sahip olduğunuz bütün inceliklerini kesiyorsunuz; bütün görebileceklerinizi ve algılayabileceklerinizi kesiyorsunuz. Bütün yapabildiğiniz şey elinizdeki sonuçtan işlevsel olmaktır. Bir kız hakkında düşündüğünüz zaman, eğer kendinize soru sormak için izin verirseniz, hafiflik elde edebilirsiniz, ağırlık elde edebilirsiniz veya süregelen bir çeşit bükülen şey elde edebilirsiniz ve sorabilirsiniz "Tamam, bu farkındalığımın inceliği mi?" Eğer öyleyse, o bir şeyin ne olduğunu bulmak bir detektif işi halini alır. Eğer çok fazla sonuca gittiğinizi görürseniz, şöyle sorabilirsiniz: Bunu farklı yapmak için şimdi neyi değiştirebilirim? Veya bunun hiç değişme kabiliyeti var mı?

Gary:
Sormak zorunda olduğunuz sorular bunlardır. Çoğu erkek sonuca gider: "Oh, bu kadın muhteşem; Bu kadın harika; O şimdiye kadar istemiş olduğum her şey." bu nasıl bir soru?

Seminer Katılımcısı:
Hiçbiri.

Gary:
Sorumuzun olmaması bize daha gerçek gelir. "Bu ne olabilir? Hatta algılamamış bile olsam bunun gerçekten ne olmasını istiyorum?" diye sormaktansa, bir şeyin olmasının yöntemi bu olmalı düşüncesini biz icat ederiz.

Seminer Katılımcısı:
Son zamanlarda The Place telekonferansını ikinci kez dinliyordum ve birden ağladım. Bu "Bunun mümkün olduğunu biliyorum. O cehennem olası yere nasıl ulaşacağım?" durumuydu.

Gary:
Evet, biliyorum. Benim içinde realite o. Sorun: Burada göz önüne almadığım gerçekten ne mümkündür?

Dain:
Ayrıca, ya bunu hepimizin gerçek olmadığını bildiğimiz bütün o şeyleri gerçek yapmaya çalışmaktansa, aslında yaşayan, nefes alan realite olarak yaratmak mümkün olsaydı?

Seçebileceğiniz Sertleşme (Ereksiyon)

Gary:
Seçebileceğiniz ereksiyon yaşamaktan kaçınmak için hangi icadı kullanıyorsunuz? Bununla ilgili var olan her şeyi godzilyon kez yıkıp yaratımlarını tümüyle iptal eder misiniz? Right and Wrong, Good and Bad, POD and POC, All Nine, Shorts, Boys and Beyonds.

Bu neden bedenlerinizde en fazla neşeyi yaratan soru oluyor?

Dain:
Sürekli ilerlemeye devam eden bu olduğu için.

Gary:
Vermeye devam eden hediye. Ereksiyon.

Dain:
Seçebileceğiniz ereksiyon yaşamaktan kaçınmak için hangi icadı kullanıyorsunuz? Bununla ilgili var olan her şeyi godzilyon kez yıkıp yaratımlarını tümüyle iptal eder misiniz? Right and Wrong, Good and Bad, POD and POC, All Nine, Shorts, Boys and Beyonds.

Gary:
Şaşırtıcı değil mi? Sertleşmiş olmak, sertliğe sahip olmaktan bile daha fazla, realitedir. Sertliğe sahip olduğunuz zaman, daha harika bir hayata sahip olmak gibi bir şeyin peşinden gitmeye en gönüllü olduğumuz bir zamandır. Daima "Bu şeyleri nereye koyabilirim? Bununla başka ne yapabilirim?" ararsınız. Soruya gittiğiniz tek zaman sertleştiğiniz zamandır.

Dain:
Ama aynı zamanda kesinlikle hiçbir soruya yönelmediğiniz bir zamandır.

Gary:
Bu aynı zamanda lanet olası ciddi sonuçlara vardığınız zamandır.

Seminer Katılımcısı:
Sertleştiğiniz zaman hayli güçlü bir talep oluyor.

Gary:
Evet. Çok güçlü bir talep oluyor. Ya taleplerinizi değil de arzularınızı elde etmeye istekli olsaydınız? Bu neye benzerdi?

Gary:
Farklı bir olasılık yaratmak için kullandığınız enerjinin aynını kullansaydınız, hayat neye benzerdi?

Dain:

Seçebileceğiniz ereksiyon yaşamaktan kaçınmak için hangi icadı kullanıyorsunuz? Bununla ilgili var olan her şeyi godzilyon kez yıkıp yaratımlarını tümüyle iptal eder misiniz? Right and Wrong, Good and Bad, POD and POC, All Nine, Shorts, Boys and Beyonds.

Sonsuza kadar çalıştırılacak proses bu olabilir.

Gary:
Bu ebedi prosestir. Bunu bir ses kaydı dizinine koyun, özellikle eğer bir kadının yanında uyuyorsanız. Sertleşebilir ve sabahleyin peşinizden gelir. Eğer sertleşmişse ve bu sertleşme klitoristeyse, sizinle seks yapmak isteyecektir.

Seçebileceğiniz ereksiyon yaşamaktan kaçınmak için hangi icadı kullanıyorsunuz? Bununla ilgili var olan her şeyi godzilyon kez yıkıp yaratımlarını tümüyle iptal eder misiniz? Right and Wrong, Good and Bad, POD and POC, All Nine, Shorts, Boys and Beyonds.

Hepinizin bedenlerinin " Evet! Evet! Evet!" dediğini hissedebiliyorum. Bedeninizin ne kadarını kapatmaya çalıştığınızı fark ediyor musunuz? Yaşlanmayı işte böyle yaratıyoruz. İşte bu nedenle asla sonsuz erkek çocuk olmuyorsunuz.Sertliğinizi durdurmayı bedeninizin yaşlanması ve onu sahip olunması daha az gerçek ve daha az değerli olması üzerine kullanıyorsunuz. Gençleşmek mi istiyorsunuz? Bu prosesi çalıştırın.

Dain:
Seçebileceğiniz ereksiyon yaşamaktan kaçınmak için hangi icadı kullanıyorsunuz? Bununla ilgili var olan her şeyi godzilyon kez yıkıp yaratımlarını tümüyle iptal eder misiniz? Right and Wrong, Good and Bad, POD and POC, All Nine, Shorts, Boys and Beyonds.

Bu ilginç. Biz "Hangi aptallığı kullanıyorsunuz?" diye soruyoruz, şimdi "Hangi icadı kullanıyorsunuz?" diye soruyoruz.

Bölüm: Olasılıklar Kralı Olmak

Gary:
Kendinizi olayların farkında olmayan (olaylardan habersiz) kılıyorsunuz, ama şimdi bu artık sadece seçtiğimiz farkındalık değil; bu her nasılsafarklı bir şey seçme kapasitemizden daha gerçek olarak seçtiğimiz bir şeyleri icat ettiğimiz alandır, yani bu onun bir parçası, ancak aynı zamanda azıcık farklı da.

Seçebileceğiniz ereksiyon yaşamaktan kaçınmak için hangi icadı kullanıyorsunuz? Bununla ilgili var olan her şeyi godzilyon kez yıkıp yaratımlarını tümüyle iptal eder misiniz? Right and Wrong, Good and Bad, POD and POC, All Nine, Shorts, Boys and Beyonds.

Hepiniz bedeniniz boyunca daha fazla kan dolaşıyor gibi hissedebilirsiniz.

Seminer Katılımcısı:
Hayat enerjisini bastırmakla ilgili bir şey var, bütün bunlar ortaya çıkıyor çünkü her zaman sertleşme yaşamak uygunsuz olabilirdi.

Gary:
Yanlışsın. Her zaman sertleşme yaşıyor olman senin için uygunsuz olmazdı. Bu daha fazla kadının seni kullanması için davetiye olurdu.

Dain:
İşte bu.

Gary:
Eğer ereksiyon yaşamıyorsanız, faydalı olmazsınız, değil mi?

Seminer Katılımcısı:
Hayır.

Gary:
Yaşadığınız ereksiyondan kaçınmazsanız, başka insanların yaşamlarında daha faydalı bir kişi haline gelirsiniz ayrıca kendinizi değersiz olarak görebilmeniz için faydasız hale gelmelisiniz

değil mi? Onun için şunu anlayabilirsiniz, seçebileceğiniz ereksiyonu yaşamaktan kaçınmak hayatınızın bütün alanlarını etkilemektedir.

Seminer Katılımcısı:
Tümüyle etkiler. Bu uygun zamanda serbest bırakılabilecek hale gelene kadar tutmak gibidir. Bütün hayat boyunca değil. Erkeklerdeki standart ahlak imajına benzer.

Gary:
Tıpkı ömür boyu ereksiyon yaşamanın cinsel bakımdan sert bir organa sahip olmaktan farklı olduğu gibi. Hayatınızın bastırmakta olduğunuz daha pek çok alanı vardır çünkü ereksiyon yaşamanız kabul edilebilir değildir. Hayatınızda ve yaşamınızda, kendinize bu hevesli öğeye sahip olma izni vermeyeceksiniz ki bu kendinize olma izni vermemek anlamına gelir.

Seminer Katılımcısı:
Kesinlikle. Vay canına.

Gary:
Seçebileceğiniz ereksiyon yaşamaktan kaçınmak için hangi icadı kullanıyorsunuz? Bununla ilgili var olan her şeyi godzilyon kez yıkıp yaratımlarını tümüyle iptal eder misiniz? Right and Wrong, Good and Bad, POD and POC, All Nine, Shorts, Boys and Beyonds.

Erekte olmaya, sertleşmeye istekliyseniz, bu sertleşmeyi yaratan enerji olmaya da istekli olursunuz. Yaratan ve oluşturan enerji oluyorsunuz. Eğer bundan daha azı oluyorsanız, kadın sizden her ne olmanızı ya da yapmanızı istiyorsa bunu başlatmaya çalışıyorsunuz demektir ki zaten bu da kendiniz olmayı seçmek değildir.

Burası erkeklerin kendisini alıp kabul edilebilir olduğunu veren ama neyin alınıp kabul edilemeyeceğini vermesi gerekmeyen enerji olmaktan ayırdığı yerdir ki bu enerji eğer o sertleşmeye istekliyseniz olduğunuz şeydir. Eğer o olmaya istekli değilseniz, o zaman kadının bakış açısını savunmak, alıp kabul edebileceklerini vermeyi reddetmek ve alıp kabul edilebilecek olmayı geri çevirmek zorunda kalırsınız.

Eğer bu tür bir enerji olmaya istekliyseniz bu bir davetiyedir – çünkü ereksiyon yaşamak bir davetiyedir. Eğer kişi bunu alıp kabul edebiliyorsa harika olur. Eğer kişi alıp kabul edemiyorsa, ereksiyon olmanız yanlış mı?

Bazı nedenlerden dolayı sertleşmenin bir davetiye olduğunu anlamamış görünüyorsunuz. Bu insanların almak zorunda oldukları anlamına gelmez. Bu onun sadece bir davetiye olduğu anlamına gelir. Ya sadece ateşliyseniz ve bu seks, cinsel birleşme ve sert penis enerjisi olasılığının başlangıcı ise? Eğer bu tür bir "Sen gitmeye hazır olduğunda ben de gitmeye hazırım" gibi olma enerjisine sahipseniz bu farklı bir enerji ve "Sanırım bende bir tuhaflık var çünkü sert bir penisim var" demekten farklı bir davetiye mi olurdu?

Seminer Katılımcısı:
Evet. Bunun hakkında daha fazla konuşabilir misin?

Gary:
Evet. Bu tür bir enerji akışına sahip olmaya istekli olduğunuzda, bunun sizin için hazır olmasını sağlayabilirsiniz. Ama siz bunu "birini becerebilmek için sert bir penis" haline çevirirsiniz. Daha muazzam bir şeyleri yaratacak olanı yaratmaya istekli olmak zorundasınız.

Kral Rolüne Adım Atma

Dain:
Daha muazzam bir şeyi yaratmaya istekli olduğunuzda, kendinizi prens rolünün dışına alırsınız. Prens etrafta oynayan ve dünyanın etrafında oluşmasına izin veren ve eğer biriyle cinsel ilişki kurarsa, mutlu olan ve bunu yeterli bulan biridir. Artık kral rolüne adım atmak zorundasınız. Çevrenizdeki realiteyi yaratmanın size bağlı

olduğunu fark edeceğiniz yer burasıdır. Başka kimse bunu sizin adınıza yapmayacaktır. Kimse sizin adınıza sorumlu olmayacaktır. Sizi aşağı çekmeye çalışacaklar ve sizi yargılayacaklardır, ancak bu alakasızdır. Siz lanet olası kralsınız. Ve o nedenle kendi hayatınızı yaşamak yerine ayak takımı olduğunuza ve cinsel ilişkide bulundukça, her şeyin yolunda olduğuna inanırsınız, sorun; "Ben burada ne yaratıyorum?"

Eğer olmayı reddettiğiniz Kral olmaya ve ereksiyon olmaya istekliyseniz, Bu dünyada olmayı reddettiğiniz yaratıcı bir güç ve yaratıcı bir kontrol olduğunuzu fark edeceksiniz. Eğer kadınlarla ilgili ne kadar saçmalıklar yaptığımıza bakarsanız – bizi sevseler desevmeseler de, cinsel ilişkide bulunsak da bulunmasak da, başka birisi bizden daha fazla cinsel ilişkide bulunsa da bulunmasa da, biz daha az cinsel ilişkide bulunsak da bulunmasak da ve bla, bla, bla - bütün bunlar bizi aslında olduğumuz yaratıcı, oluşturucu varlık olmaktan alıkoymak için kullandığımız saçmalıklardır.

Kendinizi yaratıcı, oluşturucu kaynak, güç ve kontrolü olmayan şeklinde yaratmak için hangi icadı kullanıyorsunuz? Bununla ilgili var olan her şeyi godzilyon kez yıkıp yaratımlarını tümüyle iptal eder misiniz? Right and Wrong, Good and Bad, POD and POC, All Nine, Shorts, Boys and Beyonds.

Gary:
Burada ilave etmemiz gereken başka bir şey daha var: "kaynak, güç, kontrol ve oluşturucu enerji."

Dain:
Seçtiğiniz icadı, yapay yoğunluğu ve asla yaratıcı, oluşturucu, kaynak, güç kontrol, katkı ve oluşturucu kapasite olamama şeytanlarını yaratmak için hangi aptallığı kullanıyorsunuz? Bununla ilgili var olan her şeyi godzilyon kez yıkıp yaratımlarını tümüyle iptal eder misiniz? Right and Wrong, Good and Bad, POD and POC, All Nine, Shorts, Boys and Beyonds.

Seminer Katılımcısı:
Vay canına. Bu bir roket

Seminer Katılımcısı:
Bu aynı zamanda imaj meselesi ile bağlantılı mı?

Gary:
Siz kendinizi olan birisi olmak yerine benzeyen birisi olarak yaratmaya çalışıyorsunuz. Cinsel ilişki uzmanına benzemek istiyorsunuz. Kadınların isteyeceğini düşündüğünüz kişiye benzemeyi istiyorsunuz. Başarılı olan birine benzemek istiyorsunuz. Değerli olan birine benzemek istiyorsunuz, ama o şeyler olmak ve onlara benzemek iki ayrı dünyadır.

Ya Olasılıklar Kralı Olmaya İstekli Olsaydınız?

Dain:
Farkında olmak zorundasınız ki dünya size her türlü farklı yöntemle bakacaktır. İnsanlar size her tür yöntemle bakacaklardır. Amacınızın, hedefinizin ve sizin için neyin gerçekten doğru olduğunu bilmek zorundasınız.

Sizleri bilmem beyler, ama ben bu çekici prens olayını uzun yıllar yaşadım. Olmak için ideal bir yermiş gibi gözüküyor ve bu noktada benim için yeterli olmadığını fark ediyorum. Sizin için yeterli midir bilmiyorum. Benim işlevsel olduğum alana bakıp "Vay canına, bu benim için yeterli olurdu. İzin verin onun yerini alayım." diyor musunuz bilmiyorum.

Ya kendi dünyanızda, hatta kendinizi her kimle karşılaştırıyorsanız karşılaştırdığınızı - benimle karşılaştırdığınızı, Gary ile karşılaştırdığınızı, herhangi biriyle karşılaştırdığınızı fark edebilseydiniz? Bunlar sizin için yeterli mi? Belki olduğumuz yaratıcı, oluşturucu kaynak, güç, kontrol ve kapasite olmakta, bizi yaşadığımız prens olayının ötesine, bizi elde edecek herhangi bir kadına sahip olmaktan mutlu olacağımız yere götürecek daha muazzam bir şey vardır.

Ya olasılıklar kralı olsaydık?

Gary:
Oh! Bu iyi bir tane...

Seçebileceğiniz olasılıklar kralı olmaktan kaçınmanın icadı ve yapay yoğunluğunu yaratmak için hangi aptallığı kullanıyorsunuz? Bununla ilgili var olan her şeyi godzilyon kez yıkıp yaratımlarını tümüyle iptal eder misiniz? Right and Wrong, Good and Bad, POD and POC, All Nine, Shorts, Boys and Beyonds.

Ağzını açtığın zaman seni ne kadar sevdiğimi söylemiş miydim Dain?

Seminer Katılımcısı:
Bu aynı zamanda erkekler arasında ayırım ve rekabeti yarattığımız, bir başkasına bakıp "Ohh, vay canına!" deyip ve kendimizi küçülttüğümüz yer mi?

Dain:
Evet, çünküolasılıklar kralı olduğunuzu fark etseydiniz, kendiniz hakkında tümüyle farklı bir görüşe sahip olurdunuz. Bu "Özür dilerim. Ben kiminle rekabet ediyorum?" olabilirdi. Diğer kralların kendi doğruları içinde katkı, hediyelendirme ve bu yaratıcı ve oluşturucu kapasite içinde alıp kabul etme ve güç, kaynak ve farklı bir şeyin kontrolü olabildikleri yeri görme imkânınız olurdu

Biz genellikle *güç, kaynak ve kontrol* kelimelerini kucaklanacak bir şey olarak kullanmayız, ama burası biz erkeklerin kendi doğal kapasitelerimizi kucaklamaya istekli olduğumuz yer değildir. Eğer o kapasiteleri kucaklasaydınız, daha başka ne mümkün olurdu? Ayrıca ya benimle, Access Consciousness' ta ki diğer erkeklerle ya da Access'in dışındaki erkeklerle yaptığınız rekabetten çıkış yolu, kabul etmeye istekli olduğunuzdan daha büyük kapasiteye sahip olduğunuzu fark etmekse? Ya aslında olmamak şeklinde davrandığınız kişiyseniz? Ya aslında olasılıklar kralı iseniz? Ve eğer o olmaya istekliyseniz, bu dünyanızdaki diğer erkeklerle rekabetinizi elimine edebilir mi?

Bölüm: Olasılıklar Kralı Olmak

Gary:
Gerçek rekabet yoktur. Rekabet bir yalandır. Rekabet spor için oyun sahasında yaptığınız şeydir. Her şeyden çok, erkekler arasında rekabet, bütünlüğünüzü asla talep etmek zorunda kalmamanızın bir yöntemidir. Kendi muazzamlığınızı seçmemeyi garanti etmenizin bir yöntemidir. Bu, diğer erkeklere karşı, neyin gerçekten mümkün olduğunu ve kendiniz için nasıl çalışabileceğinizi görmektense, bunu yapmanın kendini bulmak olduğu düşüncesiyle seçim yaptığınız yerdir.

Hiç başka bir erkekle çalışmayı ve her şeyi gerçekten hızlı bir şekilde tamamlarken bunun çok uyumlu ve kolay olduğunu deneyimlediniz mi?

Seminer Katılımcısı:
Evet.

Gary:
Bunun nedeni gerçek rekabetin olmayışıdır. Eğer olsaydı, erkeklerin birbirleriyle işbirliği içinde olmaları durumu hiçbir zaman olmazdı. Ve ben erkeklerin erkeklerle kolayca işbirliği yaptıkları pek çok örnek gördüm. Eğer tümüyle farklı bir dünyaya sahip olmaya istekli olsaydınız bu neye benzerdi? Hepinizin bunu bir ses kaydı dizini haline koymanızı istiyorum.

Bana bütün sonsuzluklar boyunca gerçekten olduğum olasılıklar kralı olmama izin verecek hangi enerji, alan ve bilinç olabilirim? Buna izin vermeyen her şeyi godzilyon kez yıkıp yaratımlarını tümüyle iptal eder misiniz? Right and Wrong, Good and Bad, POD and POC, All Nine, Shorts, Boys and Beyonds.

Dain:
Hadi oynayalım beyler. Hadi farklı bir realite yaratalım.

Gary:
Evet. Hadi aptallıklar kraliçeleri yerine bir sürü olasılıklar krallarına sahip olalım.

Dain:
Ve anlamsızlık prenseslerini...

Gary:
Ve görünmezlik prenseslerini...

Dain:
Onun için lütfen bu prosesi çalıştırın beyler. Sizin için size teşekkür ederiz. Birlikte yaratmak için daha başka ne mümkündür?

Gary:
Bu tele konferansta olduğunuz için çok teşekkür ederiz. Süpersiniz.

Seminer Katılımcısı:
Teşekkür ederiz!

Bölüm: Seçebileceğiniz Olağanüstü Seks, Cinsel Birleşme Ve İlişki

Eğer bakış açınızın yanlışlığından ziyade, en büyük olasılık ve en büyük seçim bakış açısından çalışmaya gönüllü olsaydınız başka ne mümkün olabilirdi?

Gary:
Merhaba Beyler,

Şeytanla Güçlendirilmiş Oluşumlar Yaratmak

Dain ve ben geçenlerde kadınların erkeklerin peşinden gittiği zaman, erkeklerin o kadınla yatmak için farkındalıklarını kestiklerini fark ettik. İstediklerinin bu olup olmadığını veya bunun hayatlarını daha iyi yapıp yapmayacağını hiçbir zaman sorgulamıyorlar.

Sizler "Yani, sadece oluverdi," "kendimi tutamadım," "ayağım sürçtü" veya "kazayla oldu" gibi şeyler söylersiniz ama bunun yöntemi bu olmamalıdır. Eğer *olabilecekse, olmalıdır* diye düşünürsünüz dolayısıyla şeytanları *oluru* garanti etmek üzere içeri davet edersiniz.

Seçtiğiniz şeytanla güçlendirilmiş oluşumları yaratmak için hangi aptallığı kullanıyorsunuz? Bununla ilgili var olan her şeyi godzilyon kez yıkıp yaratımlarını tümüyle iptal eder misiniz? Right and Wrong, Good and Bad, POD and POC, All Nine, Shorts, Boys and Beyonds.

Seminer Katılımcısı:
"Şeytanları içeri davet etmekle" ne demek istiyorsun?

Gary:
Sahip olduğunuz gücü güçsüzlük olarak yaratmak için şeytanları

Bölüm: Seçebileceğiniz Olağanüstü Seks, Cinsel Birleşme Ve İlişki

içeri davet etmek zorundasınız. Hiçbiriniz erkeklik organınız karşısında güçsüz olmadınız değil mi?

Seminer Katılımcısı:
Evet.

Gary:
Sanki her zaman güçsüzmüşsünüz gibidir. Erkeklik organınız enerjiyle dolmaya başlar başlamaz, sanki beyin mevcut değilmiş gibi olur. Tek haneli zekâ seviyesine inersiniz. Bu hayatın diğer alanlarında da olabilir. Her "Yani, sadece oluverdi" veya "kendimi tutamadım" dediğinizde, ortaya çıkan hiçbir şeyden sorumlu olmadığınızı garanti etmek için şeytanları davet ediyorsunuz. "Uh, bu nasıl oldu bilemiyorum" her yerde bu bir yalandır. Kontrolün elinizde olmadığını ve herhangi bir şeyi yaratma kapasiteniz olmadığını sağlama almak için yaptığınız şey budur. Çevrenizde oluşan her şeyin etkisi haline gelirsiniz.

Seçtiğiniz şeytanla güçlendirilmiş oluşumları yaratmak için hangi aptallığı kullanıyorsunuz? Bununla ilgili var olan her şeyi godzilyon kez yıkıp yaratımlarını tümüyle iptal eder misiniz? Right and Wrong, Good and Bad, POD and POC, All Nine, Shorts, Boys and Beyonds.

Yani iyi haber, siz beyler, bir penise sahip olduğunuzdan beri şeytanla güçlendirildiniz.

Seminer Katılımcısı:
Güçlendirilmiş ne demek?

Gary:
Güçlendirilmiş demek şeytanların gelip aptal olmanızla ilgili olarak size yardımcı olmaları demektir. Daha az farkındalıkla size yardım ederler. Kendinizi kötü duruma sokmanızda yardımcı olurlar. Gerçekten neyin olup bittiği hakkında hiçbir fikrinizin olmamasını garanti etmenize yardım ederler ki mutlu olmadığınız kötü şeyler işte bu nedenle ortaya çıkar.

Seçtiğiniz şeytanla güçlendirilmiş oluşumları yaratmak için hangi aptallığı kullanıyorsunuz? Bununla ilgili var olan her şeyi godzilyon kez yıkıp yaratımlarını tümüyle iptal eder misiniz? Right and Wrong, Good and Bad, POD and POC, All Nine, Shorts, Boys and Beyonds.

Seminer Katılımcısı:
Partnerim ve ben kendi ayrı yollarımıza gidiyoruz. Evi ve diğer şeyleri taşıyoruz. Dain'in Varlığın Enerjetik Sentezi (ESB) seminerinden sonra neyi yaratmak oluşturmak istediğim konusunda netlik kazandım ve partnerimle paylaştığım evden ayrılmak üzere geri döndüm. Ama eve girdiğimde, bir tuğla duvara çarptım. Bu şeytanla güçlendirilmiş bir oluşum mu?

Gary:
Senin için neyin doğru olduğunu görmeye gönüllü müsünüz? Ve unutmayın sanırım sormadan önce "gerçek" dedim.

Seminer Katılımcısı:
Evden içeri girinceye kadar öyleydim, ama şimdi mutsuzum.

Gary:
Evet, çünkü bütün bu zaman boyunca kimle yaşadığının farkına vardın.

Seminer Katılımcısı:
Evet.

Gary:
Başka bir şey yapmak istediğiniz konusunda bir kez net olduğunuzda, aniden, en sonunda, sahip olduklarınızı sürdürmek için farkındalığınızı kapattığınız bütün her şeyin farkında olur hale gelirsiniz. Bir şeye olduğu yöntemle devam etmeyi sağlama almak için farkındalığınızı kestiğiniz yerde ilişkinin olduğu şekliyle ortaya çıkmasını sağladınız.

Seminer Katılımcısı:
Yani ben sadece kendimi tıkadığım yerde daha fazla farkındayım öyle mi?

Bölüm: Seçebileceğiniz Olağanüstü Seks, Cinsel Birleşme Ve İlişki

Gary:
Evet. Daha önce farkında olmayı reddettiklerinin farkına vardın. Her ne zaman penisiniz işin içine girse, inanılır ve güvenilir ilişkiye girersiniz. Gerçek ve inanılır olmayan ilişkiyi seçmezsiniz. Neden güvenilebilir ve inanılabilir (güven verici ve inandırıcı) bir ilişki istiyorsunuz?

Seminer Katılımcısı:
Evet, bu durum sizi bu realiteye geri kancalar.

Gary:
Evet. Sizi bu realiteye geri getirir. Size farklı bir realite seçeneği vermek yerine sizi bu realiteyle yapıştırır. Neden farklı bir seçenek istemeyesiniz?

Seminer Katılımcısı:
Oh, ben istiyorum.

Gary:
Eğer seçeneğiniz olsaydı, eğer gerçekten seçiyor olsaydınız, seçim ve farkındalığa sahip olurdunuz, şeytanla güçlendirilmiş oluşumların hayatınızı kontrol etmesine izin vermezdiniz. Ancak şeytanla güçlendirilmiş oluşumların hayatınızı kontrol etmesine izin verirsiniz. Şöyle dersiniz, "Oh, bu parayı kaybettim. Bu parayı düşürdüm." Aslında varkenseçenek yokmuş gibi hareket edersiniz.

Seçtiğiniz şeytanla güçlendirilmiş oluşumları yaratmak için hangi aptallığı kullanıyorsunuz? Bununla ilgili var olan her şeyi godzilyon kez yıkıp yaratımlarını tümüyle iptal eder misiniz? Right and Wrong, Good and Bad, POD and POC, All Nine, Shorts, Boys and Beyonds.

Seçebileceğiniz gerçek dışı, inanılmaz, muhteşem ve olağanüstü seks, cinsel birleşme ve ilişkiye karşı savunma yapmak için hangi aptallığı kullanıyorsunuz? Bununla ilgili var olan her şeyi godzilyon kez yıkıp yaratımlarını tümüyle iptal eder misiniz? Right and Wrong, Good and Bad, POD and POC, All Nine, Shorts, Boys and Beyonds.

Vay canına, siz beyler sıradan olmayan hiçbir şeyi elde etmek istemiyorsunuz, değil mi?

Seçebileceğiniz gerçek dışı, inanılmaz, muhteşem ve olağanüstü seks, cinsel birleşme ve ilişkiye karşı savunma yapmak için hangi aptallığı kullanıyorsunuz? Bununla ilgili var olan her şeyi godzilyon kez yıkıp yaratımlarını tümüyle iptal eder misiniz? Right and Wrong, Good and Bad, POD and POC, All Nine, Shorts, Boys and Beyonds.

Seçtiğiniz şeytanla güçlendirilmiş oluşumları yaratmak için hangi aptallığı kullanıyorsunuz? Bununla ilgili var olan her şeyi godzilyon kez yıkıp yaratımlarını tümüyle iptal eder misiniz? Right and Wrong, Good and Bad, POD and POC, All Nine, Shorts, Boys and Beyonds.

Bu "Aniden Olmadı"

Aniden birisiyle seks yapmak istediğinize karar verdiğinizde, bu bir kaza değildir. Sadece oluşan bir şey değildir. Bu aniden olmadı. O kadınlar sizin peşinizden gider. Bu size hiç gerçekçi geliyor mu? İnsanları izlerim. Geçen gün seminerde bir kadının bir adamın peşinden gitmesini izledim. Adamın peşinde olduğu çok açıktı ve yapılanların yöntemi saçma sapan biçimde çirkindi. Adam bunu hiç göremedi çünkü şeytanlar oluşumu güçlendirdi. Elinde aslında kendi ölümünü yaptığı seçimlerle tetikleyebileceğiyle ilgili bir ipucu yoktu.

Seminer Katılımcısı:
Bunu bir kızın peşimizden gelmeye başladığı anda mı seçiyoruz?

Gary:
Evet. Kız vajina sıvısını üzerinize bırakmaya başladığı zaman bunu seçiyorsunuz. Bu adam ve kız birlikte öğlen yemeğine çıktılar. Onları gördüm ve "Oh, zavallı keriz. Ölüme mahkûm oldu." diye düşündüm. O kız adi ve kötüydü ve o adama aşağılık ve kötü şeyler yapacağını biliyordum. Ama adamın ajandası sertleşmiş,

Bölüm: Seçebileceğiniz Olağanüstü Seks, Cinsel Birleşme Ve İlişki

beyni çekip gitmişti ve "seks aşkı" adlı şeytanla güçlendirilmiş bir oluşumla karşılaştı. O kızla olmak için başka herkesi görmezden geldi. Başkaları için yapmaya söz verdiği her şeyi yapmayı reddetti. Tamamlayacağını söylediği her şeyi, işini oluşturan her şeyi, hayatını ve dünyadaki herkesle arkadaşlığını bütün dünyasını balçığa bulayan altın vajina lehine kaybetti.

Seminer Katılımcısı:
Vay canına.

Gary:
Bununla ilgili var olan her şeyi godzilyon kez yıkıp yaratımlarını tümüyle iptal eder misiniz? Right and Wrong, Good and Bad, POD and POC, All Nine, Shorts, Boys and Beyonds.

Seminer Katılımcısı:
İlişkilerimi bunu bana yapan kadınlara karşı savunmak için mi kullanıyorum?

Gary:
Yani, ona karşı savunma yapıyorsunuz. Her şeyden önce bu, bunu size kadınların yapıp yapmadığı değildir. Erkekler de bunu size yapabilir.

Seminer Katılımcısı:
Evet.

Gary:
Size seçenek verebilen her şeye karşı savunma yaparsınız.

Seminer Katılımcısı:
Şimdi şaşı olacağım. Bununla ne demek istiyorsun?

Gary:
Kendinizi eş cinsel veya karşı cinsten hoşlanan olarak tanımlarsanız ya da belirli bir cinsel kimliğiniz varsa, o tanımlamayı garanti etmek ve gerçek kılmak için bir dizi yargılama yaratırsınız. Buna meydan okuyacak her şeye karşı savunma yaparsanız yoksa bu sizi onu sorgulayabileceğiniz alana koyar.

Ya yaşadığınız en iyi ilişki iyi bir arkadaşınızla olduysa? Yıllar önce çok yakın olduğum bir arkadaşım vardı. Her şeyi birlikte yaptık. Gerçekten çok eğlenceliydi. Zeki, akıllı ve komikti ve birlikte harika zaman geçirdik. Sonra bir kız arkadaşı oldu. Beni eski bir elbise gibi çöpe attı ve ben "Uh, bir dakika! Birbirimize çok yakındık neden benimle konuşamadı bile?" dedim.

Ayrıldılar ve bana telefon etti. Bir araya gelmek tekrar arkadaş olmak istedi. Bana "Hey, hadi arkadaşlığımıza hız verelim" dedi.

Ben "Hayır, çünkü bir dahaki sefere bir kız arkadaş bulduğunda, beni tekrar çöpe atacaksın. İlgilenmiyorum" dedim. Bir kızla özel bir ilişkiye sahip olmak için benimle olan arkadaşlığını yıkmaya istekliydi. O ilişkinin en önemli şey olduğunu düşündü.

Şu anda size salgısını bulaştıran vajina için arkadaşlarınızı görmezden gelmeye istekli misiniz? Bir şeyi yapma taahhüdü verseniz de vermeseniz de yaptığınız şey budur.

Seminer Katılımcısı:
Ve hatta kendinize taahhüt ettiklerinizi bile.

Gary:
Her şeyden daha fazla, kendinize taahhüt ettikleriniz. Taahhüt ettiğiniz şeye karşı çıkmak "O kadın daha önemli. Sahip olduğu her şey benim kendi hayatımdan bile daha önemli" demeye benzer.

Seminer Katılımcısı:
Ve bu kendinize taahhüt ettiklerinizi bir kez kaybederseniz...

Gary:
Ölüme karar vermeye başladığınız yer orasıdır. Orası ölümü tetiklediğiniz yerdir. İşte size kendi başınıza çalıştırmanızı istediğim bir başka proses.

Seçtiğim ölümü tetiklemeyi yaratmak için hangi baştan çıkarmayı kullanıyorum? Bununla ilgili var olan her şeyi godzilyon kez yıkıp yaratımlarını tümüyle iptal eder misiniz? Right and Wrong, Good and Bad, POD and POC, All Nine, Shorts, Boys and Beyonds.

Bölüm: Seçebileceğiniz Olağanüstü Seks, Cinsel Birleşme Ve İlişki

Ölümüne baştan çıkarılmak üzere kendimize izin veririz. Biraz önce hakkında konuştuğum adam diğer bütün arkadaşlarından, onu destekleyen ve seven insanlardan bir kadın uğruna vazgeçmek için baştan çıkartıldı. Kadınının ilgilendiği şey hepsi hepsi budur. Kadın onu bıraktığında milyon dolar gibi hissetmiştir, adam ise bir bok kümesi olarak hissetti.

Seçtiğim ölümü tetiklemeyi yaratmak için hangi baştan çıkarmayı kullanıyorum? Bununla ilgili var olan her şeyi godzilyon kez yıkıp yaratımlarını tümüyle iptal eder misiniz? Right and Wrong, Good and Bad, POD and POC, All Nine, Shorts, Boys and Beyonds.

Beyler, lütfen bunu bir ses kaydı dizini yapın ve durmaksızın çalıştırın. Sırf bir kadın sizi istedi diye kendi hayatınızdan vazgeçmek için baştan çıkarılmayacağınız yere ulaşmak zorundasınız.

"Ondan Benim için Hayatından Vazgeçmesini İstedim"

Yıllar önce bir seminer veriyordum ve seminerde bir çift vardı. Kadına sordum "Ondan (Eşinden) ne istiyorsun?" dedi ki "Benim için hayatından vazgeçmesini istiyorum."

Ben "Ne?" diye sordum. Odadaki diğer herkes "Oh, ne tatlı değil mi?" dediler.

Ben "Tatlı mı? Adamın senin için kendi hayatından vazgeçmesini mi istiyorsun? Yani temel olarak senin istediğin her şeyi yapmalı, ne talep ediyorsan, ne arzuluyorsan yapmalı ve kendi hayatı olmamalı diyorsun" dedim.

"Evet," dedi.

Çoğu ilişkinin kuruluş biçimi böyledir. Sordum, "Neden insanlar bunun iyi bir şey olduğunu düşünürler?" Kendi realiteniz olarak gerçekten neye sahip olmak ve bir ilişkide neye sahip olmak istediğinizi görmeye istekli olmalısınız.

Eğer kendinizi ona bırakmasaydınız size tümüyle kendinizi verebilecek kime ya da neye kendinizi vermeye isteklisiniz?

Bununla ilgili var olan her şeyi godzilyon kez yıkıp yaratımlarını tümüyle iptal eder misiniz? Right and Wrong, Good and Bad, POD and POC, All Nine, Shorts, Boys and Beyonds.

Seminer Katılımcısı:
Kendimizden vazgeçmek suretiyle (kendimizi boşa harcayarak) ölümü tetikleyecek baştan çıkarmayı mı yaratıyoruz?

Gary:
Evet. Yaratmak için kendinizden vazgeçiyorsunuz (Kendiniz harcıyorsunuz)

Seçebileceğiniz gerçek dışı, inanılmaz, muhteşem ve olağanüstü seks, cinsel birleşme ve ilişkiye karşı savunma yapmak için hangi aptallığı kullanıyorsunuz? Bununla ilgili var olan her şeyi godzilyon kez yıkıp yaratımlarını tümüyle iptal eder misiniz? Right and Wrong, Good and Bad, POD and POC, All Nine, Shorts, Boys and Beyonds.

Dain geçen gün bir kadınla birlikteydi. Kadın "Sanırım birlikte birkaç gün geçirmeliyiz" dedi.

Dain "Neden?" diye sordu.

Kadın "Böylece birbirimizi daha iyi tanırız" dedi.

Dain "Ama bunu yapmam gerekmiyor. Seni tanıyorum" dedi. Dain tanımaya istekliydi. Kadın istekli değildi. Kadın birlikte zaman geçirmek istiyordu çünkü onun bakış açısı birisini tanımak için onunla zaman geçirmen gerekir şeklindeydi.

Eğer kendinizi ona bırakmasaydınız size tümüyle kendinizi verebilecek kime ya da neye kendinizi vermeye isteklisiniz? Bununla ilgili var olan her şeyi godzilyon kez yıkıp yaratımlarını tümüyle iptal eder misiniz? Right and Wrong, Good and Bad, POD and POC, All Nine, Shorts, Boys and Beyonds.

Seminer Katılımcısı:
"Birisini tanımak için birkaç gün geçirdiğimizde" bu onların

realitelerine uymak için kendimizi kapatacağımız yollar aradığımız yer olmuyor mu?

Gary:
Evet. Onların hayatları lehine kendi ölümünüzü tetiklediğiniz yer orasıdır.

Kaçınız bir kadına sahip olmak için hayatınızdan vazgeçerdi? Bununla ilgili var olan her şeyi godzilyon kez yıkıp yaratımlarını tümüyle iptal eder misiniz? Right and Wrong, Good and Bad, POD and POC, All Nine, Shorts, Boys and Beyonds.

Romantizm

Seminer Katılımcısı:
Kendinizi harcamak bu realitede romantizm dedikleri şey mi? Romantik olarak adlandırılan şey mi?

Gary:
Yani, romantizm olarak adlandırılan şey sizi ve birlikte olduğunuz harika bir şeyler elde edecekmişsiniz yanılsamasını yaratan kadını coşturan şeyin eğlence ve neşesidir. Romantizm kadının bir karşılık vermesini yaratmak için kullandığınız uyarıcıdır.

Ben şahsen romantizmden hoşlanırım. Akşam yemeklerini ve uzun süren gözlerine bakmayı, onlara çiçek vermeyi, iyi bir müzik ve şarabı, onlarla konuşmayı ve onlara durmaksızın kendileriyle ilgili sorular sormayı severim ve onlara kendim hakkında hiçbir şey söylemem. Gecenin sonunda "Vay canına, şimdiye kadar karşılaştığım en ilginç kişisin" dedikleri zaman onlarla yatacağımı anlarım. Ben sizlerden daha pragmatik' im beyler. Hedefimin ne olduğunu biliyorum. Siz hedefinizin bir kadını elde etmek olduğunu düşünüyorsunuz. Kaçınız bir kadını elde ettiniz ve daha sonra onunla mutlu oldunuz?

Bir kadını uyarmak ve bariyerlerini indirmesi ve size istediğinizi vermesi için romantizme takılırsınız. Bir kadını elde etmek için kendinizden vazgeçmezsiniz. Siz beyler bir vajina elde etmek için her şeyden vazgeçersiniz. Eğer size "Köpek gibi havlamanı istiyorum" derse lanet biçimde köpek gibi havlayacaksınız. İstediği her şeyi yapacaksınız çünkü onun vajinası var.

Kaçınız bütün hayatınızı bir vajina uğruna harcadınız? Bununla ilgili var olan her şeyi godzilyon kez yıkıp yaratımlarını tümüyle iptal eder misiniz? Right and Wrong, Good and Bad, POD and POC, All Nine, Shorts, Boys and Beyonds.

Eğer onun için kendinizden vazgeçmeye gönüllü olmasaydınız kendinize tümüyle sahip olmanızı sağlayabilecek kim ve ne uğruna kendinizden vazgeçmeye gönüllüsünüz? Bununla ilgili var olan her şeyi godzilyon kez yıkıp yaratımlarını tümüyle iptal eder misiniz? Right and Wrong, Good and Bad, POD and POC, All Nine, Shorts, Boys and Beyonds.

"Evli Kadınları Cezbediyor Görünüyorum"

Seminer Katılımcısı:
Benimle eğlenceli zaman geçirmek isteyen evli kadınları cezbediyor görünüyorum ve sonra onlara bedenimi vermenin yanlışlığına dalıyorum. Bunun daha sonra kocası üzerinde neler yaratacağının falan filan gibi şeylerin yanlışlığına dalıyorum. Senin bunu nasıl ele aldığını ve bununla nasıl başa çıkacağını bilmek istiyorum.

Gary:
Hayatlarından memnun olmayan evli kadınlar birlikte seks yapabilecekleri bir erkeği elde etmek için her şeyi yapacaklardır. Gerçekten kocalarını sizin için terk edecekler mi? Bunun cevabı hayır olurdu. Neden bunu yapıyorlar? Sizi seçiyorlar çünkü siz emniyettesiniz ve çünkü onlara bir taahhütte bulunmaya istekli değilsiniz. Peşinizden gelen evli kadınlar kendi bakış açılarına göre kadınsı olmalarından daha çok erkeksidirler. Sen bir koca mısın?

Seminer Katılımcısı:
Hayır.

Bölüm: Seçebileceğiniz Olağanüstü Seks, Cinsel Birleşme Ve İlişki

Gary:
Sadece seks yapan birimisin?

Seminer Katılımcısı:
Evet, mümkün. Ben bunun yanlışlığına dalmak istemiyorum ve biraz eğlence olsun istiyorum, ama düşünmeyi sürdürüyorum, bunun sonrasında onlar ve onların...

Gary:
Sen bir humanoid erkek misin?

Seminer Katılımcısı:
Öyle olduğuna inanıyorum.

Gary:
Humanoid erkek evli kadınların peşinden gitmek istemez çünkü başka bir erkeğin gösterisini (Burada "gösterisi" olarak çevrilen kelimenin aslı "gig" dir ve argoda dişleri olmayan kadın tarafından yapılan oral seks anlamında kullanılır)* becermek istemezler.

Seminer Katılımcısı:
Evet.

Gary:
Ama buna gerçek olarak bakmak zorundasın. Gösteri (gig)* daha önce becerildi mi? Evet ya da hayır?

Seminer Katılımcısı:
Evet.

Gary:
Bir probleminin olması gerektiği gerçek mi? Yoksa sen, olduğun hümanoid erkek olarak, evli bir kadınla seks yapmanın senin için doğru olabileceğine inanamayacağını haklı göstermek için problem yaratmaya mı çalışıyorsun?

Seminer Katılımcısı:
Evet, işte budur.

Gary:
Şeytanla güçlendirilmiş oluşumlar yaratıyorsunuz. Burada çalıştırmanız gereken bir proses var. Sizi, eğer evli bir kadın peşinizden gelirse, bunun nedeninin evliliğinden uzaklaşmaya karar verdiği ve size bunun kaynağı olarak baktığı gerçeği hakkında netleştireceğim. Şimdi eğer durum buysa, büyük miktarda paraya ve iyi maaş aldığınız bir işe sahip olmak ve sahip olduklarınızdan daha fazlasına sahip birisi gibi görünmek zorundasınız. Bu doğru olur muydu?

Seçtiğiniz ölümü tetiklemeyi yaratmak için hangi baştan çıkarmayı kullanıyorsunuz? Bununla ilgili var olan her şeyi godzilyon kez yıkıp yaratımlarını tümüyle iptal eder misiniz? Right and Wrong, Good and Bad, POD and POC, All Nine, Shorts, Boys and Beyonds.

Seminer Katılımcısı:
İyi, ben gerçekten iyi bir işe sahibim.

Gary:
Sen pratik, çekici, mutluluk verici misin?

Seminer Katılımcısı:
Bu bana kimin gözüyle baktığına bağlı. Tabi ki. Güzellik bakanın algısına bağlıdır. Bilmiyorum. Hakkında bir şey bilmiyorum. Onlara sormak zorundasın.

Gary:
Ne olduğunu itiraf etmeli ve olman gerektiğini düşündüğünüz kişi olmayı durdurmalısınız. Eğer sadece kullanılacak bir penis iseniz, o zaman erkeklik organı olun ve kullanılmanın haricinde cinsel birleşmenin tadını çıkarın. Gerçekte, çoğu genç erkeğin olduğu şey budur. Evli kadınlar kullanacakları bir penisi göz önüne alarak, genç erkeklerin peşinden gitme eğilimindedirler. Neden pratik mutluluk veren kişiyi seçerler? Çünkü evde kocalarını öylesine hırpalarlar ki kocaları artık daha fazla seks istemezler.

Ne olduğunuza ilişkin olarak kendinize karşı açıkça dürüst olmak

Bölüm: Seçebileceğiniz Olağanüstü Seks, Cinsel Birleşme Ve İlişki

zorundasınız beyler. Eğer fahişeyseniz, fahişesiniz. Bu yanlışlık değildir; bu sadece olduğunuz şeydir. Sizin için gerçek olmayan bir şey yaratmaya çalışmayı durdurunuz. Başkaları için gerçek olana değil, sizin için gerçek olana bakmak zorundasınız.

Seçtiğiniz ölümü tetiklemek için hangi baştan çıkarmayı kullanıyorsunuz? Bununla ilgili var olan her şeyi godzilyon kez yıkıp yaratımlarını tümüyle iptal eder misiniz? Right and Wrong, Good and Bad, POD and POC, All Nine, Shorts, Boys and Beyonds.

Her ne zaman yargılama yapsanız, ölüme yönelirsiniz. Yargılama yaptığınız her zaman, ölümü tetikliyorsunuz.

KendinizdenVaz mı Geçiyorsunuz?

Hadi hakkında konuştuğum arkadaşı ele alalım. Bu arada, o Dain değil. Bu farklı bir arkadaştır. Ben bir arkadaş hakkında konuştuğumda herkes her zaman Dain hakkında konuştuğumu düşünür. Hayır, konuşmam. Bu adam bunun için o kadınla gittiğinde, onlarla ve onlar için bir şeyler yapma konusunda anlaştığı bütün insanları üzdü. Kendi hayatından o kadın ve kadının istediğiyle ilgili bakış açısı lehine vazgeçti. Bu onun hayatında para, olasılık ve seçenekler oluşturan, ileri doğru pek çok hareketi durdurdu. Bir şeyleri rayına oturtmak yaklaşık iki yılına mal oldu.

Ne zaman kendinize karşı çıkmayı seçseniz, sizin için farkındalığın dışına çıkmak için baştan çıkarılabilirsiniz ve işleri öylesine bir yöntemle düzenlersiniz ki sonunda sahip olduklarınız lehine başlattığınız her şeyden vazgeçmek durumunda kalırsınız. Bunu yaptığınızda bütün geleceğinizi kaybedersiniz.

Seçtiğiniz ölümü tetiklemek için hangi baştan çıkarmayı kullanıyorsunuz? Bununla ilgili var olan her şeyi godzilyon kez yıkıp yaratımlarını tümüyle iptal eder misiniz? Right and Wrong, Good and Bad, POD and POC, All Nine, Shorts, Boys and Beyonds.

Seminer Katılımcısı:
Gary ben "Aman Tanrım" anı yaşıyorum. Geçen yıl benim yaptığım şey bu muydu?

Gary:
Evet, kendinizi onu mutlu etmek için birlikte olduğunuz kadına ayarlamaya çalışıyordunuz. Bu bir haklı çıkarmadır; gerçek değildir. Bunu o kadını mutlu etmek için yapmıyorsunuz. Bunu kendinizden vazgeçmek için yapıyorsunuz. Bunu kendinizi öldürmek için yapıyorsunuz. Ne kadarınız bunu önemsiyorsunuz? Hemen hemen hiçbiriniz.

Seminer Katılımcısı:
Yani, ben kesinlikle önemsemedim.

Gary:
Bununla ilgili var olan her şeyi godzilyon kez yıkıp yaratımlarını tümüyle iptal eder misiniz? Right and Wrong, Good and Bad, POD and POC, All Nine, Shorts, Boys and Beyonds.

Seminer Katılımcısı:
Bu baştan çıkarma prosesi dünyaya geri dönmeme ve istediğimi yaratmaya ve oluşturmama yardım edecek mi?

Gary:
Öyle umut ediyorum. En azından ne istediğinizi görebilmeye başlayacaksınız. "Eğer bunu yaparsam benimle mutlu olmayacak" düşüncesiyle ayartılmayacaksınız. Kendinizi onu mutlu edeceği düşüncesiyle bir şeyi yapmama biçimine ayartmayacaksınız. Bu onu mutlu etmez. Bir kadın kendisi mutlu olmaya karar vermedikçe hiçbir şey onu mutlu edemez. Ve bir vajina lehine kendinden vazgeçmesi hariç hiçbir şey bir erkeği mutlu edemez. Bunu yaptığında mutlu olduğunu düşünür, ancak bunun sonunda, bombok, zavallı olur ve kendini öldürmeyi ister. Bu size nasıl geliyor beyler?

Seminer Katılımcısı:
İyi değil!

Bölüm: Seçebileceğiniz Olağanüstü Seks, Cinsel Birleşme Ve İlişki

Gary:
Seçtiğiniz ölümü tetiklemek için hangi baştan çıkarmayı kullanıyorsunuz? Bununla ilgili var olan her şeyi godzilyon kez yıkıp yaratımlarını tümüyle iptal eder misiniz? Right and Wrong, Good and Bad, POD and POC, All Nine, Shorts, Boys and Beyonds.

Herhangi biriniz bir ilişki içine girdiğinizde, bütün hayatınızla birlikte başla ve dur olayının içine girdiğinizi hiç fark ettiniz mi? Bir yola giriyorsunuz, bir kadına yatırım yapıyorsunuz, ondan sonra bildiğiniz şey, yaratmaya başladığınız her şeyden o kadınla olmaktan yana vazgeçiyorsunuz. Bunu neden yapasınız?

Eğer onun için veya ona doğru kendinizden vazgeçmeseydiniz, size tümüyle kendinize sahip olmaya izin verecek kim ya da ne için veya ona doğru kendinizden vazgeçmeye isteklisiniz? Bununla ilgili var olan her şeyi godzilyon kez yıkıp yaratımlarını tümüyle iptal eder misiniz? Right and Wrong, Good and Bad, POD and POC, All Nine, Shorts, Boys and Beyonds.

Bir kadın olmaksızın neden tamamlanmış olmuyorsunuz?

Bir kadın veya seks partneri yerine kendinizi seçmeye karşı savunma yapmak için hangi aptallığı kullanıyorsunuz? Bununla ilgili var olan her şeyi godzilyon kez yıkıp yaratımlarını tümüyle iptal eder misiniz? Right and Wrong, Good and Bad, POD and POC, All Nine, Shorts, Boys and Beyonds.

Siz ne seçmek istiyorsanız onu seçin. O seçmenizi istediği için seçmeyin. Siz istediğiniz için seçin

Ölümü tetiklemenin baştan çıkartmasını/ayartmasını yaratmak için hangi aptallığı kullanmayı seçiyorsunuz? Bununla ilgili var olan her şeyi godzilyon kez yıkıp yaratımlarını tümüyle iptal eder misiniz? Right and Wrong, Good and Bad, POD and POC, All Nine, Shorts, Boys and Beyonds.

Realitelerin Telkini

Seminer Katılımcısı:
Dain geçen gün benimle başkalarının realitelerine telkinde bulunmak hakkında konuşuyordu. Ben birisinin realitesini alıyor ve benimkiyle harmanlıyorum.

Gary:
Telkinde bulunmak her ikinizin de bütün bölüm ve parçalarınızı bir araya getirip bir karıştırıcıya koymanız ve sonra her ikinizin de aynı kişi olarak dışarı çıkmaya çalışmanızdır. Bu pek çok kişinin ilişki yaratırken kullandığı yöntemdir.

Bizler realitelerimizi harmanlayarak ve her ikimizin de hoşuna gidecek bir şeyle ortaya çıkmak suretiyle bir ilişki yaratmak zorunda olduğumuzu düşünürüz. Tabi sizin elde edebileceğiniz tek parçanın onun boku ve onun elde edeceği tek parçanın sizin altınınız olacağını hariç tutarsak. Sizin altınınız karşılığında her zaman onun bokunu elde edersiniz. Ne?

Seminer Katılımcısı:
İnsanların aileleriyle de yaptıkları şey bu mu?

Gary:
İnsanların aileleriyle yaptıkları şey budur.

Seminer Katılımcısı:
İnançlar?

Gary:
İnançlar ve din – ve içine uyum sağlamaya çalıştığınız her şey. Ne yazık ki, çoğunuz uyum sağlamakta berbatsınız, çünkü takipçi olmaktansa lider olmaya çok daha fazla isteklisiniz. Gerçekte, hepiniz kedi yavrularına benziyorsunuz. Hiç kimse sizi kontrol edemez, ama siz nedense sürekli kontrol edilebilir gibi davranıyorsunuz. Bu işe yaramaz, ama bu durumdan mutluysanız, iyi öyle olsun. Eğer sizi mutlu ediyorsa rahat olun, çekinmeyin. Kendinizi becerin ve bundan dolayı kendinizi iyi hissedin.

Bölüm: Seçebileceğiniz Olağanüstü Seks, Cinsel Birleşme Ve İlişki

Burada aynı zamanda bunun tam tersi de var (exculcating), siz ve partnerinizin size ait bütün bölüm ve parçalarının harmanlanması yerine bütün bu şeyleribirbirinden ayırmaya çalışırsınız. Seçim yerine yağ ve su olursunuz.

Varlığın iç içe geçmesi, birisine, duymaya ve algılamaya istekli olmadıklarını duyacak ve algılayacak kadar çok yakın olduğunuz yerdir. Dain ve ben birbirimize çok yakınız ve aslında mümkün olan bir şeyi görmeyi reddettiğinde, ben her zaman onu görür ve bilirim.

Bu benim için, kişinin nerede gerçekten neler olup bittiğini anlaması ve farklı bir alandan bakmasının gerektiğini görmektir. Örneğin, Dain'in seks yaptığı kızlardan, Dain'in başkalarıyla nasıl beraber olmasını istemedikleriyle ilgili garip boktan şeyler algılardım. "Aman tanrım. Dain'in kimseyle birlikte olmasını istemiyorum," diye düşünürdüm ve "Ama o benimle birlikte değil ki! Bu nedir ki?" derdim.

Neyi alıp kabul etmeye istekli olmadığını biliyordum. Ben çok şey bilmeye istekliyim. Seminerde olan kadın tarafından vıcık vıcık edilmiş o adamı biliyordum. Neyin olup bittiğini kesinlikle görebilirdim, ama ona ne söylerse söylenilsin o göremeyecekti, onun için ben ağzımı kapalı tuttum ve yokuş aşağı kendini öldürmeye gitmesine izin verdim böylece o fırsata bir kez daha sahip olabilecekti. Bu onun en iyi seçimi değildi. O yollardan yokuş aşağı gitmeyiistemezsiniz.

Seminer Katılımcısı:
Ve seçim farkındalık yaratır.

Gary:
Seçim farkındalık yaratır. O seçer. Pek çok farkındalığı vardır. İstediği farkındalık değildi, ama pek çok farkındalık elde etti.

Realitelerin telkinlerini ilişki olarak yaratmak için hangi aptallığı kullanmayı seçiyorsunuz? Bununla ilgili var olan her şeyi godzilyon kez yıkıp yaratımlarını tümüyle iptal eder misiniz? Right and

Wrong, Good and Bad, POD and POC, All Nine, Shorts, Boys and Beyonds.

Yıllar önce boşandığım zaman, bana "Birlikte zaman geçireceğimiz ana kadar bekleyemeyeceğim" diyen bir bayan vardı.

Ona "Ne demek istiyorsun?" diye sordum.

Bana dedi ki, "Yani, bu andan itibaren zamanımızın yüzde yetmiş beşini birlikte geçireceğimizi hesapladım."

Ben de ona "Zamanımızın yüzde yetmiş beşi mi? Bir bakalım, yirmi dört saatlik günde bu on sekiz saati seninle geçireceğim anlamına gelir öyle mi? Herhangi bir kişiyle on sekiz saati birlikte geçirmekten hoşlanmam. Birisiyle on sekiz saati birlikte geçirmek istemiyorum" dedim.

Birisiyle birlikte gerçekten ne kadar zaman geçirmek – ve bütün bu zaman süresince bütünüyle onlarla var olmak istersiniz? Eğer iki buçuk saatten fazla diyorsanız, yalan söylüyorsunuz.

Seminer Katılımcısı:
Evet. İki veya üç saat...

Seminer Katılımcısı:
Haftada üç buçuk saat...

Gary:
Birisiyle geçirmek istediğiniz süre bir günde sahip olduğunuz zamanın yaklaşık yüzde onudur, çünkü bu onlar için tümüyle mevcut halde olursunuz anlamına gelir. Onlar tümüyle sizin için mevcut olurlar. Kaçınız birisi için yargılama yapmadan tümüyle mevcut halde olabilirdiniz, sonuçlandırma, üzerine düşme halinde olmadan sadece orada olarak, tümüyle soruda ve hazır bulunarak? Kaçınız bunu iki buçuk saatten daha fazla sürdürebilirsiniz?

Seminer Katılımcısı:
İki buçuk saat oldukça uzun görünüyor.

Bölüm: Seçebileceğiniz Olağanüstü Seks, Cinsel Birleşme Ve İlişki

Gary:
Çoğunuz birisiyle boşalıncaya kadar birlikte olmak istersiniz ondan sonra çekip gitmeye hazırsınız.

Seçtiğiniz ölümü tetiklemek için hangi baştan çıkarmayı kullanıyorsunuz? Bununla ilgili var olan her şeyi godzilyon kez yıkıp yaratımlarını tümüyle iptal eder misiniz? Right and Wrong, Good and Bad, POD and POC, All Nine, Shorts, Boys and Beyonds.

Hayatınızın Neresinde Olduğunuz Hakkında Dürüst Olun

Gary:
Beyler, kendinize dürüst olun. Eğer bir penis iseniz ve o şeyin oluşacağı bir yer arıyorsanız, o zaman sizi o şeyin oluşacağı bir yer arayan penissiniz. Bu o işi yanlış veya doğru ya da herhangi bir şey yapmaz. Bu sadece sizin o işin oluşacağı yer arayan bir penis olduğunuzu gösterir.

Hayatın içinde nerede olduğunuz konusunda dürüst olmak zorundasınız. Ne tür bir insansınız. Sizin için gerçekten önemli olan nedir. Ne yaratmak istiyorsunuz. Eğer bunu yapmaya gönüllüyseniz "Bununla kendimi nasıl istismar ederim?" diye sormaktansa "Tamam, bunu nasıl kullanabilirim?" diye sormalısınız. Cinsel ilişki üstadı ve fahişe olmak bu realitede kötü şeyler olarak kabul edilir, ama ya bunlar sahip olduğunuz sizin için mevcut olan en muazzam güçler olsaydı? Eğer bakış açınızın yanlışlığından ziyade en harika olasılık ve en harika seçim bakış açısından çalışmaya istekliyseniz, daha başka ne mümkün olabilirdi?

Seminer Katılımcısı:
Bu sanki benim "Ben bir fahişeyim' i" kendimi öldürmemin gerekçesi olarak kullanmama benziyor.

Gary:
Evet, bu "Tamam, ben bir fahişeyim. Ben herkesle seks yaparım.

Bunu hayatımı yaratmak için nasıl kullanabilirim?" diye sormak yerine "fahişeyi" gerekçe olarak kullanmaktır.

Bununla ilgili var olan her şeyi godzilyon kez yıkıp yaratımlarını tümüyle iptal eder misiniz? Right and Wrong, Good and Bad, POD and POC, All Nine, Shorts, Boys and Beyonds.

Siz cinsel ilişki üstadısınız. Bu sadece olduğunuz şeydir. Bunu ölümünüzü tetiklemek için veya bunu hayatınızı yaratmak için kullanabilirsiniz. Bunu hangi yolla kullanıyordunuz?

Seminer Katılımcısı:
Ölümü tetiklemek için...

Gary:
Evet. En iyi seçiminiz değil, değil mi?

Seminer Katılımcısı:
Hayat yaratmak için. Bu neye benzerdi?

Gary:
Sorun: fahişe olmayı yaşamda daha azını değil daha fazlasını yaratmak için nasıl kullanabilirim? Evrenimi büyütecek, genişletecek, bana istediğim hayatı verecek ve her şeyi işe yarar yapacak kiminle cinsel ilişkiye girebilirim? Hayatınızı yaratacak şeye doğru ilerlemek yerine, size cinsel ilişki yaşatacak şeye doğru gidersiniz, çünkü – cinsel ilişki kurabilmeniz gerçeği, ne denli şirin olduğunuz ve insanları cinsel ilişkiye kışkırtacağınız gerçeği, kendinizden lanet biçimde keyif alacağınız gerçeği değil, cinsel ilişki değerli ürün haline gelmiştir. Cinsel ilişkiyi nihai hedef, her şeyin hedefi yapıyorsunuz. Çoğu erkek yapar.

Seminer Katılımcısı:
Gülüyorum. Bunu çok net görüyorum.

Gary:
Yaratım "Bu kadın benimle seks yapacak" diye bu işi bitirmeye ilerlediğiniz anı durdurur. "Bunu kendi avantajıma nasıl

Bölüm: Seçebileceğiniz Olağanüstü Seks, Cinsel Birleşme Ve İlişki

kullanabilirim?" şeklinde bakmıyorsunuz. Bunu size söylemekten nefret ediyorum, beyler, ancak kadınlar da cinsel ilişkiyi erkekler kadar çok severler. Romantizmi sadece seçim yapma imkânı bulmak için isterler.

Pisliğin Teki Olmayı Kendi Avantajıma Nasıl Kullanabilirim?

Gary:
Örneğin, birkaçınız pislik yapabilir. Bu genelde işinize yarar mı? Hayır, yaramaz. Onun için "Pisliğin teki olmayı kendi avantajıma nasıl kullanabilirim?" diye sormak zorundasınız. Buna espri katabilseydiniz, kendi avantajınıza kullanabilirdiniz. Eğer ondaki eğlence ve oyunu görseydiniz, içindeki yıkım yerine içindeki olasılıkları görseydiniz, içindeki kötülüğü, korkunçluğu veya bunların benzeri herhangi bir şeyi görseydiniz, faklı bir realite ortaya çıkar mıydı?

Seminer Katılımcısı:
Bana bundan bir örnek verebilir misin?

Gary:
Eğer espriyle karışık pislik yaparsanız, insanlar gerçekte pisliğin teki olmadığınızı düşünürler. Pisliğin teki demek kızların üzerine sizin vıcık vıcık sıvınızı bırakmanız demektir. "Hey, donumu çıkarıp sana penisimi gösterebilir miyim? Artık gördün, gördüğünü şimdi istemiyor musun?" diye soruyorsunuz ve kadınlar "müstehcen!" derler. Bunu farklı bir yolla nasıl kullanabilirsiniz bakmıyorsunuz. Ya kadınlara pislik yapacağınıza farklı bir şey yapıp "Benimle seks yapmak isteyeceksin" deseydiniz?

Bu pislik yaptığınız gerçeğini değiştirmekle ilgili değildir. Bu pisliği kendi avantajınıza nasıl kullanabileceğinizi görmekle ilgilidir. Söylemeye çalıştığım şey siz pislik yaparsınız ve bu sizi istediğiniz sonuca ulaştırmaz. Onun için gerçekten istediğinizi neticeye ulaşmak için farklı ne olmak ya da yapmak zorundasınız? Bununla birlikte nasıl farklı yaparsınız ya da olursunuz?

Sorun: Bunu farklı bir yolla nasıl kullanabilirim? Bunu işinize yarar bir yöntemle nasıl kullanacağınızı öğrenmek zorundasınız. Şu anda işinize yaramayan bir yöntem kullanıyorsunuz. Ne istediğiniz konusunda net olmalısınız. Bir ilişki mi istiyorsunuz? Sadece cinsel ilişki mi istiyorsunuz? Sadece cinsel ilişki istiyorsanız, bir miktar para oluşturun ve bir kiralık kadın tutun. Buna bir engel yoktur. Ya da eşcinsel olun, çünkü bu da engeli olmayan sekstir.

Bu her şeyle aynıdır. Eğer yakışıklıysanız, yakışıklı olduğunuzu kabul etmek ve "Bunu bir kadın elde etmek için nasıl kullanabilirim?" diye değil "Bunu hayatımı oluşturmak için nasıl kullanabilirim?" diye sormak zorundasınız. Görünüşünüzü bir kadın elde etmek için kullanır ve sonra onu elde edeceğim diye hayatınızı mahvedersiniz. Görünüşünüzü kendinizi öldürmek için kullanırsınız. Yakışıklılığınızın size cinsel ilişki vereceği gerçeği tarafından baştan çıkartılırsınız, böylece kendinizi öldürmek üzere birisini cinsel ilişkiye girmesi için baştan çıkartırsınız.

Seçtiğiniz ölümü tetiklemek için hangi baştan çıkarmayı kullanıyorsunuz? Bununla ilgili var olan her şeyi godzilyon kez yıkıp yaratımlarını tümüyle iptal eder misiniz? Right and Wrong, Good and Bad, POD and POC, All Nine, Shorts, Boys and Beyonds.

Cinsel ilişkiye girmektense gerçek dışı, inanılmaz, muhteşem ve olağanüstü size karşı savunma yapmak için hangi aptallığı kullanmayı seçiyorsunuz? Bununla ilgili var olan her şeyi godzilyon kez yıkıp yaratımlarını tümüyle iptal eder misiniz? Right and Wrong, Good and Bad, POD and POC, All Nine, Shorts, Boys and Beyonds.

Cinsel Enerjinizi Kullanmak

Seminer Katılımcısı:
Kendimi cinsel ilişki üstadı ve pisliğin teki olarak görmüyorum.

Bölüm: Seçebileceğiniz Olağanüstü Seks, Cinsel Birleşme Ve İlişki

Hayatımı oluşturmakta kullanabilmek üzere bu benim için nedir bulmama yardımcı olabilir misin?

Gary:
Kendini üst derece seksüel olarak mı yoksa aseksüelolarak mı oluşturmayaçalışıyorsun?

Seminer Katılımcısı:
Şu anda aseksüel olarak.

Gary:
Tamam, öyleyse yaptığınız her şeykendinizi aseksüel yapmak için.Kendinizi aseksüel yapmaya çalıştığınız zaman, böylece artık daha fazla işe yaramayacak bir ilişkinin içine girmek için ayartılmak üzere sahip olduğunuz cinsel enerjinizi bir kenara koymaya mı çalışıyorsunuz? Yoksa bundan dolayı başka insanların dünyalarında sorun yaratmamak için mi kendinizi aseksüel yapmayaçalışıyorsunuz?

Seminer Katılımcısı:
Sonuncusu.

Gary:
Bununla ilgili var olan her şeyi godzilyon kez yıkıp yaratımlarını tümüyle iptal eder misiniz? Right and Wrong, Good and Bad, POD and POC, All Nine, Shorts, Boys and Beyonds.

İnsanların dünyasında sorunlar yaratmaması düşüncesiyle kendinizi aseksüel yapmaya çalıştığınız zaman, bir sürü insanı sizi baştan çıkarmaya çalışması için ayartıyorsunuz ki işin sevdiğiniz bölümü budur.

Seminer Katılımcısı:
Evet.

Gary:
Hayır deme imkânına sahip olmaktan hoşlanırsınız. "Hayır, ben o tür bir kız değilim... O tür bir delikanlı değilim demek istedim.

Bundan ucuza vazgeçmem. Ben ucuz bir fahişe değilim. Pisliğin teki değilim. Cinsel ilişki üstadı değilim. Ben iyi bir çocuğum."

Seminer Katılımcısı:
Öyleyse aseksüel davranmak insanların sizi baştan çıkarmayı istemelerini mi yaratıyor? Bu sadece gözdağı vermek mi?

Gary:
Tümüyle cinsellik gözdağı verici olabilir. Eğer tümüyle cinsel olmaya ve cinselliğinizi başkalarına gözdağı vermek için kullanmaya istekliyseniz, tamamıyla yeni bir dünya açılır. Bir keresinde bir seks semineri veriyordum, gerçekten güzel, genç bir kız bana bakıp "Takma penisimi takıp seni becerebilirim" dedi.

Ona "Hakikaten benimle başa çıkabileceğini düşünüyor musun hayatım?" diye sordum ve kız tümüyle içselleşti. Seksirealite olarak yapmıyordu. Kız seksi güç gösterisi olarak yapıyordu. Seksi realite içinde bir şey olarak yapmıyordu. Şunu anlamak zorundasınız ki seksi realite olarak kabul ettiğiniz yer tümüyle farklı bir evrendir. Bir realite olarak seks "Cinsel enerjimle kime gözdağı verebilirim? Cinsel enerjimi kullanarak kimi davet edebilirim? Beni öldürmeyecek kimin hayatıma girmesini tetikleyebilirim? Ve bununla gerçekten sahip olmayı istediğim hayatın daha fazlasını yaratacak olan kimi yaratabilirim?" türü sorulardır.

Pek çok insan cinsel enerjisini sanat ve edebiyat için kullanır; cinsel birleşme için kullandıkları cinsel enerjilerini yücelterek bunun yerine güya bu onlar için bir şeyleri halledecekmiş gibi artistik yöntemler içinde kullanırlar. Cinsel enerji yaratımın kaynağı değildir; bu seks için bir katkıdır. Cinsel enerjinizi büyütmeniz, genişletmeniz lazımdır böylece yaratma imkânınız olan her şeye, ister sanat eseri, ister edebiyat eseri, resim, müzik ya da başka her neyse ona katkısı olur.

Bölüm: Seçebileceğiniz Olağanüstü Seks, Cinsel Birleşme Ve İlişki

Cinsel olarak gözdağı verilmesine gönüllü olmak durumundasınız ki bu "Oh, o (kız) beni istiyor. Harika. Beni istediği için çok mutluyum. Bütün cinsel sıvısını vücudumun her tarafında taşıyacağım ve başka hiç kimse bana dokunmayacak" demek yerine "Evet, hayatımdan senin için vazgeçeceğim" değil "Gerçekten beni tatmin edeceğini düşünüyor musun bebek? Hadi eyvallah. Daha sonra görüşürüz. Yapacak işlerim, göreceğim insanlar ve olacağım yerler var!" diye sorarsınız.

Bununla ilgili var olan her şeyi godzilyon kez yıkıp yaratımlarını tümüyle iptal eder misiniz? Right and Wrong, Good and Bad, POD and POC, All Nine, Shorts, Boys and Beyonds.

Çoğunuz kendinize cinsel gözdağı verilmesini istemezsiniz, çünkü eğer cinsel olarak korkutulursanız, sizi kimsenin istemeyeceğini zannettiniz. Hayır, eğlence birisinin sizi istemesidir.

Cinsel olarak korkutulduğunuzda, asla daha azı olmaya istekli olmazsınız, çünkü başka birisi, olduğunuz cinselliği alıp kabul edemeyebilir. Cinsel olarak korkutulduğunuz zaman, insanlar onları istemedikleri bir şeyi yapmaları için baştan çıkarmaya çalışmanızdan ziyade, sizinle birlikte olup olmamayı seçmek zorunda kalırlar. Cinsel olarak gözdağı veren olmamaya çalıştığınız zaman ise, insanlar istediklerini seçme imkânları olması yerine onlardan ne istediğinizi çözmeye çalışırlar. Eğer cinsel gözdağı veren olmaya istekliyseniz, onlardan ne istediğinizi bilirler ve bunu yapmayı istiyorlar mı yoksa istemiyorlar mı seçim yapmak zorunda kalırlar.

Kaç defa size cinsel gözdağı verilmesine gönüllü olmadınız? Ayrıca cinsel gözdağı verilmesinin bir yanlışlık olduğuna karar verdiğiniz her yeri şimdi yıkıp yaratımlarını tümüyle iptal eder misiniz? Right and Wrong, Good and Bad, POD and POC, All Nine, Shorts, Boys and Beyonds.

Çoğunuz, gerçekten güzel bir cinsel deneyim yaşadığınız da, bunu o kişiyi kaybetmemeyi garanti altına almak için bir sonrakinde çöpe atacaksınız.

Bununla ilgili var olan her şeyi godzilyon kez yıkıp yaratımlarını tümüyle iptal eder misiniz? Right and Wrong, Good and Bad, POD and POC, All Nine, Shorts, Boys and Beyonds.

Eğlenceli ve sizinle cinsel ilişkiye girmekten ve sizi becermekten keyif alacak birisi olmasındansa topal ördek, beceriksiz sakat bir kadının sizi istemesini tercih edersiniz. Ayrıca eğer yapmanızı istedikleri şeyi yapmayı istemediğinizi onlara söyleseydiniz, "Oh, tamam. Sen ne istersen onu yapacağım" derlerdi.

Dain sonunda cinsel olarak korkutuldu. O kadın Dain ile iki gün geçirmek istediğini söyleyince, Dain "Hayır, seninle iki gün geçirmek istemiyorum" dedi. Ertesi günü ona mesaj attı ve "Haklısın. Hemen seninle birlikte olmak istiyorum. Elde edeceğim süre her neyse öyle bir davetiye öyle bir katkı ki. Buna sahip olmak istiyorum" dedi. İnsanların dünyasına ayarlanmaya istekli olmadığınız zaman, onlar sizin dünyanıza ayarlanırlar. Muhallebi çocuğu olmayı bırakın.

Herkesin sizi koklayacağı veya yalayacağı yerde, kendinizi muhallebi çocuğu olarak yaratmak için yaptığınız her şeyi yıkıp yaratımlarını tümüyle iptal eder misiniz? Right and Wrong, Good and Bad, POD and POC, All Nine, Shorts, Boys and Beyonds.

Seminer Katılımcısı:
Öyleyse eğer aseksüelliği seçersem, kendimi ölümü tetiklemek için ayartıyor muyum?

Gary:
Evet. Kendini ölümüne ayartıyorsun. Cinsellik işte budur. Cinselliğiniz yoktur. Hayatınızda ne erkek, ne kadın, ne de başka bir şeysiniz. Bedeninizde cinsel enerji yoktur. Eğer cinsel enerjiniz olmasa bedeninizi nasıl iyileştireceksiniz?

Seminer Katılımcısı:
İyileştiremezsiniz.

Cinsel Enerjinizle Ne Yaratıyorsunuz?

Gary:
Cinsel enerji yaratıcı enerjidir. Cinsel enerjinizi yeniden açmanız gerekir, ama bunu cinsel ilişki için kullanmak zorunda değilsiniz.

Seminer Katılımcısı:
Hayır, onu hayatımı yaratmak ve oluşturmak için kullanabilirim. Öyleyse burada hangi soruları sorabilirim?

Gary:
Sorun: Seçtiğim ölümü tetiklemek için hangi baştan çıkarmayı kullanıyorum? Güya hayatınızı yaratacakmış gibi kendinizi aseksüelliğe doğru ayartıyorsunuz. Hayır, bu sizin ölümünüzü yaratacak.

Cinsel enerjinizle ne yarattığınıza bakmak zorundasınız. Eğer bir cinsel ilişki üstadı oluyorsanız, günde üç kez cinsel ilişkiye girdiğiniz müddetçe hayatınızı yarattığınızı düşünürsünüz. Hayır, kendi penisinizi yaratıyorsunuz. Hayatınızı yaratmıyorsunuz. Hayat bir penis değildir. Onunla keyif almanız için her zaman sert olmak zorunda değildir. Bütün bunlara başka bir alandan bakmak ve şunu sormak durumundasınız: Hayatım olarak gerçekten neyi yaratmak istiyorum?

O kadın bana "Zamanımızın yüzde yetmiş beşini birlikte geçirebiliriz" dediği zaman buna sıkı ve uzun bir süre bakmak ve "Gerçekten bir ilişki arzuluyor muyum?" diye sormam gerekir. O yaptı. Bu arada evliydi ve benim için kocasını bırakacaktı. Baktığım zaman, benimle ilgilenmediğini fark ettim; kendiyle ilgilenmek için benimle ilgileniyordu. Aradaki fark nedir?

Seminer Katılımcısı:
Bu senin kendinden vazgeçmeye istekli olmama alanın.

Gary:
Hiçbir kimse, hiçbir miktarda para veya başka herhangi bir şey için kendimden vazgeçmeye istekli değilim.

Eğer onun için veya ona doğru kendinizden vazgeçmeseydiniz, size tümüyle kendinize sahip olmaya izin verecek kim ya da ne için veya ona doğru kendinizden vazgeçmeye isteklisiniz? Bununla ilgili var olan her şeyi godzilyon kez yıkıp yaratımlarını tümüyle iptal eder misiniz? Right and Wrong, Good and Bad, POD and POC, All Nine, Shorts, Boys and Beyonds.

Harika Seks

Bir adam bana yaşadığı harika seksle ilgili bir deneyimini anlatıyordu. Şöyle sordu, "Bundan daha fazlasına sahip olmak için ne gerekir?" Harika seks deneyimlediğinizde, "Hayatımda bundan daha fazlasına sahip olmak için ne gerekir?" diye sormak yerine "İnsanlardaki bu enerjiyi algılamam için ne gerekir?" diye sormayı deneyin. İnsanların içindeki harika seksi yaratacak olan enerjiyi algılamaya istekli olmak zorundasınız.

Seminer Katılımcısı:
Ve seçmeniz gerekir.

Gary:
Evet, bunu yaratacak olanı seçmek zorundasınız. Siz beyler çekici bir kişinin ne olduğuyla ilgili başkalarının bakış açısına dayanarak garip götlek standartları yaratıyorsunuz. Harika bir vücudu olan bir kadın veya harika vücudu olan bir erkek görebiliyorum ve onlar "Oh vay canına, çok güzel! Seks yapması eğlenceli biri olabilirler mi?" diyorlar. Hayır mı? Tamam. Çok güzel vücut; Bakması çok güzel; İnanılmaz biçimde baştan çıkarıcı – ve benim bakış açımdan kullanışsız.

Siz beyler çok güzel bir vücut görüyorsunuz, çok güzel bir çift göğüs veya sizi baştan çıkaran her neyse ve...

Neden sadece çok tahrik olup başka herkesi tahrik etmek yerine sizi tahrik eden bir şey görüyorsunuz?

Seminer Katılımcısı:
İlk tür tahrik olma ölümü tetiklemek için baştan çıkarma mı?

Gary:
Evet. O ölümü tetikleyen baştan çıkarma, çünkü onun yüzünden tahrik olduğunuz kişi sizdeki ölümü tetikleyecek kişidir.

Bununla ilgili var olan her şeyi godzilyon kez yıkıp yaratımlarını tümüyle iptal eder misiniz? Right and Wrong, Good and Bad, POD and POC, All Nine, Shorts, Boys and Beyonds.

Hepiniz çok şirinsiniz ancak tek haneli zekâ seviyesine sahipsiniz ve o da bacaklarınızın arasında sallanıyor.

Seminer Katılımcısı:
Bu telekonferansı takdir ediyorum. Bu telekonferanslar hayret verici.

Gary:
Eğer iki ya da üçünüzü gerçekten eğlenebileceğiniz ve bir taraftan cinsel ilişki üstadı, seksi fahişe veya pisliğin teki olmaya devam ederken öbür taraftan hayatınızı oluşturacak noktaya getirirsem, o zaman buna değecektir.

Başkalarının Yargılamalarını Doğru/Gerçek Kılmayınız

Beyler! Sizi seviyorum, ama sizler sadece kahrolası, lanet biçimde aptalsınız. Birisi sizi olduğunuz kişi olmanız nedeniyle yanlış kılmaya çalıştığı zaman, bunu yanlış kılmayın. "Evet, teşekkürler" veya "Allah kahretsin! Benimle dalga mı geçiyorsun?" deyin. Sizin en iyi özelliklerinizden biri kendinizi yanlış kılıyor olmanızdır. Bunu kendiniz için kullanmak yerine kendinize karşı kullanıyorsunuz. İnsanlar bana sapık, seksi fahişe olduğumu söylediklerinde "Evet, öyleyim" dedim.

Onlar "Yani bu iyi bir şey değil" dediler.

Bende, "Neye göre? Benim işime yarıyor" dedim.

Seminer Katılımcısı:

Öyleyse ölümün tetiklemesini bir başkasının bakış açısını geçerli kılmak için yaratıyoruz.

Gary:
Evet, başkasının, yanlış olduğunuzla ilgili bakış açısını geçerli kılmak için. Yanlış değilsiniz; sadece bir fahişesiniz. Fahişe olmak yanlış değildir. Fahişe olmak sadece fahişe olmaktır.

Seminer Katılımcısı:
Dikkat! İşte seksi fahişe geliyor!

Gary:
Tamam, şimdi bir yerlere geliyoruz! Ben sizi aseksüel yerine seksi fahişe olarak adlandıracağım.

Seminer Katılımcısı:
Bütün bunlar başkalarının yargılarını geçerli kılmaya dayanıyor değil mi?

Gary:
Bütün bunlar bu realitenin bakış açılarına dayanıyor – diğer insanların realitelerinin yargılarına. Ben "Tamam, yani fahişe olmuşsam ne olmuş?" diyebilirim. İnsanların hakkınızda bir yargısı olduğunda, siz bunu gerçek ve doğru kılarsınız. Ben asla oraya gitmem. Ben "Ne? Bunun iyi veya kötü ya da yanlış veya doğru olduğunu düşünüyordun ama bu diğer bakış açısını hangi nedenle göremiyordun?" diye sorardım.

Lisedeyken iyi bir dansçıydım ve yakışıklıydım. Yakışıklı olduğumu bilmiyordum, ama öyleydim. Lisenin ilk yılından itibaren, bütün üst sınıf balolarına davet edildim. Dünyanın en çirkin kızı tarafından davet edildim, ama aldırmadım. Evlendiğimde bakire olacaktım ve çirkin bir kadınla seks yapmak için ayartılmadım. Onlarla şarap içiyor, akşam yemeğine çıkıyor, onlarla dans ediyordum ve onlar gerçekten özel ve güzel olduklarını hissediyorlardı ve bu iyi bir şeydi.

Bununla ilgili var olan her şeyi godzilyon kez yıkıp yaratımlarını tümüyle iptal eder misiniz? Right and Wrong, Good and Bad,

Bölüm: Seçebileceğiniz Olağanüstü Seks, Cinsel Birleşme Ve İlişki

POD and POC, All Nine, Shorts, Boys and Beyonds

Nihayet bekâretimi vermeye ve evleninceye kadar beklememeye karar verdiğim zaman, çalıştığım yerde oradaki en müthiş fahişe olarak düşünülen kadının peşinden gittim. Bütün erkekleri geri çevirmişti. Hiçbiriyle ilgilenmiyordu. Böylece onu ben eğlendirdim. Ona gülümsedim, onunla konuştum, komiktim, pek hoştum, şaşırtıcıydım. Ondan enerji çektim ve onu asla çıkmaya davet etmedim. Üç ay onu çıkmaya davet etmedim. Ve nihayet çıkma teklifi yaptım. En müthiş seksi yaptık! Her pozisyonda seks nasıl yapılır öğrendim. Her arabada. Her mobilya parçası üzerinde... Her yerde, her zaman... Harikaydı. Seksten hoşlanan bir kızdı ve ben seksten keyif alan biriyle ilgileniyordum. Benim kriterlerim: "Bu sayede onu ne kadar sevdiğimi anlayacak olması nedeniyle bu kadın için kendimden vazgeçip ölmeli miyim?" değil "Kolay olacak mı? Eğlenceli olacak mı? Ayrıca bir şey öğrenecek miyim?" şeklindeydi.

Lütfen bu prosesi önümüzdeki ay çalıştırın:

Seçtiğim ölümü tetiklemek için hangi baştan çıkarmayı kullanıyorum? Bununla ilgili var olan her şeyi godzilyon kez yıkıp yaratımlarını tümüyle iptal eder misiniz? Right and Wrong, Good and Bad, POD and POC, All Nine, Shorts, Boys and Beyonds.

Size garanti ederim ki bulacağınız her kadın öylesine baştan çıkarıcıdır ki yararlanamazsınız, ölümünüzü tetiklemek için tasarlanmıştır. Evet, ajandanızı büyütebilir, ama sizin olasılıklarınızı oluşturmak üzere tasarlanmamışlardır.

Şu soruları kullanınız:

- Eğer bunu seçersem hayatım gelecek beş yıl içinde neye benzeyecek?

- Eğer bunu seçmezsem hayatım gelecek beş yıl içinde neye benzeyecek?

Ve değişim için dürüst olun. Eğer cinsel ilişkiye girerseniz, hayatın daha iyiye gideceğini hesapladınız. Hayır, daha iyiye gitmeyecek. Hayatınız, aşağı yukarı yarattığınız işe yaramayanın aynısından olacak. Hayatınızın herhangi bir bölümünden hiç kimse için vazgeçmeyin, çünkü eğer vazgeçerseniz, oluşturmaya başladığınız bütün gelecekten vazgeçersiniz ve hepsine sıfırdan yeniden başlamak zorunda kalacaksınız. Hepinizi seviyorum. Bugünlük bu kadar...

Seminer Katılımcıları:
Teşekkür ederiz, Gary.

Gary:
Teşekkür ederim. Siz beyler iyisiniz. Artık kötü olun. Böylesi çok daha fazla eğlenceli... Hoşça kalın.

Bölüm: Gerçekten Ne Arzuluyorsunuz?

Eğer isterseniz farkındalığınız bir ilişki yaratabilir.
O her ne arzuluyorsanız yaratabilir, ama mutlaka arzulamalısınız.
Soru şu: Gerçekten ne arzuluyorsunuz?

Gary:
Merhaba Beyler. Herhangi birinizin sorusu var mı?

Ya Herkes bir Fahişe Olmaya Gönüllüyse?

Seminer Katılımcısı:
Son telekonferansta, fahişe ve cinsel ilişki üstadı olmak yanlışlık değildir dediniz. Ben her zaman fahişe ya da cinsel ilişki üstadı olmanın yanlış olduğu ve iyi ve edepli bir centilmenin olmaması veya yapmaması gereken şey olduğu bakış açısını satın aldım. Bununla ilgili biraz daha konuşabilir misin?

Gary:
Sizi bir centilmen yapan şey nedir? Sertken içeri ne kadar yumuşak koyuyorsunuz? Eğer herkes fahişe olmaya gönüllü olsaydı, çok daha kolay bir dünyaya sahip olurduk, ama herkes hangi "uygun" şeyler olmaları gerektiğiyle ilgili yargılama içinde olmaya çalışmaktadır. Eğer uygun ve doğru şey olabilirlerse, sorunları olmayacağını düşünürler. Ama sorun mevcuttur bunun nedeni sizin bir fahişe veya cinsel ilişki üstadı olmanız değildir. Sorun insanların size karşı silah olarak kullandıkları yargılama nedeniyle vardır.

Kaçınız cinsel enerjinizle ilgili yargısını size karşı kullanan birisiyle karşılaştınız? Cinsel enerjinin ortada olduğu her zaman, yapacağınız ilk şey kendi yanlışlığınıza girmektir, çünkü yargılama yapmak zorunda olduğunuz şey olmuştur.

Bununla ilgili var olan her şeyi godzilyon kez yıkıp yaratımlarını tümüyle iptal eder misiniz? Right and Wrong, Good and Bad,

POD and POC, All Nine, Shorts, Boys and Beyonds.

Hayatınızda Neye Sahip Olmak İstiyorsunuz?

Seçtiğiniz her şey için yanlış olmak için çok fazla zaman harcıyorsunuz. "Burada gerçekten neyi yaratmak istiyorum?" diye sormuyorsunuz. Ya gerçekten mümkün olana bakmaya istekli olsaydınız?

"Gerçek, bir ilişkiye sahip olmayı arzuluyor muyum? Yoksa sadece seks yapmak mı istiyorum? Ve istediğim seksi elde etmek için ne ödemeye gönüllüyüm?" diye sormak durumundasınız.

Dain:
Eğer "Bir ilişkiye sahip olmayı istiyor muyum?" diye sorarsanız, "Yani, şartta değil, ama seksten hoşlanıyorum. Ayrıca randevuya çıkmayı ve oynamayı veya kucağıma alıp okşamayı seviyorum. Bir kez ilişki haline geldiğinde, ağır bir sürtük oluyor. Sadece bir sorumluluklar yığını" diyebilirsiniz. Pek çoğumuz için seksin illaki yeterli olduğunu düşünmüyorum. İnsanlarla bir arada takılmaktan da hoşlanma eğilimindeyiz, öyleyse bu bizi nerede bırakıyor?

Gary:
Kendiniz için gerçekten ne yaratmak istediğinize bakmak zorundasınız. Hayatınızda neye sahip olmak istiyorsunuz? Arzuladığınız her şeye sahip olma imkânınız olsaydı bu neye benzerdi?

Dain:
Ve bu ne olurdu? Biz bunu "Sadece seks mi istiyorsun yoksa ilişkimi istiyorsun?" şekline koyma eğilimindeyiz. Burada başka bir şey daha olmalı değil mi? Orada daha geniş bir olasılıklar tayfı olmamalı mı?

Gary:
Bu realitede, daha geniş bir olasılıklar tayfı yoktur.

Dain:
Doğru. Olmaması böylesine mücadele ve zorlukla karşılaşmamız nedeninin bir parçası mı? Çünkü biz sürekli bütün erkeklerin öyle anlama eğiliminde oldukları gibi bir ya/veya olmamalı diye düşünürüz.

Gary:
Elinizdeki tek seçimin ya/veya başka herkesin bakış açıları olduğunu düşünürsünüz. Tarzınızda bir çeşit sorun veya yanlışlığın mevcut olduğunu varsayarsınız. Şunu sormak zorundasınız: Hayatta sahip olabileceğim en şaşırtıcı şey ne olabilirdi? Ne yazık ki çoğu insanın neyi elde edebileceklerini hesaplamak yerine ne olmamaları gerektiğini çözmeye çalıştıklarını görüyorum.

Dain:
Sanırım hepimiz bunu yapıyoruz. Dünyamızda hepimizin ileriye doğru gittiği bir yer var, diyelim ki seks ve ilişkiler alanında olsun, birisini buluyor ve onunla seks yapıyoruz. Birkaç kez daha seks yapıyoruz, sonra aniden, daha ne olduğunun farkına varmadan, eğlenceli olmayan zor bir yerde oluyoruz. Bunlar sorumluluklardır. "Dur bir dakika. Buraya nasıl geldik? Bir dakika önce her şey çok kolaydı ve şimdi bu imkânsız alandayız. Neler oluyor?" deriz. Kendimizi içinde bulduğumuz imkânsız alanı iptal etmek için eğer bunu daha önceden kabullenseydik, belki de oraya gitmek durumda olmadığımızın farkına varmak yerine kendimizi daha fazla kesmeye, eksiltmeye çalışırdık.

Farkındalığı Seçmek

Gary:
Farkındalığı seçmektense, farkındalığınızı kesmeyi seçersiniz.

Farkındalığı seçmektense sözüm ona farkındalığı kesmek seçim için daha büyük bir kaynaktır düşüncesiyle farkındalığınızı kesmeyi seçtiğiniz her yeri yıkıp yaratımlarını tümüyle iptal eder misiniz? Right and Wrong, Good and Bad, POD and POC, All Nine, Shorts, Boys and Beyonds.

Bölüm: Gerçekten Ne Arzuluyorsunuz?

Sözüm ona farkındalığı kesmek seçim için daha büyük bir kaynaktır düşüncesiyle farkındalığınızı kesmeyi seçtiğiniz her yeri yıkıp yaratımlarını tümüyle iptal eder misiniz? Right and Wrong, Good and Bad, POD and POC, All Nine, Shorts, Boys and Beyonds.

Kadınları akıl sır ermez yaparsınız. Kaçınız kadınları çözemeyeceğiniz bir tür akıl sır ermeyen bir şey gibi görme eğiliminde olduğunuzun farkına vardı? Sormuyorsunuz:

- Bu kadınla ilgili neyi çözebilirim?
- Neyin farkında olabilirim?
- Neyi bilebilirim?

Seçtiğiniz akıl sır ermez kadına, sekse, cinsel birleşmeye ve ilişkilere karşı tümüyle savunma yapmak için hangi aptallığı kullanıyorsunuz? Bununla ilgili var olan her şeyi godzilyon kez yıkıp yaratımlarını tümüyle iptal eder misiniz? Right and Wrong, Good and Bad, POD and POC, All Nine, Shorts, Boys and Beyonds.

Bütün hayatınızı kadınlarla nasıl başa çıkacağınızı çözmeye çalışmak için harcarsınız, ama kavramış, yeteri kadar derine inmiş, ne olduğunu çözmüş gibi görünmüyorsunuz. Bu akıl sır ermeyen, kavrayamayacağınız bir yer haline gelir. Ne hakkında konuştuklarını anlamak ya da bulmak için yeteri kadar derine inemezsiniz.

Seçtiğiniz akıl sır ermez kadına, sekse, cinsel birleşmeye ve ilişkilere karşı tümüyle savunma yapmak için hangi aptallığı kullanıyorsunuz? Bununla ilgili var olan her şeyi godzilyon kez yıkıp yaratımlarını tümüyle iptal eder misiniz? Right and Wrong, Good and Bad, POD and POC, All Nine, Shorts, Boys and Beyonds.

Bu bir sonsuz savunmadır. Her şeye karşı savunma yapmaktan başka seçeneğiniz yoktur.

Dain:
Gary, Prosesi ilk yaptığında, "... karşı savunma" dedin ve bir sonraki

yaptığında "... için savunma" dedin. Her ikisini de yapıyor muyuz? Onu savunmak ve ona karşı savunmak öyle mi?

Gary:
Evet, öyle görünüyor.

Seçtiğiniz akıl sır ermez kadın, seks, cinsel birleşme ve ilişkiler lehinde ve aleyhinde tümüyle savunma yapmak için hangi aptallığı kullanıyorsunuz? Bununla ilgili var olan her şeyi godzilyon kez yıkıp yaratımlarını tümüyle iptal eder misiniz? Right and Wrong, Good and Bad, POD and POC, All Nine, Shorts, Boys and Beyonds.

Seminer Katılımcısı:
Tarafsız bir bölgede bitirdin.

Gary:
Yani, çoğu zaman büyük ölçüde içinde olduğunu hissettiğin yer orası değil mi? Neler ve neden olup bittiği hakkında hiçbir ipucunun olmadığı bir tür tarafsız bölge içinde değil mi?

Seminer Katılımcısı:
Kesinlikle.

Onu Arzulamak Zorundasınız

Gary:
Bütün durum kısaca budur. Neyin ve neden ortaya çıktığı hakkında hiçbir fikriniz yoktur. Her nasılsa bütün bildiğiniz, bir şeylerin doğru olmadığıdır. Ve genelde doğru olmayan şey sizsiniz. Ve doğru olmadığınızı, sizde bir sorun olduğunu belirlediğiniz ve karar verdiğiniz için, sürekli olarak kendi yanlışlığınızı arar durumda olmak zorunda kalırsınız. Olduğunuz seçim ve farkındalığa bakmazsınız. Kendinizi değerli ürün olarak görmezsiniz.

Eğer isterseniz, farkındalığınız size bir ilişki yaratabilir. farkındalığınız arzuladığınız her şeyi yaratır, ama mutlaka arzulamalısınız. Soru şudur: Gerçekten neyi arzuluyorsunuz? Bir süre önce bir adamla konuşuyordum ve bana "Yani, aslında çocuk istemiyorum, ama hani belki..." dedi. Bunların hepsi bir fantezi ve bla, bla, bla...

Ona "Ne var biliyor musun? Burada bir seçeneğin yok. Gerçek, gerçekten bir ilişki istiyor musun?" dedim.

"Ağır hissettirdi" dedi.

"Fantezi bir ilişki mi istiyorsun?" diye sordum.

"Evet, istiyorum" dedi.

"Tamam, yaratabilir misin?" diye sordum.

"Hayır, bu iyi olmazdı" dedi.

Ben de " Nereden biliyorsun? Henüz yaratmadın?" diye sordum. Herhangi biriniz mümkün olduğunu düşündüğünüz bir fantezi ilişkiyi hiç başarabildiniz mi?

Seminer Katılımcısı:
Hayır

Gary:
Doğru. Bunu farkındalıktan yapmaya çalışmazsınız. Bunu akıl sır ermez ilişki, seks, cinsel birleşme, erkekler ve kadınlardan yapmaya çalışırsınız.

Seçtiğiniz akıl sır ermez erkekler, kadınlar, seks, cinsel birleşme ve ilişkiler lehinde ve aleyhinde sonsuz savunma yaratmak için hangi aptallığı kullanıyorsunuz? Bununla ilgili var olan her şeyi godzilyon kez yıkıp yaratımlarını tümüyle iptal eder misiniz? Right and Wrong, Good and Bad, POD and POC, All Nine, Shorts, Boys and Beyonds.

Seminer Katılımcısı:
Bu durum bu realitenin temelini savunmaya benziyor.

KendiDoğruluğunuz için Kendinizi Yanlış mı Kılıyorsunuz?

Gary:
Evet, bu realitede ilişki, seks ve cinsel birleşmenin temelidir. Sizi bu realiteye dayalı bir ilişki yerine yaratmayı istediğiniz türde bir ilişkiye bakmaya başlayacağınız yere getirmek istiyorum.

Seminer Katılımcısı:
Yirmili yaşların başındayken partide bir kızla tanıştım ve arkadaşı bana "Sadece onu becermek istiyorsun" dedi. "Evet, ne yani?" dediğimi çok net hatırlıyorum. Ondan sonra gerçekten ne olduğum konusunda kendimi yanlış kıldım.

Gary:
Bir bakalım, bu yaklaşık on beş yıl önceydi. İyi haber, gerçekte senin için olanlar erken yılların için doğruyken, on beş yıldır kendini hatalı kıldın.

Gerçekten olduğunuz cinsel ilişki üstadı, seksi fahişeye karşı savunma yapmak için hangi aptallığı kullanmayı seçiyorsunuz? Bununla ilgili var olan her şeyi godzilyon kez yıkıp yaratımlarını tümüyle iptal eder misiniz? Right and Wrong, Good and Bad, POD and POC, All Nine, Shorts, Boys and Beyonds.

Gerçekten istediğiniz şeyin biriyle yatmak olduğunun farkında olmamak için farkındalığınızın ne kadarını kesmek zorundasınız? Kendinizi yanlış kılıyorsunuz ve sonra bütün zamanınızı istediğinizin gerçekten bu olmadığını kanıtlamak için harcıyorsunuz, böylece diğer insanlar aslında gerçekten istediğiniz o iken, onu gerçekten istemediğinizi düşünecekler. Ama diğer insanlarda psişiktir, onun için sizin onu gerçekten istediğinizi bilirler. Gerçekten istediğiniz şeyi gerçekten istemediğinizi kanıtlamak için onlara yalan söylemek ve kendinize iki misli yalan söylemek zorundasınız, çünkü bu çok kötü ve üzücü olurdu.

Bununla ilgili var olan her şeyi godzilyon kez yıkıp yaratımlarını tümüyle iptal eder misiniz? Right and Wrong, Good and Bad,

Bölüm: Gerçekten Ne Arzuluyorsunuz?

POD and POC, All Nine, Shorts, Boys and Beyonds.

Gerçekten olduğunuz cinsel ilişki üstadı, seksi fahişeye karşı sonsuz savunma yapmak için hangi aptallığı kullanmayı seçiyorsunuz? Bununla ilgili var olan her şeyi godzilyon kez yıkıp yaratımlarını tümüyle iptal eder misiniz? Right and Wrong, Good and Bad, POD and POC, All Nine, Shorts, Boys and Beyonds.

Seçtiğiniz akıl sır ermez erkek, kadın, seks, cinsel birleşme ve ilişki lehinde ve aleyhinde karşı sonsuz savunma yaratmak için hangi aptallığı kullanıyorsunuz? Bununla ilgili var olan her şeyi godzilyon kez yıkıp yaratımlarını tümüyle iptal eder misiniz? Right and Wrong, Good and Bad, POD and POC, All Nine, Shorts, Boys and Beyonds.

Seminer Katılımcısı:
Gerçekten kim olduğumuzdan daha gerçek olarak icat ettiğimiz saçmalıkların ötesine geçtiğimiz yere katkı oluşturmak ve yaratmak için ne gerekir?

Gary:
Bütün bu telekonferans dizisi işte bununla ilgilidir.

Bir Kadınla İdeal İlişki

Seminer Katılımcısı:
Bir kadınla birlikte olacak ideal bir ilişkiyi tarif edebilir misin?

Gary:
Evet. O ülkenin öbür ucunda yaşar. Birbirinizi üç günlüğüne ziyaret edersiniz. Şaka yapıyorum.

İdeal olacak bir ilişki yaratmak için çalışmaya devam edersiniz. Eğer ilişkiyi ideal ilişki bakış açısıyla oluşturursanız, önünüzdeki kişiye mi bakıyorsunuz? Yoksa onun kim olmasını istediğinize mi, olması gerektiğini düşündüğünüze mi ve kim olabileceğini düşündüğünüze mi bakıyorsunuz?

Seçtiğiniz ilişkinin ütopik ideali lehinde ve aleyhinde savunma yaratmak için hangi aptallığı kullanıyorsunuz? Bununla ilgili var olan her şeyi godzilyon kez yıkıp yaratımlarını tümüyle iptal eder misiniz? Right and Wrong, Good and Bad, POD and POC, All Nine, Shorts, Boys and Beyonds.

Bir kadınla en iyi ilişki birlikte yaşayabileceğiniz ve her ikinizin de diğerine olduğu kişi olmaya izin verdiği yerde olur. Yargınız olmaz, her ikinizde yaşadığınız seksten, ister çok ister az olsun, zevk alırsınız ve her anı birlikte geçirmek zorunda kalmazsınız.

Birlikte Zaman Harcamak

Hepinizin ihtiyacı olan şeylerden biri bir kadınla ne kadar süreyi birlikte geçirmek istediğinizi gözden geçirmektir. Ben şahsen bir, bir buçuk saat kadar konuşmaktan hoşlanırım ve ondan sonra, onunla seks yapmak isterim.

Hayatınızın yüzde kaçını bir kadınla birlikte geçirmek isterdiniz? On? Yirmi? Otuz? Kırk? Ya da kaç?

Seminer Katılımcısı:
On.

Gary:
Tamam, öyleyse sen onunla günde iki buçuk saat geçirmek istiyorsun.

Seminer Katılımcısı:
Evet.

Gary:
Günde iki buçuk saat muhtemelen iyi bir yüzdedir. Bundan daha fazlası olursa, büyük ihtimalle sıkılırsınız.

Seminer Katılımcısı:
Görünen o ki kadınlar, benim onlarla vakit geçirmek istediğimden daha fazla benimle vakit geçirmek istiyorlar.

Bölüm: Gerçekten Ne Arzuluyorsunuz?

Gary:
Evet, çünkü hiçbir zaman orada olmayı taahhüt etmedin hatta zamanının yüzde onunu onlarla birlikte geçirsen bile. Ve göz korkutucu olmaya da istekli değilsin. Onlara gözdağı vermek için tümüyle yetersiz hareket etme eğilimindesin. Ya onlardan seninle daha fazla zaman geçirmelerini talep etseydin?

Seminer Katılımcısı:
Bu gözdağı verme olur muydu?

Gary:
Evet, çünkü eğer erkekler kadınlardan onlarla daha fazla zaman geçirmelerini talep ederlerse, tahmin edin o ne yapmak isteyecek? Çekip gitmek isteyecek. Eğer bir kızın çekip gitmesini istiyorsanız, onunla daha fazla zaman geçirmeyi talep ediniz.

Seminer Katılımcısı:
Bunu nasıl yaparız bir örnek verebilir misin? Bu enerjetik bir şey mi? Söylediğim şey mi?

Gary:
Onun enerjisiyle başlamak zorundasınız. Ona bakmak ve "Ne var biliyor musun? Birlikte yeterli zaman geçirdiğimizi sanmıyorum" demek durumundasınız.

Ondan uzak olduğunuz zaman, onu arayın ve onu ne kadar özlediğinizi söyleyin. Bunu yapmaya devam ederseniz, aniden müsait olmamak için nedenler bulmaya başlayacaktır. Eğer telefonlara cevap vermeyi durdurursa, nihayet kontrolü elinize aldığınızı anlarsınız. Kaçınız size bunu yapan kadınlarla beraber oldu? Sizi o kadar sık, o kadar fazla ararlar ki telefonunuza cevap vermek bile istemezsiniz.

Seminer Katılımcısı:
Evet.

Gary:
Öyleyse neden onlara bunu yapmıyorsunuz? Sizin sakin, iyi

ve sessiz olmanız yerine onların sessiz ve iyi ve sakin olmaları konusunda onlardan talepkar olmaya direnç gösteriyorsunuz.

Seminer Katılımcısı:
Evet, kutsal moly!

Gary:
Bir kadının size alan bırakmasını mı istiyorsunuz? Çoğu erkeğin bir ilişkide istedikleri diğer bir şey de budur, onlara alan verecek birisi. Kaçınız bir erkek olarak yalnız kaldığınız zamandan hoşlandığınızın farkına vardınız?

Seminer Katılımcısı:
Evet.

Gary:
Erkekler atıl zaman talep ederler. Bu sizin işleme zamanınızdır. Bu bütün gün boyunca topladığınız bütün her şeye dikkatinizi verdiğinizde ve bütün bunlarla ne yapmak istediğinizin farkındalığına ya da sonucuna vardığınız zamandır.

Bunun ortaya çıkmasına izin vermeyen her şeyi godzilyon kez yıkıp yaratımlarını tümüyle iptal eder misiniz? Right and Wrong, Good and Bad, POD and POC, All Nine, Shorts, Boys and Beyonds.

Erkeklere sevdiklerini veya ilgi duyduklarını işaret edecek şeyler yapmak zorunda oldukları öğretilmiştir. Eşit ilgi göstermeye inanmak üzere eğitilmişlerdir. Onun için topladıkları bütün o şeylerle başa çıkmak ve "Bütün bu şeylerle ne yapıyorum?" diye sorarlar ta ki "Oh! Ne yapmam gerektiğini gördüm" deyinceye kadar. Onların ne "yapmaları gerektiğinin" farkındalığına gelmelerinin yöntemi budur. Ama aslında bu bir farkındalık değildir – bu bir sonuçlandırmadır ki bu onlara farkındalığın verdiği özgürlüğü vermez.

Kadınlar bir şey hakkında gün boyu konuşabilirler ve hiçbir zaman sonuca varmak zorunda olmazlar. Bir erkek sonuca varıncaya ve neyi yapması gerektiğini belirleyene kadar bir şey işlemek durumundadır. Bu hayatla farklı bir yöntemle başa çıkmaktır.

Benim için En Önemli Şey Nedir?

Seminer Katılımcısı:
Hayatımızı yaratmak hakkında daha fazla konuşur musun?

Gary:
Yani, gözden geçirmeniz gereken bir şey şudur: Hayatım olarak neden hoşlanırdım? Şunlara benzer sorular sormak zorundasınız:

- Beş yıl içerisinde hayatım neye benzer olmasını isterdim?
- Seyahat etmek istiyor muyum?
- Ne kadar para oluşturmak istiyorum?
- Benim için en önemli olan şey nedir?

Oraya ilişkinin dâhil edilip edilmediğini görün. Hayatlarına devam etmekte olan çoğu erkeğin, daha sonra hayatlarına bir ilişki eklemeye kara verdiklerini buldum ki bu onların hayatlarının yarısını ortadan kaldırır. Ya bir ilişki hayatınızın yedeği değil de, hayatınıza bir ilaveyse?

İlişkiyi hayatın ve yaşamın yedeği yaptığınız her yeri yıkıp yaratımlarını tümüyle iptal eder misiniz? Right and Wrong, Good and Bad, POD and POC, All Nine, Shorts, Boys and Beyonds.

Seminer Katılımcısı:
Görünen o ki kendime "Ne isterim?" sorusuyla ilgili taahhütte bulunmak zorundayım.

Gary:
Evet, gerçekten bir ilişki isteyip istemediğinizi gözden geçirmek ve ondan sonra ne istediğinizle ilgili bir taahhüt vermek durumundasınız. Çoğunuz varsayılan dan hareketle ilişkiye girersiniz. Bunu fark ediyor musunuz?

Seminer Katılımcısı:
Evet.

Bir Liste Yapın: Bir Partnerde Ne İsterdim?

"Bir partnerde ne isterdim?" diye sormak zorundasınız. Bir ilişkiden ne istediğiniz konusunda netlik sağlamanız gerekir. Sorun şu ki siz bunu sormuyorsunuz. Birisine bakıyor ve "Oh, Ondan hoşlandım" diyorsunuz. Hiçbir zaman "Benden hoşlanır mı? Erkeklerden hoşlanır mı?" diye sormuyorsunuz. Ondan hoşlanmanız nedeniyle, sizden ve erkeklerden hoşlanacağını ve her şeyin mükemmel olacağını varsayıyorsunuz.

Ne arzuladığınızı bulup ortaya çıkartınız. Birbirinizle olan etkileşiminizin nasıl olmasını isterdiniz? Onunla etkileşimde olmak neye benzerdi? Onunla birlikte ne yaratmak istiyorsunuz? İyi bir espri anlayışı olan birisini mi istiyorsunuz? Onunla iyi bir sohbet edeceğiniz birisini mi istiyorsunuz?

Bu arada, sohbet etmekle, iletişim arasında büyük fark vardır. "Kirli ayaklarını koltuğun üzerinde çek" iletişimdir. Dürüst bir iletişimdir; iyi bir iletişimdir, ama sohbet değildir. Onunla birlikte ne yaratmak istediğinizi bulup ortaya çıkarın. Bir partnerde nelerin olmasını istiyorsunuz bir listesini yapın.

Ayrıca bir tane "Sahip Olmak İstemiyorum" Listesine İhtiyacınız Var.

Eski eşimle birlikte olmada önce, Birlikte ilişkide olduğum bir kadında istediğim bütün şeylerin bir listesini yaptım. Eski eşim onları hepsine sahipti. Yapmadığım şey o kişide olmasını istemediğim şeylerin bir listesiydi. Böylece istediğim her şeyi elde etmiştim ve aynı zamanda istemediğim her şeyi de elde etmiştim.

Seminer Katılımcısı:
"İstemiyorum" listesi ne kadar özel olmak zorunda? Bu bir kısıtlama yaratmak olmuyor mu?

Gary:
Bu kısıtlamayla ilgili değildir. Ona bakmak durumundasınız ve "Her zaman şikâyet edecek olan bir kadına sahip olmak istemiyorum"

veya "Her zaman tartışan bir kadın istemiyorum" demelisiniz. Herhangi biriniz en son seçtiğiniz kadına benzeyen bir kadın seçtiğinizi fark etti mi? Sanki aynı kadın farklı bedendeymiş gibi değil mi?

Seminer Katılımcısı:
Evet.

Gary:
Sizler tekrar ve tekrar aynı kadını seçiyorsunuz ve farklı bir netice çıkmasını bekliyorsunuz. Değiştirebileceğiniz tek kişi kimdir?

Seminer Katılımcısı:
Kendim.

Seçtiğiniz Kadınları Yaratmak için Hangi Aptallığı Kullanıyorsunuz?

Gary:
Kendi perspektifinizi değiştirmek durumundasınız. Başka birisininkini değiştiremezsiniz. Perspektifinizi bir gözden geçirin. "Aynı kadını tekrar ve tekrar seçtim bundan istediğimi hiçbir şeyi elde edemedim. Bunu neden yapıyordum?" Eğer bir nehri yüzerek geçecekseniz ve her seferinde aynı sayıda, aynı şekilde kulaç atmayı seçerseniz, nehirde farklı bir yere mi ulaşırsınız? Hayır. Daha önce ulaştığınız aynı yere ulaşacaksınız. Onun için sorun: Seçtiğim kadınları yaratmak için hangi aptallığı kullanıyorum?

Seminer Katılımcısı:
Ben bunu yapacağım.

Seminer Katılımcısı:
Geçen ay Dain'in ESB seminerine canlı yayın vasıtasıyla katıldım. Fiziksel olarak orada olmasam da, seminerdeki bazı kadınları yargıladığımı keşfettim. Soruları soruş biçimlerine dayanamadım. Bana öyle geldi ki sadece Dain'in dikkatini çekmek istiyorlardı.

Gary:
Tabi! Dain seminerin lideri. Dikkatini çekmek isteyecekler. Yani ne var bunda?

Farkındalığınızla ilgili kabul etmeye istekli olmadığınız her şeyi yıkıp yaratımlarını tümüyle iptal eder misiniz? Right and Wrong, Good and Bad, POD and POC, All Nine, Shorts, Boys and Beyonds.

Seminer Katılımcısı:
Dain'in onlara tümüyle serinkanlı kaldığını fark ettim. Ne söylerlerse söylesinler veya ne sorarlarsa sorsunlar onları yargılama olmadan alıp kabul etti. Ben öyle nasıl olabilirim? Bütün kızları ve kadınları oldukları gibi nasıl alıp kabul edebilirim? Yapabileceğimiz temizlemelervar mı böylece bizde aynı şeyi yapabilelim?

Gary:
Seçtiğim kadınları yaratmak için hangi aptallığı kullanıyorum? Bununla ilgili var olan her şeyi godzilyon kez yıkıp yaratımlarını tümüyle iptal eder misiniz? Right and Wrong, Good and Bad, POD and POC, All Nine, Shorts, Boys and Beyonds.

Bunu kullanmaya devam edin.

Bir Kadına Gereksinim Duymamak

Seminer Katılımcısı:
Geçmişte, sizin gereksizlik hakkında konuştuğunuzu duydum. Kızlar, kadınlar, seks, ilişki ve cinsel birleşme söz konusu olduğunda gereksiz olma hakkında biraz daha fazla konuşabilir misiniz? Bu benim için büyük bir şey. Eğer ihtiyacım olduğunu düşündüğüm bütün bu şeyler olmasaydı, kendi gerçek değerime sahip olabilirdim.

Gary:
O her ne ise, gereksizliğinden ne kadar fazla hareket ederseniz, sahip olduğunuz seçenekleri aslında seçmek zorunda olduğunuzu o kadar fazla fark etmeye başlarsınız. Geçenlerde Dain'e sordum,

Bölüm: Gerçekten Ne Arzuluyorsunuz?

"Bu kadınların seni istediğini anladın mı?" ve o bana "Hayır, anlamadım" dedi.

Ona "Evet, onları istediğini düşünmeye devam ediyorsun, ama gerçekte onlar seni istiyorlar" dedim.

Bir kadına gereksinim duymayan kişi olduğunuz zaman, o sizi her zaman isteyecektir. Ne kadar fazla gereksinim duymazsanız, o sizi o kadar fazla isteyecektir. Gereksinim duyulmaya ihtiyacınız vardır, çünkü size bir kadın için, onu sevdiğinizi kanıtlamak üzere bazı şeyleri düzeltmek ve yapmak gereksininiz olduğu öğretildi. Siz sevgi elde etme veya sevgi verme gereksinimi olmayan kişi olmaktansa sevgi kanıtlamaya çalışıyorsunuz.

Seminer Katılımcısı:
Evet.

Gary:
Seçebileceğiniz gereksizliğe karşı savunma yapmak için hangi aptallığı kullanıyorsunuz? Bununla ilgili var olan her şeyi godzilyon kez yıkıp yaratımlarını tümüyle iptal eder misiniz? Right and Wrong, Good and Bad, POD and POC, All Nine, Shorts, Boys and Beyonds.

Seminer Katılımcısı:
Bir ilişki aramaya başladığım ilk zamanlarda, bunun benimle bir alakası yoktu. Bu, değerli bir ürün olmak için bir ilişkiye gereksinim duymaktı. Bize ihtiyacımız olduğu söylenen bütün o şeyler vardı.

Gary:
Bir ilişkiye neden ihtiyaç/gereksinim duyarsınız? Bir şeyleri kanıtlamak için bir ilişkiye ihtiyaç duyarsınız. Eşcinsel olmadığınızı kanıtlamak için bir ilişkiye gereksininiz vardır. Bir değeriniz olduğunu kanıtlamak için bir ilişkiye gereksininiz vardır. Bir ilişkiye gereksininiz vardır. Bunların herhangi biri doğru mu?

Seminer Katılımcısı:
Hayır, ayrıca bu her şeyle aynıdır. Biz gereksinim alanı içine giriyoruz. "Çocuk sahibi olmaya ihtiyacım var. Evlenme

gereksinimim var. Bu kadar çok paraya gereksinimim var."

Gary:
Bu bir seçimi tamamladığınız alandır.

Hayatınızın ne kadarını olmadığınız bir şey olma gereksinimine dayanarak seçimin tamamlanması olarak bitirdiniz? Bununla ilgili var olan her şeyi godzilyon kez yıkıp yaratımlarını tümüyle iptal eder misiniz? Right and Wrong, Good and Bad, POD and POC, All Nine, Shorts, Boys and Beyonds.

"Yaratmayı Durdurdum"

Seminer Katılımcısı:
Şu anda sanki yaratımı durdurduğum bir yerde olduğumu hissediyorum. Bunu atlatmakta yardımcı olabilir misin?

Gary:
Yaratımı, tüm yaratımları başka birisi yapıyor diye mi durdurdun?

Seminer Katılımcısı:
Hmm. Evet.

Gary:
Senin yaratmaya gereksinimin olmadığı nedeniyle mi durdurdun? Ayrıca gerek yoku,gereksiz olarak yanlış tanımlayıp, yanlış mı uyguladın?

Seminer Katılımcısı:
Evet. Gerek yok,gereksiz olarak yanlış tanımladım.

Gary:
Bununla ilgili var olan her şeyi godzilyon kez yıkıp yaratımlarını tümüyle iptal eder misiniz? Right and Wrong, Good and Bad, POD and POC, All Nine, Shorts, Boys and Beyonds.

Seminer Katılımcısı:
Vay canına.

Seminer Katılımcısı:

Bölüm: Gerçekten Ne Arzuluyorsunuz?

Bu soruyu sorduğun için teşekkür ederim. Bu bana böylece yapacak bir şeylerim olması için yarattığım karmaşıklığı gösterdi. Ve şimdi yaratmıyorum.

Gary:
Senin problemin, seçimi hayatının yaratımı olarak yaratmak yerine gereksinimi seçimin kaynağı olarak yaratmak.

Seminer Katılımcısı:
Evet.

Gary:
Seçimler vasıtasıyla yaratımın hangi fiziksel gerçekleştirmesini şimdi artık oluşturmaya, yaratmaya, başlatmaya ve sürdürmeye muktedirsiniz? Bunun ortaya çıkmasına izin vermeyen her şeyi godzilyon kez yıkıp yaratımlarını tümüyle iptal eder misiniz? Right and Wrong, Good and Bad, POD and POC, All Nine, Shorts, Boys and Beyonds.

Sesinizden Feragat Etmek

Seminer Katılımcısı:
Sizin için Doğru Ses eğitimci eğitiminde, erkeklerin seslerinden feragat ettiklerinden bahsettin.

Gary:
Evet. Dünyadaki çoğu erkek, sert, sessiz bir tip olmanın önemli olduğunu düşünürler. Böylece sert ve sessiz olabilmek için dünyada sesinizin ne kadarından feragat ettiniz? Çok mu, çok az mı yoksa megatonlarca mı?

Seminer Katılımcısı:
Megatonlarca.

Gary:
Right and Wrong, Good and Bad, POD and POC, All Nine, Shorts, Boys and Beyonds.

Sesinizden kadınlarla ilgili olarak feragat edersiniz çünkü

onlarla bir tartışmaya girmek istemezsiniz. Eğer bir tartışmaya girerseniz, bırakıp gideceklerini düşünürsünüz. Kadınların tuhaf karakteristikleri vardır. Her şeyi tartışmak isterler ve sonuca varmazlar. Siz, bir erkek olarak, her zaman söylediğiniz ya da yaptığınız her şeyde sonuca varmaya çalışırsınız. O nedenle sizin için tartışma neticeye varmaktır. Kadın içinse bu, "Sadece tartışıyoruz ve sen yanlışsın" demektir.

Bununla ilgili var olan her şeyi godzilyon kez yıkıp yaratımlarını tümüyle iptal eder misiniz? Right and Wrong, Good and Bad, POD and POC, All Nine, Shorts, Boys and Beyonds.

Seminer Katılımcısı:
Sonuçlandırma hangi eylemi yapacağını çözmeye çalışmak mı?

Gary:
Sadece en başta yanlış olduğunuz sonuçlandırmasına dayalı hangi eylemi yapacağınızı çözmek zorundasınız. (İlişkide hiçbir zaman yanlış yapmadığınızı değil!) Erkeklerin seslerinden feragat ettikleri yer burasıdır.

Sesinizden feragat etmenin doğruluğunu savunmak için hangi aptallığı kullanmayı seçiyorsunuz? Bununla ilgili var olan her şeyi godzilyon kez yıkıp yaratımlarını tümüyle iptal eder misiniz? Right and Wrong, Good and Bad, POD and POC, All Nine, Shorts, Boys and Beyonds.

Yani, kötü haber beyler, henüz bitirmedik. İyi haber dışarı çıkıp pratik yapmak durumundasınız. Unutmayınız, içeri yumuşakça kaydırınız. Bu sizi bir centilmen yapar.

Seminer Katılımcısı:
Bunu sevdim. Şimdi artık centilmen olmanın ne olduğuyla ilgili bir tanımımız var.

Dain:
Nihayet!

Seminer Katılımcısı:
Muhteşemsin Gary. Teşekkür ederim.

Bölüm: Yatakta İyi Olmak

Bir kadın nasıl kurtarılır hakkında öğrenebildiğim her şeyi öğrenmenin iyi olacağına karar verdim, böylece ne yaparsam yapayım tatmin olurdu.

Gary:
Merhaba centilmenler. Hadi bir soruyla başlayalım.

Seminer Katılımcısı:
Access Consciousness Level One el kitabı yatakta iyi olmak iyi bir ilişkinin üç ögesinden biridir diyor. Bunun hakkında konuşabilir misin? "Yatakta iyi olmak" la ne demek istiyorsun? Yatakta nasıl iyi olunur, bunun bir ölçütü var mı?

Kadının Bedeninde Elektrik Çarpması gibi bir Tepki Yaratın

Gary:
Evet, birkaç ölçüt vardır. Hadi insanların ciltlerinin elektrik çarpması benzeri tepkilerine göz atarak başlayalım. Dokunuş biçiminizle ilgili olarak diğer kişide bir etki yaratır. Gömleğinizin kolunu sıvayın, diğer elinizi sıvadığınız kolunuzun yaklaşık bir santim üzerinden götürün ve enerji çekin. Kolunuzdaki tüylerin elinizle buluşmak için yukarı doğru kalktığını hissedeceksiniz. Eğer bunu seks yaptığınız kişi üzerinde kullanırsanız, sizi diğer sevgililerinden çok daha farklı biçimde göreceklerdir ve daha fazla uyarılacaklardır. Birisinin bedeninde yaratabileceğiniz elektrik çarpması etkisi, sizi yatakta iyi olmanızı oluşturan şeylerin parçasıdır. Bu aynı zamanda partnerinizin bedenini orgazma davet eder ki bu da ayrıca sizi yatakta iyi kılar. "Bu kişiyle seks yapmak için ne kadar zaman geçirmeye istekliyim?" diye sormak durumundasınız.

Yavaş Olun

Çoğumuza işi hızla bitirmemiz öğretildi. Cinsel boşalmayı bazı resimlere bakmak ve organınıza işi çabucak bitirmek için yapabildiğiniz kadar sert vurarak yapmayı öğrendiniz, çünkü birisi kapıyı vuracak, içeri girecek ve sizi her an yakalayabilecektir. Bu bakış açısını aşmak zorundasınız. Bu yavaş olmayı öğrenmekle ilgilidir.

Kadın Bedeninin Bölümleri Hakkında Bilgi Edinin

Diğer bir şey kadın bedeninin bölümleri hakkında bir şeyler öğrenmeniz lazım geldiğidir. Klitoris kadın bedeninin en hassas parçasıdır. Klitoris üzerinde haşin davranmayın. Dilinizle en hafif kelebek dokunuşu kullanınız ve bu şekilde olasılıkla klitorisin, kolunuzda elinize ulaşıp tutmaya çalışan tüy gibi olmaya davetiye oluşturabilirsiniz.

Klitorise bu denli hafifçe dokunmak kadının bedeninde bir karıncalanma oluşturur ama aynı zamanda sizin ve onu karıncalanmasını sağlayanın farkındalığını da oluşturur. Klitoris sizinle buluşmak için dikilmeye başlayıncaya kadar bekleyin. Kenarlarını yalayarak aşağı inin ve dilinizi vajinanın içine sokun. Ve sonra klitorise çok hafifçe dokunmaya geri dönün. Eğer dilinizi kadın klitorisi üzerinde kelebek gibi kullanırsanız, genelde onu beş ila yedi dakika arasında orgazma götürebilirsiniz. Eğer siz daha içine girmeden iki veya üç orgazm yaşarsa, sizin yatakta şimdiye kadar ki en iyi şey olduğunuzu düşünecektir. Onun için bu tekniği kullanın.

Ne Şekilde Dokunma dan Hoşlanabilir?

Ve sorun: Bu kişi ne şekilde dokunma dan hoşlanabilir? Onda elektrik çarpması benzeri tepkiyi yaratacak olan nedir? Nasıl kaldıracağınıza, nasıl seks yapacağınıza ve saç modelinizi bozmadan nasıl gireceğinize göz atmak yerine bunları yaptığınızda, onun işlevsel olduğu alanı ve işleri nasıl yapabildiğini kavramaya başlarsınız. Farklı bir bakış açınız olması lazımdır. Olmasını istediğiniz veya olmasını istemediğiniz değil ne olabilirdi olasılıklarına bakmanız lazım gelir. Bu gerçekten önemlidir.

Azalan Libido

Seminer Katılımcısı:
Azalan libido gibi veya erken boşalma gibi cinsel fonksiyon bozuklukları yaşayan erkeklere yardımcı olacak herhangi bir şey biliyor musun?

Gary:
Sizinle seks yapmayı arzulayan birisiyle seks yapmayı seçmediğiniz için azalan libidoya sahip olursunuz. Libidoyu oluşturan şey bedenimiz değil, beynimizdir. Beyninizi uyarmak için ne yapıyorsunuz? Çoğu erkek, beyni uyarmanın porno seyretmek veya onları tahrik edecek ve daha fazla seks istemelerini sağlayacak bir şey demek olduğunu düşünür. Hayır. Bedenin sizin için tahrik unsuru olacak kısımlarını gözden geçirin. Bazı kadınların sırtlarında harika kıvrımları olur ve bu bazı erkeklerde de vardır. Bir kadının poposunun nasıl hareket ettiğini ve nasıl çalıştığını fark edin. O bedenle sevişirken ortaya çıkabileceklerle ilgili sizde bir olasılıklarsezgisi canlandıracak şeyler işte bunlardır.

Bedenin size en fazla heyecan veren bölümü hangisidir? Çoğu erkek göğüslerin ve vajinanın cinsel arzunun genel toplamı olduğuna inanmak üzere eğitilmiştir. Ben şahsen buna inanmıyorum. Bir kadının yürüyüş biçiminin yatakta iyi olup olmadığının büyük bir işareti olduğunu keşfettim. Kadının o kalçaları hareket ettirme yeteneğine sahip olması gerekir. Kadının onları yatakta sizinle birlikteyken hareket ettirme yeteneğine sahip olması gerekir.

Ve bu arada beyler, sizin de ona benzer şekilde yürümeniz gerekir. Kalçalarınızı mümkün olan her yöne doğru hareket ettirebileceğinizi bilmeniz gerekir. İyi bir fiziğe sahip olmanın amacı bu sayede daha iyi seks yapabilmektir. Çıkın ve aynada nasıl göründüğünüz için değil, daha muazzam bir düzüşme için fiziğinizi oluşturun. Sizler aynada nasıl göründüğünüze odaklanma eğilimindesiniz ve bu sadece diğer erkeklere onlarla rekabet içinde olmadığınız ya da olduğunuz konusunda düşünmeleri için ilham verir. Bunun en iyi seçiminiz olması gerekmez. İnsanların kalçalarını nasıl hareket ettirdiklerini fark edin. Bu belki de eşcinsel erkekler için doğru olmayabilir. O birisinin nasıl yediğini görmek isteyebilir, çünkü bu onu iyi yiyip yemeyeceklerini gösterecek en önemli belirtidir.

Eğer libidonuz azaldıysa, Viagra gibi şeyler kullanabilirsiniz. Ayrıca Çinlilerin yıllardır büyük ve daha uzun süre ereksiyonlar yaratmak için kullandıkları farklı türlerde doğal maddeler vardır. Sadece bedeninize uygun olan bir tanesini bulmanız gerekir. Bedeninize sorun:

► Bu senin için iyi olacak mı?

► Bunu sevecek misin?

► Bu senin nasıl işine yarayacak?

Bu, "Oh Tanrım, bu penisimi sertleştirecek" anlamında değildir. Bu bir bakış açısı değildir. Her şeyden önce, sertleşmek ayrı bir şeydir; yatakta dinamik bir kapasite yaratmak tümüyle farklı bir evrendir. Şöyle sormak zorundasınız: Bu kişinin bedeninde uyarma nasıl yaratacağım? Birisiyle seks yaparken diğer kişinin bedeninin, o bedene yapacağınız şeylerin hislerini, bedeninizde bunu aynen hissediyorken, algılayabilecek kadar mevcut olacağınız noktaya ulaşmanız lazımdır. Böylece her yöne ulaşabilirsiniz. Libidonuz için yapabileceğiniz en harika uyarma bu olacaktır.

Seminer Katılımcısı:
Bunun için bir temizleme var mı Gary?

Gary:
Kısıtlı cinsel kapasitelerinizde değişiklik yapacak elektrik çarpması gibi tepki verme, uyarıcı dokunuşlar lehinde ve aleyhinde savunma yapmak üzere hangi aptallığı kullanmayı seçiyorsunuz? Bununla ilgili var olan her şeyi godzilyon kez yıkıp yaratımlarını tümüyle

iptal eder misiniz? Right and Wrong, Good and Bad, POD and POC, All Nine, Shorts, Boys and Beyonds.

Seminer Katılımcısı:
Bedenimi daha iyi düzüşme için yaratmakla ilgili bir sorum var. Buna yardımcı olacak bir soru veya bir temizleme var mı?

Gary:
Bedenimi düzüşme makinesi olarak yaratmanın seçebilir olduğum hangi fiziksel gerçekleştirmesini seçmiyorum? Bunun ortaya çıkmasına izin vermeyen her şeyi godzilyon kez yıkıp yaratımlarını tümüyle iptal eder misiniz? Right and Wrong, Good and Bad, POD and POC, All Nine, Shorts, Boys and Beyonds.

Seminer Katılımcısı:
Gary, "düzüşme makinesi" dediğinde aklıma gelen şey bir tavşan oldu. Bu sanki tavşan seksi yapıyormuşsun gibi.

Gary:
Kendini çok çabuk boşalman nedeniyle tavşan seksi yapmakla mı yargılıyorsun?

Seminer Katılımcısı:
Çabuk boşalmam nedeniyle değil, bundan keyif aldığım ve ondaki tecrübesizlik, acemilik nedeniyle.

Gary:
Peki, bunun için seni kim yargılıyor?

Seminer Katılımcısı:
Kadın ve ben yargılıyorum.

Gary:
Bu elektrik çarpması benzeri tepkiyi farklı bir şey yaratmak için nasıl kullanabileceğinizi gözden geçirmek değil mi? Hayır. Size elektrik çarpması benzeri tepki ve klitorisi nasıl kullanacağınızla ilgili söylediklerimi gözden geçirin. Birde vajinal bölgenin üst tarafında G Noktası vardır.

Seminer Katılımcısı:
Gary, bunu açıklayabilir misin? Onun ne olduğunu bilmiyorum.

Gary:
G Noktası vajinal bölgenin üst tarafındadır. Elinizle ön taraftan içeri girin ve vajinanın ön tarafına doğru küçük daireler çizerek hareket edin, bir sertliğin oluşmaya başladığını hissedeceksiniz. Bu tekniği o bölgede de kullanırsanız aynı şey vajinanın alt tarafında da ortaya çıkabilir. Şimdi, bu neden ortaya çıkar? Çünkü bunun hepsi birlikte gitmek için tasarlanmıştır. Sadece bunu düşünün. Eğer arkadan giriyorsanız penisi içeri soktuğunuzda, çoğu penisin beden yönünde yukarı doğru bir eğimi vardır ve bu eğim yukarı doğru gider ve vajina oyuğunda daha fazla uyarılmaya izin verecek bir yere çarpar. Ve klitorise çarpmakta olan hayâlarınızın bunun üzerinde bir etkisi olur. İşte bu nedenle bazı kadınlar girişin arkadan olmasından gerçekten hoşlanırlar.

Kadının Bedenini Tahrik Etmek

Seks yapmaya ilk başladığım zaman – ve "seks" dediğim üç kişi kütüphanenin arka tarafına geçip mastürbasyon yapmaktı – kimin daha çabuk boşalacağını görmek için penisimizi boşaltırdık. Arkadaşlardan birinin otuz cm boyunda yaklaşık yedi cm çapında penisi vardı, diğerinin yirmi beş cm uzunluğunda ve yaklaşık dokuz cm çapında bir penise sahipti. Ben herkesin yirmi beş, otuz cm boyunda penisleri olduğundan kesinlikle yavaş gelişen bir çocuk olduğumu düşünürdüm.

Hayatta daha sonra böyle olmadığını bulmak çok ilginçti, ama penis bölümünden yoksun olduğunu düşünmem nedeniyle, bir kadını tatmin etmekle ilgili öğrenebileceğim her şeyi öğrenmenin iyi olacağına karar verdim, böylece ne yaparsam yapayım tatmin olabilirdi. Oral seksi öğrendim, kadına oral seks iyi şekilde nasıl yapılır öğrendim, elektrik çarpması gibi tepkiyi öğrendim ve bir kadının bedenine, başka bir şey için değil, içine girilmesi için çığlık atacağı noktaya getirmek için nasıl dokunulur onu öğrendim.

Öğrenmeyeklitoris'innasılçalıştığınıvebedeninhangibölümlerine dokunulacağını öğrenerek başladım ve sadece penisi içeri sokmak yerine, yavaş hareket ettim. Göğüsleri, koltuk altlarını, dirsek kıvrımının ön yüzünü okşamakla ve bedenin farklı bölgelerine dokunmakla çok zaman geçirdim. Eğer elinizi kadının bedeninin dış tarafında göğüslerden aşağı dizlerine doğru çok yavaşça indirdiğinizde, tüylerini ürpertecek yeterli elektrik çarpma tepkisi yaratabilirsiniz ve böylece muhteşem seks yaşayabileceksiniz. Onu, bedeninde bu tür bir tahrik olmasına izin verecek noktaya getirmelisiniz.

Çoğu kadın hiçbir zaman bedenlerinde bu tür bir uyarmanın olacağını öğrenmediler çünkü seks yapmalarının tek nedeni bir ilişkiye sahip olmaktı. Ve erkeklere sadece seks yapması öğretildi. Bunların ikisi de seksi sevmek değildir.

Şehvetli, seksüel cinsel birleşme ve canlandırmanın hangi fiziksel gerçekleştirmesini şimdi oluşturmaya, yaratmaya, başlatmaya ve sürdürmeye muktedirim? Bunun ortaya çıkmasına izin vermeyen her şeyi godzilyon kez yıkıp yaratımlarını tümüyle iptal eder misiniz? Right and Wrong, Good and Bad, POD and POC, All Nine, Shorts, Boys and Beyonds.

Mastürbasyon

Ya mastürbasyonun amacı bedeninizde daha harika bir hassasiyet yaratmak ve böylece daha harika bir sevgili olabilmenizse?

Seminer Katılımcısı:
O zaman ben gezegendeki en harika sevgili olmalıyım!

Gary:
Evet, ama bunu o amaçla mı yapıyorsun – yoksa boşalmak için mi yapıyorsun?

Seminer Katılımcısı:
Ah, ben boşalmak için yapıyorum.

Bölüm: Yatakta İyi Olmak

Gary:
Mastürbasyon yapmanızın tek nedeni boşalmak olduğu zaman, hayatın ve yaşamın bir parçası olan cinsel enerjiyi yok etmeye çalışıyorsunuz.

Seminer Katılımcısı:
Mastürbasyon yaparken, tabi eğer varsa, hayatıma giren farklı kadınlarla seks yaptığımın veya cinsel birleşmede bulunduğumla ilgili fantezi kurmanın değeri nedir? Pek çok yıl, zihnimdeki kadınlarla ve kendi elimle seks yaptım ve ondan sonra eylemin tamamlandığını hissettim.

Gary:
Ve öyledir. Yapmanızın nedenlerinden bir budur. Sormadığınız soru şu: Bu kadın benimle seks yapmayı diliyor mu? Ve eğer diliyorsa sorun: Onlara verebileceğim en zevk verici şey ne olabilirdi?

Eğer zerre kadar dahi olsa fantezi kuracaksanız, onların bedenlerini daha üst seviyede heyecan ve zindeliğe getirmek için ne yapmanız gerekirdi onu düşünün, çünkü seksin amacının bu olması gerekir. İşte bu nedenle tamamlamak için mastürbasyon yapmanız gerekmez; bedeninizin tahrik olduğu ve daha fazla enerjinin içeri girdiği noktaya ulaşmanız lazımdır. Bu ortaya çıktığı zaman bırakın. Gidin ve başka bir şey yapın. Bu iki şey yapacaktır: Birincisi, bedeninizde cinsel olarak tahrik olmanın değerli bir ürün olduğu bir alan yaratmaya başlayacaktır ve ikincisi, sizin için daha fazla libido oluşturacaktır. Mastürbasyona şu bakış açısından bakın: Burada ne yaratıyorum? Bunu ne için yapıyorum?

Eğer sadece boşalmak için seks yapıyorsanız, cinsel birleşmede ortaya çıkabilen daha harika enerji hissine ulaşamayacaksınız. Cinsel birleşmenin amacının, küçük ölümü yaratmak değil, sizi yaşamak için daha fazla teşvik etmek olması gerekir. Küçük ölüm Fransızların boşalma için kullandıkları bir terimdir. Onun için siz şuna bakmaya devam edin: Yaptığım şey vasıtasıyla neyi başarmaya çalışıyorum?

Çoğu insan penisini hassaslaştırmak yerine hassasiyetini azaltmanın bir yöntemi olarak mastürbasyon yapar. Penis uyarıcı olan Rockhards' tan iki tane alan birisini tanıyorum. Bana "Bütün yapmam gereken şey penisimi bir şeye sürtmek ve hemen sertleşiyorum" dedi. Bu çoğu erkeğin başa çıkamayacağı ve çoğu kadının sahip olduğunuzu bilmek istemeyeceği seviyede bir hassasiyettir. Bir başka arkadaşım iç çamaşırı olmadan gevşek pantolon giydiğinde bir Rockhard almış ve pantolonun bir şekilde bedenine sürtündüğünden bahsetmişti. Dedi ki, "Sokağın ortasında durmak ve ölü tavşanları düşünmek zorunda kaldım çünkü sertlikten kurtulamıyordum." Kendinizi hassaslaştırmanın farklı yöntemleri vardır. Sorun: Ne zaman gerekirse gitmeye hazır olmak üzere kendimi nasıl hassaslaştırabilirim?

Meme uçlarınızı ve bedeninizin geri kalanını parmaklarınızı aşağı doğru hareket ettirerek ve elektrik çarpmasına benzer tepki oluşturarak sertleşinceye kadar uyarmaya çalışın. Bundan sonra bir kadınla seks yaparken, çok daha iyi sevgili olacaksınız, çünkü daha hassas ve daha farkında olacaksınız. Ve aynı zamanda halen repertuarınızda olmayan alıp kabul etmeye istekli olacaksınız. Çoğu erkek kendisine yapılan oral seksi nasıl alıp kabul edeceğini bilmez ve çoğu kadın da bunu nasıl vereceğini bilmez. Şimdi neden böyle?

Alıp Kabul Etme

Seminer Katılımcısı:
Bu alıp kabul etmeyle ilgili değil mi?

Gary:
Evet. Nasıl alıp kabul edeceğinizi kendinize hiç öğretmediniz; kendinize nasıl boşalacağınızı öğrettiniz. Hayatınızı boşalmak için mastürbasyon yaparak geçirirseniz, alıp kabul etme kapasitenizi arttıramazsınız ki bu aynı zamanda hayatınızda elde edebileceğiniz para miktarını da kısıtlar. Bedeninizin yeniden duyarlı, hassas hale getirmeniz gerekir, çünkü çoğunlukla bunu kesiyorsunuz. Çoğu

spor diğer erkeğe çarpmakla, yenmekle ilgilidir. Siz buna hassasiyet mi diyorsunuz? Bu aslında hassasiyeti elimine etmektir. Sorun: Bedenime nasıl hassasiyet kazandırırım ki böylece bedenimin elektrik çarpması benzeri tepkisi diğerlerinde elektrik çarpması benzeri bir tepki yaratsın?

Elektrik çarpmasına benzer tepki bedeninizin sahip olduğu belki de kullanmadığınız bir sistemdir. Bedeniniz kendi içinde otomatik sistemlere sahiptir. Bedeninizin her yerinde somatik bir tepkiye sahipsiniz. Bedeninizin bir şeye tepki verme yöntemi, bedeninizin elde etmesi gereken bilginin bir parçasıdır. Bedeninizde size bir şeylere farklı bir yöntemle "tepki" vermenize izin veren elementlere sahipsiniz. İçinizde ve bedeninizde hassasiyetiniz ve alıp kabul etme duyularınızın daha aşırı olduğu bir alan yaratabilirsiniz. Örneğin, çoğu erkeğin anüsüne hiç dokunulmamıştır. Bedenlerinin en hassas bölümlerinden biridir, ama dokunmaya zahmet etmezler bile. Tuvalet kâğıdıyla silerler, ancak aşağı yukarı en ileri gittikleri durum budur.

Bedeninizin her bölümünün ne kadar duyarlı olabileceğini öğrenin. Bu eşcinsel olacaksınız demek değildir. Bir kadının takma penis takarak, bu da eğlenceli olmakla birlikte, sizi götünüz den becerecek anlamına gelmez. Bedeninizin alıp kabul etme yöntemlerinde farklı olasılıklar olduğunu fark edin. Ondan daha fazlasına ve halen sahip olduklarınızdan daha azına sahip olmaya istekli olsaydınız neye benzerdi? Halen sahip olduklarınız yeterli mi? Sahip olduklarınız istediğiniz şeyler mi?

İnsanların farklı bir seçeneği olduğunu gerçekten anlaması çok nadiren olur. Çoğu insan "Bunu yapmak zorundayım" veya "Şunu yapmak zorundayım" ya da "Bunun tek yöntemi budur" veya "Olması gereken yöntemi budur" fikrine sahiptir. Ya onların hiçbiri aslında gerçek değilse?

Kadınla Kendiniz arasında Moleküler bir Titreşim Yaratmak

Seminer Katılımcısı:
Kadınların genelde bir ilişki elde etmek için seks yaptıklarını ve erkeklerin genelde seks yapmak için ilişkiye girdiklerini söyledin. Bu realite tarafından bağlı, kısıtlı kalmaktansa, farklı bir olasılığa nasıl sahip olabilirim? Örneğin, bir ilişki olmaksızın nasıl seks yapabilirim? Cinsel ilişki üstadı olan pek çok insan tanıyorum, ama neden veya nasıl cinsel ilişki üstadı olabildiler anladığımı sanmıyorum. Bu onlar için sanki çok doğalmış gibi görünüyor. Bu nasıl mümkün olur?

Gary:
Olabileceğiniz cinsel ilişki üstadı olmaya tümüyle karşı savunma yapmak için hangi aptallığı kullanmayı seçiyorsunuz? Bununla ilgili var olan her şeyi godzilyon kez yıkıp yaratımlarını tümüyle iptal eder misiniz? Right and Wrong, Good and Bad, POD and POC, All Nine, Shorts, Boys and Beyonds.

Cinsel ilişki üstadı olmak ne iyidir ne de kötüdür. Sorular sormak zorundasınız: Bu kadın gerçekten benimle seks yapmak istiyor mu yoksa başka bir şey mi arzuluyor? Çoğu zaman, sizinle seks yapmak isteyen kadın sizden sadece seksten daha fazla bir şey istiyordur, ama sizin bunu bilmek istemezsiniz. "Tamam, onu becerebilirim" işi çözdünüz ve onu becermeyi garanti altına almak için farkındalığınızı kesersiniz.

Bir oral seks uzmanı olmakta gerçekten iyi olduğunuz zaman, parmaklarınızı kadının bedeni üzerinde kullanmakta gerçekten iyi olduğunuz zaman ve onun içene boşalmadan önce dört ya da beş defa onu tatmin ediyorsanız, kadınlar sizi tekrar ve tekrar ve tekrar ziyaret etmek isteyeceklerdir.

Değerli bir ürün haline geleceğiniz alanı yaratmaya böyle başlarsınız. Kendinizi, bedeninizi kadın bedeninin ne hissettiğini algılama ve bedeninize kadın bedeninin hissettiklerini hissettirme konusunda yeteri kadar hassas hale getirmek suretiyle, değerli ürün yapmak zorundasınız. Elektrik çarpması benzeri tepki işini yapın böylece bedenlerinizin moleküler yapıları arasında birlik yaratabileceğiniz noktaya varabilirsiniz. Sorun: ikimizin arasında herhangi birimizin tek başına sahip olacağından daha harika bir şey olarak moleküler titreşim nasıl yaratabilirim?

Seminer Katılımcısı:
"The Place" kitabında tanımladığın şey bu değil mi?

Gary:
Evet. The Place' de tanımladığım şey bu. İnsanları farkında olmaya getirmek istediğim şey: Burası var. Şahsen bu yere sahip oldum mu? Evet. Birkaç farklı kadınla bunu başarma imkânım oldu.

Bu benim bir cinsel ilişki üstadı olduğum için değil. İstediğim herhangi bir şeyi elde etmek için gümüş dilimi çok daha fazla yöntemlerle kullandım. Kadınları kullanan yakışıklı, erkeksi çekiciliği olan bir oda arkadaşlarım vardı. Kız arkadaşları olurdu ve ilk üç seksten sonra onlardan bıkarlardı.

Ben olsaydım, "Seks yapma şekliyle ilgili sıkıcı olan şey nedir?" diye sorardım

Onunla Konuşun

Oda arkadaşlarım "Uh, sadece onunla konuşmaktan bıktım" derdi. Eğer biriyle konuşmaya istekliyseniz, istekli olmadığınızdan çok daha ötesini, fazlasını elde edeceğinizi fark ettim. Böylece bu kızlarla konuşmaya başladım ve sonunda onlarla yatağa gittim. Bunun komik tarafı hepsi bana oda arkadaşlarımdan daha iyi olduğumu söyledi çünkü iş sadece içeri sokmak değildi. Bana benimle seks yapmaktan zevk aldıklarını söylediler. Sormak zorundasınız: Onun için eğlenceli, zevkli olacak şey nedir? Kadına "Senin için en zevkli, eğlenceli şey nedir?" diye sorabilirsiniz.

Ben biraz farklıydım. Gençken bakış açım öğrenebileceğim her şeyi öğrenmem gerekir şeklindeydi çünkü yeterince donanımlı değildim, onun için diğer insanların ne yaptıklarını bulmaya çalışıyordum. Birlikte olduğum kadınlara "Yani o adamla beraberdin. Sana benim yapmadığım ne yaptı?" veya "Gerçekten harika olan ne yaptı?" diye sorardım. Kadınlar sorduğuma şaşırırlardı ve anlatma imkânları olduğu için büyük heyecan duyarlardı. "Herhangi birinin size şimdiye kadar cinsel olarak yaptığı en iyi şey neydi?" diye sormaya istekli olmak durumundasınız. Ne olduğunu ortaya çıkarın ve sonra sorun, "Bunun nasıl yapıldığını bana öğretebilir misin?" Tahmin edin ne olur? Eğer onlardan size öğretmelerini isterseniz, size katkıda bulunmaya başlayacaklardır. İşte onları ekibinize böyle katarsınız. "Şimdiye kadar elde ettiğin en iyi şeyi bana öğret. Nasıl yapıldığını bana öğret. Yeteri kadar iyi yaptım mı yoksa geliştirebileceğim şeyler var mı? Aynı zamanda onun bedenine de sorun, "Bunun gelişimi olabilecek farklı ne yapabilirim?"

İnsanlar Bedenler Olarak Bağlanırlar

Bedeninizi hassaslaştırmakla ilgili olarak başka bir şey daha var. İnsanların varlık olarak değil bedenler olarak bağlandıklarını fark edin. İnsanların varlıklar yerine bedenler olarak bağlandıklarını anlamazsanız, davranışlarınız size bir anlam ifade etmez. Birlikte olduğumuz veya birlikte olmayı istediğimiz insana bedenlerinin nerede olduğuna ve zamanda nerede olduklarına dayanarak göz atmak eğilimindeyiz. İşte bu nedenle, birisi öldüğünde veya evcil hayvanını kaybettiğinde, örnek olarak söylüyorum, onları çok özlersiniz. Onlara dokunabilir olmayı özlersiniz. Diğerinden ayrı olduğunuzu hissettiğinizde, bedeninizin onların bedenlerine bağlantısını artık daha fazla hissetmezsiniz.

Access Consciousness'un sizin için yarattığı esaslı değişimlerden geçerken, bir ayrılma hissi eğilimi olacaktır. Orası şu soruyu soracağınız yerdir: Bedenim ve ben diğer insanların sistemleri tarafından artık bundan sonra bulunamayacak kadar çok değiştik mi?

Sistemler tarafından derken insanların bedeninize bağlantılı olma hissine sahip olmak için aradığı türden şeyler demek istiyorum. Bedeninizin alan içinde nerede olduğunu ve sizin onunla nerede ilişkide olduğunuzu bilmek istiyorlar. Bunun en kolay ya da en iyi seçenek olması gerekmiyor, ama burada işler bu şekilde yapılıyor. Bu değişimler boyunca ilerledikçe, parayla olan ilişkinizde aynı zamanda değişecek – çünkü para, varlık olan sizin için mi yoksa para beden için midir? Beden içindir.

"Sen Benimsin"

Seminer Katılımcısı:
Kadın ve erkeklerin çift oluşturdukları bir çalışma gurubuna gittim ve kadın erkekten, kadının istediği dokunmayı istemek durumundaydı. Partnerim bana "Bana sanki seninmişim gibi dokunabilir misin?" diye sordu. Benden ona sahipmişim gibi veya benim kadınımmış gibi dokunmamı istedi.

Gary:
O kadın sana ne söylüyordu? Erkeklerden hoşlandığını mı? Erkeklerden hoşlanmadığını mı? Yoksa bir tanesine sahip olmak istediğini mi?

Seminer Katılımcısı:
Bir tanesine sahip olmak istedi.

Gary:
Evet. İnsanların söyledikleri şey ne olduğunun göstergesidir. Onu tatmin edebildin mi?

Seminer Katılımcısı:
Aslında ettim ve bu evrenimi genişletti, çünkü daha önce o tür enerjinin içine girmeye istekli değildim. "Sen benimsin" enerjisinin kötü olduğuyla ilgili bir yargım vardı.

Gary:
"Sen benimsin" le "Sana sahibim" arasında fark vardır.

Seminer Katılımcısı:
Enerji "Sen benimsin" enerjisiydi. Onun (kadının) deneyimlemek istediği enerji oydu.

Gary:
Gözden geçirmeniz gerekenler şunlardır:

- Bu kadına sonsuza dek nasıl sahip olurum?
- Onu çok aşırı heyecanlandırıp bensiz yapacağını hayal bile edemeyecek ne yapabilirim?

Bu Kişi Ne İstiyor? / Ben Ne İstiyorum?

Seminer Katılımcısı:
Dain biz hümanoidlerin bazen nasıl kucaklanmak ve romantik olmak istediğimizden bahsetmişti. Bununla ilgili biraz daha konuşabilir misin? Bu benim evrenimin dışındaydı. Ben her zaman seks veya ilişkiye girerim.

Gary:
Bu ya/ya da değildir. Birlikte olduğunuz kişinin ne istediğini görmek zorundasınız. Ben sorarım: Bu kolay olacak mı? Eğlenceli olacak mı? Bir şey öğrenecek miyim? Öğrendiğim şeyler, pek çok kadın sadece kucağa alınıp okşanmak ister ve seks yapmak istemez, böylece eve gidebilirim. Şunları gözden geçirmelisiniz:

- Ne istiyorum?
- Ne için geldim?
- Neden buradayım?
- Neden bu kişiyle birlikte boşalmak istiyorum?
- Gerçekten arzuladığım nedir?
- Gerçekten talep ettiğim nedir?
- Bununla gitmeyi dilediğim yer neresi?

Biz erkekler çoğumuz bu soruları hiçbir zaman sormayız. Şahsen ben, şunu fark ettim, "erkek olarak ben, aslında benim işime yarayacak olan değil, kadınların bana olmam gerektiğini söylediğine dayalı olarak nasıl olmalıyım hakkındaki bütün bu bakış açılarına sahibim. Oh! Gerçekten ne istediğime bakmalıyım ve kadınların istediklerine bağlı olarak çözmeye uğraşmamalıyım." Çoğu erkek, bir kadın için neyin iyi olacağını çözmeye çalışır ve kendileri için neyin iyi olacağını göz ardı ederler.

Gerçekten olabileceğiniz erkek olmaya tümüyle karşı savunma yapmak için hangi aptallığı kullanmayı seçiyorsunuz? Bununla ilgili var olan her şeyi godzilyon kez yıkıp yaratımlarını tümüyle iptal eder misiniz? Right and Wrong, Good and Bad, POD and POC, All Nine, Shorts, Boys and Beyonds.

Bunu tekrarlamanız lazım gelebilir:

Bu realitenin ötesinde tümüyle farklı bir cinsel realitenin hangi fiziksel gerçekleştirmesini şimdi artık oluşturmaya, yaratmaya, başlatmaya ve sürdürmeye muktedirim?

Kadınları her şeyle ilgili otorite, sebep ve gerekçe yaptığınız yerden çıkartmaya çalışıyorum. Bunu yapmayı durdurduğunuzda, kendiniz olma, kendinize sahip olma ve kendinizi değerli olarak görme seçeneklerine sahip olmaya başlarsınız.

Aynı zamanda sizlerin sizinle seks yapacak herhangi birini seçmek yerine, sizinle, sizin için gerçekten eğlenceli olacak seksi kimin yapmak isteyeceğini aradığınız noktaya ulaştığınızı görmek isterim. Onun için bu "Oh, benimle seks yapacak" eşittir "Onu elde edeceğim" değildir. Onun yerine bu:

- Bu benim için eğlenceli olacak mı?
- Bundan keyif alacak mıyım?
- Bu benim hayatımı daha harika yapacak mı?
- Bu arzuladığım her şeyi daha değerli, daha olağanüstü kılacak mı?

Bu soruların "O kadın benimle gerçekten seks yapacak mı" dan ne kadar farklı olduklarını görüyor musunuz? Bir kadına bakıp sonra da "Oh, bahse girerim bu o" dediğinizde bu bir sonuçlandırmadır. Soru değildir. Soru şöyle olmalı:

- Bu kadın benim aradığım kadın mı?
- Bu benim olmasını istediğim gibi olacak mı?

Kaçınız ne istediğiniz tam olarak bilmek ve daha azını almaya istekli olmamak yerine ne elde edebilecekseniz onu elde etmeye razı oluyorsunuz?

Bununla ilgili var olan her şeyi godzilyon kez yıkıp yaratımlarını tümüyle iptal eder misiniz? Right and Wrong, Good and Bad, POD and POC, All Nine, Shorts, Boys and Beyonds.

Eğer kendinize bu taahhüdü verseydiniz size sahip olmayı gerçekten istediğiniz türde seks ve ilişkiyi verebilecek hangi taahhüdü vermeyi reddediyorsunuz? Seçtiğiniz seks ve ilişki lehinde ve aleyhinde savunma yapmak için hangi aptallığı kullanıyorsunuz? Bununla ilgili var olan her şeyi godzilyon kez yıkıp yaratımlarını tümüyle iptal eder misiniz? Right and Wrong, Good and Bad, POD and POC, All Nine, Shorts, Boys and Beyonds.

Beyler, kendinizi taahhüt etmiyorsunuz. Kadınınıza taahhüt ediyorsunuz. Kadına taahhüt vermek neden kendinize taahhüt etmekten daha önemli?

Dırdır Etmek

Seminer Katılımcısı:
Bu onu tatmin etmek için, böylece bana dırdır etmeyecek.

Gary:
Başka bir deyişle, sana dırdır etmesini bekliyorsun. Kadının sana dırdır etmesi beklentisindesin. Bunun şöyle bir sorunu var: Sana dırdır edilmesinden kaçınmak istemen nedeniyle, her zaman sana dırdır edecek kadını seçiyorsun. Bu hepiniz için de geçerli.

Seminer Katılımcısı:
Bunu şimdi temizleyebilir miyiz?

Gary:
Bununla ilgili var olan her şeyi godzilyon kez yıkıp yaratımlarını tümüyle iptal eder misiniz? Right and Wrong, Good and Bad, POD and POC, All Nine, Shorts, Boys and Beyonds.

Seminer Katılımcısı:
Bu komik, çünkü benim ilişkimde, tepki gösterdiğim tek şey onun bana dırdır etmesi. Başka hiçbir şeye aldırmam, ama bana dırdır ederse, gerçekten öfkelenirim.

Gary:
Ama her zaman sana dırdır etmesi için yapabildiğin her şeyi yaparsın.

Seminer Katılımcısı:
Partnerim için veya ona karşı hala neyi savunuyorum?

Gary:
Bir taraftan onu sevebileceğin nedeniyle dırdırcı olmasına karşı savunma yaparken, dırdırcı olması nedeniyle terk etmeyi seçebileceğin için mi onu savunuyorsun?

Seminer Katılımcısı:
Bu korkutucu.

Gary:
O kadın aslında senin için mükemmel ilişki. Sana dırdır edecek bir kız ve sen onun istediğini yapıncaya kadar dırdır edecek ki bu sana istediği şeyi yaptırdığı için ona kızabilirsin demektir, ama en azından sana dırdır edecektir.

İzin ver sana başka bir soru sorayım. "Dırdırı" aşk olarak mı tanımladın?

Seminer Katılımcısı:
Öyle gözüküyor.

Gary:
Annenizi babanıza dırdır ederken seyreden beyler hepiniz, dırdır etmeyi aşk olarak tanımlamak için - çünkü biliyorsunuz ki bir kadın bir erkeğe karşı öfkeli olunca ve ona dırdır edince, bu gerçek aşktır - yaptığınız her şeyi yıkıp bütün bunların yaratımlarını iptal eder misiniz? Right and Wrong, Good and Bad, POD and POC, All Nine, Shorts, Boys and Beyonds.

Seminer Katılımcısı:
Bu harika. Aşkın ve nefretin ne kadarı temel olarak aynı şey? Onlar aynı paranın iki ayrı yüzüdür. Bunun pek çoğunu değiştirmeye başladım. Dırdır ettiğinde partnerime artık tepki göstermiyorum. Buna izin veriştim ve kendim için farklı bir şey seçiyorum, ama onun için, onun evreninden kayboluyorum çünkü ona tepki vermiyorum.

Gary:
Evet, biliyorum. O (kadın) dırdırı aşk eylemi olarak tanımladı.

Seminer Katılımcısı:
Burada farklı ne yapabilirdim? Ne yapacağımı veya nereye gideceğimi bilmiyorum.

Gary:
Peki, ondan gerçekten ne istiyorsun?

Seminer Katılımcısı:
Bu iyi bir soru.

Gary:
Daha ne istediğini bile bilmiyorsun. İzin ver sana bir soru sorayım. Bir kadından ne istiyorsun? O kadar. Ben bu soruyu sorduğumda gelen enerji neydi?

Seminer Katılımcısı:
Bana gelen şey "benim yolumda olmayan birisi" oldu.

Gary:
Yani senin yolunda olmayan bir kadın istiyorsun. Bu senin

partnerin olabilir mi?

Seminer Katılımcısı:
(Güler) Evet.

Gary:
Bununla ilgili var olan her şeyi godzilyon kez yıkıp yaratımlarını tümüyle iptal eder misiniz? Right and Wrong, Good and Bad, POD and POC, All Nine, Shorts, Boys and Beyonds.

Öyleyse bir kadından ne istiyorsun? O kadar.

Seminer Katılımcısı:
Kavga edecek bir şey olması için direnen veya direnç yaratan birisi.

Gary:
Harika.

Bununla ilgili var olan her şeyi godzilyon kez yıkıp yaratımlarını tümüyle iptal eder misiniz? Right and Wrong, Good and Bad, POD and POC, All Nine, Shorts, Boys and Beyonds.

Seminer Katılımcısı:
Teşekkür ederim Gary. Bu gerçekten yardımcı oldu. O soruyu sormadan önce, bir tür direnç veya kavga yaratacak birisini aradığımın farkında değildim. Farklı bir şey yaptığımı düşünüyordum.

Gary:
Bununla ilgili var olan her şeyi godzilyon kez yıkıp yaratımlarını tümüyle iptal eder misiniz? Right and Wrong, Good and Bad, POD and POC, All Nine, Shorts, Boys and Beyonds.

Beyler, hepinizin bu prosesi şimdiden başlayarak bir sonraki telekonferansa kadar tekrarlamanızı istiyorum.

Seçtiğim (en son ilişkide olduğunuz kişinin adı veya halen birlikte olduğunuz kişinin adı) yaratmak için hangi aptallığı kullanıyorum?

Yani şöyle: Seçtiğim (kişinin adı) yaratmak için hangi aptallığı kullanıyorum? Bununla ilgili var olan her şeyi godzilyon kez yıkıp yaratımlarını tümüyle iptal eder misiniz? Right and Wrong, Good and Bad, POD and POC, All Nine, Shorts, Boys and Beyonds.

Şimdi birlikte olduğunuz kişi veya en son birlikte olduğunuz kişi için yapınız. Şu ana kadar hayatınızda olan bütün kadınları siz seçtiniz çünkü bazı titreşimler uyuştu. Eğer hayatınızda gerçekten değişim yaratmak istiyorsanız, bu titreşimin ne olduğunu bulmak zorundasınız. Tamam beyler, işte bu kadar. Sizinle bir sonraki telekonferansta konuşacağız. Kendinize dikkat edin. Hoşça kalın.

Seminer Katılımcıları:
Çok teşekkür ederiz!

Bölüm: Centilmen Nedir?

Bir centilmen sonuçsuzluktan gelir ve yargısının olmaması nedeniyle dokunduğu her bir kişi için olasılıklara kapı açar.

Gary:
Merhaba beyler. Herhangi birinizin sorusu var mı?

Bir Centilmen Olmak

Seminer Katılımcısı:
Centilmen kelimesini düşündüğüm zaman, bana ağır hissettiriyor. Centilmen olmanın bir kısıtlama olduğunu hissediyorum. Bir centilmen olmak için, yapmanız ve yapmamanız gereken şeyler var. Centilmen kelimesi için sizin tanımınız nedir?

Gary:
Her şeyden önce centilmen, bir kadının gereksinimlerinin ne olduğunun farkında olmaya ve bunları vermeye gönüllü olan birisidir.

Buna izin vermeyen her şeyi godzilyon kez yıkıp yaratımlarını tümüyle iptal eder misiniz? Right and Wrong, Good and Bad, POD and POC, All Nine, Shorts, Boys and Beyonds.

Seminer Katılımcısı:
Bu tanımın fazlası var mı?

Gary:
Eğer bir centilmen olmaya istekliyseniz, bir kadının sizden ne talep ettiğini görmeye istekli olacaksınız. Bir centilmen sadece erkeklerin bakış açısını almaz. Aynı zamanda kadınların bakış açısını da görmeye isteklidir. O farklı bir olasılık yaratacak ne yapabilir görmeye isteklidir. Farklı bir olasılık olarak ne yaratmaya

muktedir olduğunuzu görmeye istekli değilseniz, yaratmak istediğiniz şeyi gerçekten yaratmaya muktedir olur musunuz?

Örneğin, Ben bir centilmen olabilir ve bir kadın arabaya binerken kapısını açabilirim. Ben bunu yaptığımda o "Ne kadar centilmensin" der. Onun bakış açısından bu senin aradığın şeydir, çünkü herhangi bir kişiyle bir ilişki yaratmak veya seks yapmak için, onların sahip olmaya istekli oldukları kişi olmak zorundasınız. Bir centilmen olmaya istekliyseniz, kadınlar size farklı bir bakış açısından bakarlar. O bakış açısı bir yargılama mıdır yoksa değil midir? Yargılama olmayan bir bakış açısıdır. İşte bu nedenle centilmen olmak burada geçerli bir durumdur.

Bununla ilgili var olan her şeyi godzilyon kez yıkıp yaratımlarını tümüyle iptal eder misiniz? Right and Wrong, Good and Bad, POD and POC, All Nine, Shorts, Boys and Beyonds.

Eğer bir centilmen olmakla suçlandıysanız, bu çok fazla yaşam sürecinde bir centilmen olmadığınız anlamına gelir

"Centilmen olmadığınız" her yeri ve kendinizi centilmen olmamakla yargılamaya girdiğiniz her yeri ve aslında centilmen olmaya aldırmıyormuşsunuz gibi davrandığınız her yeri yıkıp yaratımlarını tümüyle iptal eder misiniz? Right and Wrong, Good and Bad, POD and POC, All Nine, Shorts, Boys and Beyonds.

Seminer Katılımcısı:
Kadının dışında ilişkide centilmen olmak nedir hakkında konuşabilir misin?

Gary:
Eğer bir centilmenseniz, birlikte olduğunuz her bir kişinin değerini fark ederseniz. Centilmenlerin hiç kimse hakkında bir yargısı yoktur. Onların sadece etraflarındaki her bir kişi için neyin mümkün olabileceğinin farkındalığı vardır. Ya ne yapmanız ya da yapmamanız gerektiği hakkında yargılama yapmak yerine mümkün olan her şeyin farkındalığına sahip olmaya istekli olsaydınız?

Diyelim ki siz bir centilmensiniz ve arkadaşınız olan eşcinsel bir adamla dışarı çıktınız. Onunla flört eder misiniz yoksa etmez misiniz?

Seminer Katılımcısı:
Ben flört ederim.

Gary:
Evet, çünkü onun senden talep ettiği ve arzuladığı şey budur. Bu herhangi bir şey yapacağın anlamına gelir mi?

Seminer Katılımcısı:
Hayır.

Gary:
Hayır. Bu ona senden arzuladığı şeyi vereceğin anlamına gelir. İnsanların sizden neyi arzuladıklarını görmeye gönüllü olmak zorundasınız. Eğer bir centilmen olmaya istekli değilseniz, insanların sizden ne arzuladıklarını görmeye gönüllü olmazsınız. Bir centilmen her zaman kendinden ne talep ve arzu edildiğini bilir ve seçtikleri her neyse onları verir.

Seminer Katılımcısı:
Kendinden ayrılmadan bunu nasıl yaparsınız? Çünkü yaptığım şey budur.

Gary:
Yani eşcinsel arkadaşınla dışarı çıktınız ve onunla flört ettin. Onunla seks yapacak mısınız?

Seminer Katılımcısı:
Büyük olasılıkla hayır. Ama yapabilirdim. Aslında, kim bilir?

Gary:
İyi. Her zaman neyin ortaya çıkabileceği ya da çıkamayacağını sonuçlandırıp, yargılamaktansa, neyin ortaya çıkabileceği olasılığına açık olun.

Bölüm: Centilmen Nedir?

Seminer Katılımcısı:
Bir centilmenle, bir fahişe arasındaki fark nedir?

Gary:
Centilmen çok iyi bir fahişedir, çünkü ne yaptığı veya başkalarının ne yaptıklarıyla ilgili yargısı yoktur. Centilmen bir sonuca ya da yargıya girmez. Eğer centilmenin tersini araştıracaksanız cinsiyet ayırımı gözeten birine göz atacaksınız.

Cinsiyet ayırımı gözeten neyin doğru olduğunu belirlemiş biridir. Olması gereken yöntemin bu olduğuna ve onun, yapmak zorunda olduğunuz şey olduğuna karar vermiştir. Centilmen olmak demek olasılıkları arıyorsunuz, sonuçları ve yargıları aramıyorsunuz demektir.

Seminer Katılımcısı:
Vay canına. Burada bir kabul etme ya da onaylama ediniyorum.

Gary:
Bu diğer kişilerin olmaya istekli olmadıkları bir şey olmaya gönüllülüktür.

Seminer Katılımcısı:
Vay canına.

Gary:
Ben yetmiş yaşındayım ve otuz yaşında bir kadın bana Dain'le olmaktansa, benimle birlikte olmayı tercih ettiğini söyledi, çünkü onları incitmeyeceğimi ve Dain'in incitebileceğini biliyordu. Bu gerçekten doğru mu?

Seminer Katılımcısı:
Hayır.

Gary:
Hayır, herhangi birini incitebilecek tek şey onlara istedikleri şeyi vermemenizdir. Dain'in onlara istediklerini düşündükleri şeyi vermesi büyük ihtimalle benden daha fazladır. Dain'in aradıklarını düşündükleri yakışıklı prens haline dönüşeceğini düşünürler.

Benim yakışıklı prens olmak için çok yaşlı olduğumu biliyorlar, öyleyse ben ne olabilirim?

Centilmen Yargı yerine Olasılığı Seçer

İnsanlar her zaman olasılık yerine yargıyı seçerler. Ve gerçek centilmen olarak, siz her zaman yargı yerine olasılığı seçersiniz ki bu insanları daha muazzam olasılıklara davet eder. Yıllar önce bir kadınla ve seksen sekiz yaşındaki babasıyla akşam yemeğine çıktım. Geleneksel fikirlere sahip bir centilmendi. Çok şık biçimde giyinmişti ve şık görünüyordu. Yemekte bizimle birlikte elli yaşlarında bir kadın da vardı ve sürekli adamın üstünde başındaydı. Neden? Çünkü adamın kadına bir yargısı yoktu, sadece gerçekten neyin ortaya çıkabileceği olasılığı vardı.

Centilmen sonuçsuzluktan gelir ve yargısı olmaması nedeniyle, dokunduğu her bir insan için olasılıklara kapı açar.

Bunun hepiniz için getirdiği her şeyi yıkıp yaratımlarını tümüyle iptal eder misiniz? Right and Wrong, Good and Bad, POD and POC, All Nine, Shorts, Boys and Beyonds.

Seminer Katılımcısı:
Çok sıklıkla kadınların "Sean Connery öylesine centilmen ki" dediklerini duyuyorum.

"Onunla karşılaştın mı?" diye sordum.

Kadın "Hayır, ama bir centilmene benziyor" dedi.

Ve ben de "Ben değil miyim?" diye sordum.

Ondan (Kadından) Daha Büyük bir Olasılığa Geçmesini İsteyin

Gary:
Sean Connery insanların daha fazla şıklığı seçeceği yeri yaratmak için şık olmaya isteklidir. Eğer bir centilmenseniz, herkesin daima olabildiklerinden daha azı değil daha fazlası olmalarını

isteyeceksiniz. Kaç kere bir kadınla seks yaparken olduğundan daha az hale gelmesini istediniz? Çok mu, biraz mı yoksa megatonlarca mı? Bir kadından eğer kendisini size vermesini isterseniz, ondan olduğu her şey olmasını mı istersiniz, yoksa daha azı olmasını mı istersiniz?

Seminer Katılımcısı:
Daha azını.

Gary:
Evet. Centilmen olarak, ondan daima daha büyük olasılığa geçmesini istersiniz ve eğer bunu yaparsanız, olasılık ortaya çıkacaktır. O daha önce sahip olduğunuzdan daha büyük bir cinsel enerjiye geçecektir. Çoğunuz bir kadına kendisini size vermesini istersiniz ki bu ondan, onun daha fazlasını istemek değildir. Şimdiye kadar mümkün olduğunu bildiğinden daha büyük olasılığa geçmesini istemezsiniz. Ya seks yaptığınız kadınlara mümkün olduğunu bile bilmedikleri daha büyük olasılığa geçmelerini isteseydiniz?

Bununla ilgili var olan her şeyi godzilyon kez yıkıp yaratımlarını tümüyle iptal eder misiniz? Right and Wrong, Good and Bad, POD and POC, All Nine, Shorts, Boys and Beyonds.

Seminer Katılımcısı:
Bir kadından bunu yapmasını istemek neye benzerdi?

Gary:
Bu "Hey, bunu sana yapabilir miyim?" olurdu. Yıllar önce kadınlara "birisinin sana yaptığı, şimdiye kadar senin için hiç kimsenin bunu yapmadığı, eğer yapılsaydı sana mümkün olduğunu bile düşünmediğini verebilecek olan şey nedir" diye sorardım. Her zaman diğer erkeklerin benim yapmadığım neyi yaptıklarını bilmeyi istedim. Şimdi bunu neden yapardım?

Seminer Katılımcısı:
Neden hoşlandığını bulmak için mi?

Gary:
Evet! Neden hoşlandığını bulmak için, onu mutlu edecek şeyi ve bedenine şarkı söylettirecek şeyi bulmak için. Eğer başka bir adamın hiç kimsenin yapmadığı neyi yaptığını sorarsanız, onun enerjisini elde edersiniz. Bu enerjiyi vermeye gönüllü olduğunuzda, sizi kadına şimdiye kadar arzuladığı her şeyi, şimdiye kadar istediği her şeyi ve şimdiye kadar harika olduğunu düşündüğü her şeyi vermeye istekli bir centilmen olursunuz.

Bunu algılamanıza, bilmenize, olmanıza ve alıp kabul etmenize izin vermeyen her şeyi yıkıp yaratımlarını tümüyle iptal eder misiniz? Right and Wrong, Good and Bad, POD and POC, All Nine, Shorts, Boys and Beyonds.

Seminer Katılımcısı:
Olduğumu düşündüğüm kadar berbat vaziyette değilim.

Gary:
Bay Cinsel İlişki Üstadı, siz misiniz?

Seminer Katılımcısı:
Evet. Bir kadın için anında kendinden vazgeçen odur.

Gary:
Size düşündüğünüz kadar berbat halde olmadığınızı söylediğimi hiç duydunuz mu?

Seminer Katılımcısı:
Evet. Ben birkaç defa duydum.

Gary:
Evet, ama bana hiç inanmadınız değil mi?

Seminer Katılımcısı:
Ben belki 2000 defa duydum.

Gary:
Bir dahaki sefere sizi gördüğümde, bana yanlış olmadığımı kanıtlamak için bir Eurovermek zorundasınız.

Bölüm: Centilmen Nedir?

Yapmaya muktedir olduğunuz ve yaptığınız iki ayrı şeydir. Ya iki ayrı şey olmasalardı? Sürekli olarak nasıl yanlış olduğunuzu mu yoksa nasıl doğru olduğunuzu mu görmeye çalışıyorsunuz?

Seminer Katılımcısı:
Nasıl yanlış olduğumu görmeye çalışıyorum.

Gary:
Diğer insanların realitelerini geçerli ve kendi realitenizi geçersiz kılmak için seks ve cinsel birleşmenin hangi yaratımını kullanmayı seçiyorsunuz? Bununla ilgili var olan her şeyi godzilyon kez yıkıp yaratımlarını tümüyle iptal eder misiniz? Right and Wrong, Good and Bad, POD and POC, All Nine, Shorts, Boys and Beyonds.

Seminer Katılımcısı:
Evet, ben başkalarının realitesine atlıyorum.

Gary:
Bunu yaptığını bilmek istiyor musun?

Seminer Katılımcısı:
Evet.

Gary:
Hayır, istemiyorsunuz. Her zaman nasıl yaptığınızı görmektense nasıl yapmadığınızı çözmeye çalışıyorsunuz. Birisinin sizden ne talep ettiğini, ne arzuladığını görme imkânına sahip olmak zorundasınız.

Örneğin, birisiyle seks yapmak istediğinizi düşündüğünüz zaman, seks yapmak için farkındalığınızı kapatıyor musunuz?

Seminer Katılımcısı:
Sıklıkla evet.

Gary:
Sıklıkla değil lanet olası her keresinde kapatıyorsunuz. Diğerlerinin sizin için seçtiği cinsel birleşme lehinde ve aleyhinde

savunma yaratmak üzere hangi aptallığı kullanmayı seçiyorsunuz? Bununla ilgili var olan her şeyi godzilyon kez yıkıp yaratımlarını tümüyle iptal eder misiniz? Right and Wrong, Good and Bad, POD and POC, All Nine, Shorts, Boys and Beyonds.

Kendi Realitenizden Yaratmak Zorundasınız

Seminer Katılımcısı:
Gary, bu şaşırtıcı bir seri oldu. Dün gece en olağanüstü seksimi yaptım. Bu belirli kişiyle daha fazla seks yapmam ve bunu daha fazla keşfetmem için arzu vardı. Bir kadınla bir ilişki yaratmadan nasıl daha fazla yapabiliriz (seks) şeklinde bir anlaş ve teslim et yapmak mümkün mü?

Gary:
Allaha şükür nihayet bunu deneyimledin. Cinsel enerji, çoğumuzun sahip olmaya istekli olduğu veya sahip olması mümkün olduğu hayatın ve yaşamın ve hayatın ve yaşamın orgazmik kalitesinin oluşturucu kapasitesiyle ilgilidir. Hepiniz bunu anladınız mı?

Bir kadınla bir ilişki yaratmadan daha fazlasına sahip olmak mümkün müdür? Büyük ihtimalle hayır mümkün değil. Bu mümkündü, inanmak ister misiniz? Kesinlikle. Tümüyle hayal dünyasında mı yaşıyorsunuz? Evet, siz bir erkeksiniz. O kadını erkeklerin yaptıklarından farklı bir şey aradığı yere getirmelisiniz. Kadınlar sizin içinde olduğunuz aynı evrende değiller. Çoğunlukla, sizin ne istediğinizi ve neye ilgi duyduğunuzu anlamazlar.

Hayatta onu nasıl yaratacağınızla ilgili farklı bir olasılık vardır. Kendi realitenizden yaratmak durumundasınız. Çalıştırmaya/ kullanmaya başlayın:

Mümkün olduğunu bildiğim realiteyi yaratmama izin verecek gerçekten hangi enerji, alan ve bilinç olabilirim? Buna izin vermeyen her şeyi godzilyon kez yıkıp yaratımlarını tümüyle iptal eder misiniz? Right and Wrong, Good and Bad, POD and POC, All Nine, Shorts, Boys and Beyonds.

Bölüm: Centilmen Nedir?

Şu anda birlikte gelen yeni bir proses var ki bunun için uygun olduğunu sanıyorum:

Sahip olduğunuz seçim ve farkındalığı başkalarının realitesi lehinetali hale koymak, temize çıkarmak ve çözümlemek için seks ve cinsel ilişkinin hangi yaratımını kullanmayı seçiyorsunuz? Bununla ilgili var olan her şeyi godzilyon kez yıkıp yaratımlarını tümüyle iptal eder misiniz? Right and Wrong, Good and Bad, POD and POC, All Nine, Shorts, Boys and Beyonds.

Sizler kadının işine yarayacak olanı seçmeye çalışıyorsunuz. Bu erkeklerin yaptığı şeylerden biridir. Onlar her zaman kadının işine yarayacak şeyi seçmeye çalışırlar. Bunun bir nedeni var mı? Evet var. Sizin değil kadının dünyadaki en değerli ürün olduğuna inanmak için sürüklendiniz ve eğitildiniz.

Bununla ilgili var olan her şeyi godzilyon kez yıkıp yaratımlarını tümüyle iptal eder misiniz? Right and Wrong, Good and Bad, POD and POC, All Nine, Shorts, Boys and Beyonds.

Sahip olduğunuz seçim ve farkındalığı başkalarının realitesi lehine talihale koymak, temize çıkarmak ve çözümlemek için seks ve cinsel ilişkinin hangi yaratımını kullanmayı seçiyorsunuz? Bununla ilgili var olan her şeyi godzilyon kez yıkıp yaratımlarını tümüyle iptal eder misiniz? Right and Wrong, Good and Bad, POD and POC, All Nine, Shorts, Boys and Beyonds.

Realitenizi başka birinin realitesi lehine vazgeçmek zorunda olduğunuzu varsaymaya devam ediyorsunuz. Bu realitenizden vazgeçmek bile değildir. Bu bakış açısına sahip olmamanızdır. Penisiniz sertleşmedikçe ve bir yönü işaret etmedikçe bakış açınız olmaz. Erkeklerde sevdiğim şeylerden biri başka herhangi birinin farkındalığına, penisleri bir yönü işaret edinceye kadar tümüyle duygusuz kalmalarıdır. Penisle ilgili arayış nasıl takip edeceğinizi bildiğiniz yöndür.

Seminer Katılımcısı:
Evet.

Gary:
Bu mantıklı geldi mi?

Seminer Katılımcısı:
Yani, hayır, bir anlam ifade etmedi.

Gary:
Sürekli ondan yaratmaya çalıştığınız evren duyarsız evrendir. İşe yaramaz.

Ne Yaratmak İstiyorsunuz?

Seminer Katılımcısı:
Son telekonferansta seks hakkında konuşurken, oral sekste ve parmaklarımızı kullanmakta iyi olmamız gerektiğini söyledin. Ondan sonra bizi tekrar ve tekrar ziyaret etmek isteyen kadınlara sahip oluruz ve bunun değerli bir ürün haline geleceğimiz yeri yaratmaya böyle başlayacağımızı söyledin. Bu bana bizim değerli ürün olmadığımızı ve değerli ürün haline gelmek için bir şeyler yapmaya gereksinimimiz olduğunu söylüyorsun gibi geldi.

Gary:
Evet, onların gözünde, yaparsınız.

Seminer Katılımcısı:
Peki, bu varlık yerine varlıksallık değil mi? Varlık sizsiniz dedin, olduğunuz sonsuz varlık ve o varlıksallık ise varlık olduğunuzu kanıtlamak için yaptığınız bir şey dedin.

Gary:
Olması gerektiğini düşündüğünüze değil, neyi yaratmaya çalıştığınıza göz atmak zorundasınız. Ne olmalı ve olmadığı ne olmasıgerektiği hakkında her türden muhteşem bakış açılarına sahip olabilirsiniz. Ne olması istediğinize değil – ne olduğuna bakmak zorundasınız.

Seminer Katılımcısı:
Lütfen bunu netleştirir misin? Erkeklerin değerli ürün haline

gelmek için kadınların onaylamasına gereksinim duyarlar diyorsun gibi geldi.

Gary:
Kadının dünyasında değerli varlık haline gelmek için, kadınları, hoşlandığınız seksi onun hoşlandığından daha fazla değer vermesini sağlayacak yöntemlerle mutlu etmek zorundasınız.

Seminer Katılımcısı:
Bu kadını daha değerli kılmaz mı?

Gary:
Evet. Bunun nesi yanlış?

Şehvet Neden bir Yanlışlık Olarak Nitelendirilir?

Seminer Katılımcısı:
Geçen ay bir kadın arkadaşım bizim baştan aşağı giyimli ve makyajlı olduğu bir fotoğrafımızı facebook üzerinden gönderdi. Muhteşem görünüyordu ve pek çok adam resmi üzerine yorum yapmışlardı. Onu övmüşlerdi ve bazıları onunla randevu almaya çalışmıştı. Onu gördüğüm zaman, bir miktar öfkelendiğimi fark ettim. Burada neyi kaçırıyorum?

Gary:
Öfke mi hissettin yoksa kıskançlık mı? Aradaki fark konusunda netleşmek zorundasın. Benim tahminim kıskançlık hissettiğin, çünkü onun şehvetle arzu edildiği şekilde şehvetle arzu edilmek istedin.

Bununla ilgili var olan her şeyi godzilyon kez yıkıp yaratımlarını tümüyle iptal eder misiniz? Right and Wrong, Good and Bad, POD and POC, All Nine, Shorts, Boys and Beyonds.

Seminer Katılımcısı:
Birkaç gün sonra bir farkındalığım oldu, karşı cinsi görüntüsü ve dış görünüşüyle kontrol etmeye çalışıyordu. Ve öfkenin var olmasının nedeni bunun benim tam anlamıyla yapmaya istekli

olmadığım bir şey olmasıydı.

Gary:
Sadece kendi yaptığınız ya da yapmadığınız şeye karşı öfkeleniyorsunuz mu demek istiyorsun?

Gerçekte olduğunuz şehvet dolu kişi olamayacağınızı kendi adınıza gerçek ve doğru kılmak için yaptığınız her şeyi godzilyon kez yıkıp yaratımlarını tümüyle iptal eder misiniz? Right and Wrong, Good and Bad, POD and POC, All Nine, Shorts, Boys and Beyonds.

Seçebiliyor olduğunuz varlığı geçersiz kılmak için şehvetin hangi reddini kullanıyorsunuz? Bununla ilgili var olan her şeyi godzilyon kez yıkıp yaratımlarını tümüyle iptal eder misiniz? Right and Wrong, Good and Bad, POD and POC, All Nine, Shorts, Boys and Beyonds

Seminer Katılımcısı:
Görünüşümün avantajını kullanmaya istekli olmadım. Çoğu zaman normal ve bazen oldukça özensiz görünüyorum.

Gary:
Benim tatlı arkadaşım, ben derim ki, özensiz olmayı yapabildiğin kadar sık seçiyorsun çünkü insanların senin arkandan şehvet duymasını istemiyorsun. Şehvet neden yanlış olarak nitelendiriliyor? Ben bunu anlamıyorum.

Kendinizi ve diğerlerini geçersiz kılmak için şehvetin hangi yaratımını kullanmayı seçiyorsunuz? Bununla ilgili var olan her şeyi godzilyon kez yıkıp yaratımlarını tümüyle iptal eder misiniz? Right and Wrong, Good and Bad, POD and POC, All Nine, Shorts, Boys and Beyonds

Kendi realitenizi ve diğerlerinin realitesini geçersiz kılmak için şehvetin hangi yaratımını kullanmayı seçiyorsunuz? Bununla ilgili var olan her şeyi godzilyon kez yıkıp yaratımlarını tümüyle iptal eder misiniz? Right and Wrong, Good and Bad, POD and POC, All Nine, Shorts, Boys and Beyonds

Bölüm: Centilmen Nedir?

Seminer Katılımcısı:
Bununla ilgili kafam karıştı. İnsanların arkasından kendimizi daha az değerli yapmak için mi şehvet duyarız diyorsun?

Gary:
Bazen. Şu var ki, şehvetin değerini görmeye istekli değilsiniz.

Seminer Katılımcısı:
Öyleyse şehvetin değeri nedir?

Gary:
Şehvetin değeri, yargının dışına çıktığınız ve "Neye benzerse benzesin ben bunu yapacağım. Neye mal olursa olsun. Ortaya çıkan ne olursa olsun." durumuna girdiğiniz yerdir. Şehvet yanlışlık değildir. Şehvet kısıtlı olmaisteksizliğinizin üstesinden gelemeyeceğinizbir yerdir. Her seferinde kısıtlama yüzünden şehveti seçeceksiniz. Bunu bir avantaj ve olasılık olarak görmek yerine, yanlışlık olarak görürsünüz. Neden? Çünkü size daima şehvetin yanlış olduğu söylendi. Bu gerçekten yanlış mı – yoksa sadece bulunduğunuz yer mi?

Birisi sizinle seks yapmak istediği zaman, "Vay canına, bu kişi benimle seks yapmak istiyor. Ne kadar da harika değil mi" diyor musunuz? Yoksa "Bunu nasıl ve ne zaman yapabilirim" sonucuna mı varıyorsunuz? Şu soruya göz atmaya istekli olmak zorundasınız, "Ayrıca bu kişi benimle hangi nedenle seks yapmak istiyor?"

Seminer Katılımcısı:
Bu benim için değişim olurdu.

Gary:
Pek çok insan sizinle seks yapmayı seçerdi çünkü a) siz bir erkeksiniz, b) cinselliğiniz var, c) kadınlardan gerçekten hoşlanıyorsunuz ve d) makul seviyede oral seks yapmayı biliyorsunuz, ama sadece makul seviyede, iyi değil.

Yeri gelmişken, siz çocuklar şayet bilmiyorsanız, daha iyi oral seks yapmayı öğrenmeniz gerekir.

Başka birisinin sizinle yapmak istediği seks lehinde ve aleyhinde savunma yaratmak için hangi aptallığı kullanmayı seçiyorsunuz? Bununla ilgili var olan her şeyi godzilyon kez yıkıp yaratımlarını tümüyle iptal eder misiniz? Right and Wrong, Good and Bad, POD and POC, All Nine, Shorts, Boys and Beyonds

Seminer Katılımcısı:
Geçen hafta, benimle çıkmak isteyen bir kadın tarafından sorguya çekildim. İlk günden yatağa gitmediğini savunmaya başladı. O nedenle ona sadece sordum "Elde edilmesi zor kadını mı oynuyorsun yoksa?"

"Evet, ama ona ulaşmak için kim olurdun veya ne yapardın?" diye sordu.

Ben de ona "Kendim olurdum" dedim.

"Ha, bir kendini beğenme durumu var, öyle mi?" dedi.

Bu yüzden ondan sonra ona "Listemin dışındasın. Hadi yoluna" dedim.

Gary:
Türlerin dişisi hangi amaçla tasarlanmıştır? Bebek sahibi olmak (doğurmak) için mi yoksa olmamak (doğurmamak) için mi?

Seminer Katılımcısı:
Bebek sahibi olmak (doğurmak).

Gary:
Evet, öyleyse kadın kimi seçecek? Damızlıkta iyi olan bir erkek seçecek. Adamın birine göz atar ve "O damızlık olarak iyi; öyleyse, onunla seks yapacağım" der. Bir başka adama göz atar ve "Bu adamın fiziksel engeli olabilir. O iyi bir seçim değil" der. Başka birisine bakar ve "Onun hastalığı var. Onu istemiyorum." veya "Onun bağımlılığı var, onun için en iyi damızlık değil" der. Bütün bunların hepsi en iyi damızlık olarak kimi seçebileceğiyle ilgilidir.

Bir kadının size hiç "Birlikte çok güzel çocuklar yapabiliriz" dediğini duydunuz mu?

Seminer Katılımcısı:
Aslında çok fazla diyen olmadı. Benim için çoğu zaman bunun tersi oldu.

Gary:
Bunu söyleyen sendin değil mi? Ancak bunu ona söylemen için seni besliyordu (dolduruşa getiriyordu) böylece seni bunu seçecek hale getirebilirdi.

Kimin başka sorusu var?

Diğer Erkeklere Karşı Kötü Olmak (Davranmak)

Seminer Katılımcısı:
Bir keresinde bir başka arkadaşıma öfkelendim ve ona "Bedenin dört sinir sistemi vardır – merkezi sinir sistemi, sempatik sinir sistemi, duyarsız sinir sistemi ve sonuncusu ki bu sende en aktif olan bir sistem" dedim. Kahretsin. Öfkelendi ve çok eğlenceliydi. Erkekler böyle mi iş görür?

Gary:
Hayır. Sen onunla seks yapıyormuş gibi hissettin ve onunla seks yapamamanın tek yolu ona kötü bir şeyler söyleyerek ondan kaçınmaktır. Erkekler diğer erkeklere kötü şeyler yaparlar çünkü onlarla seks yapmak isterler.

Bununla ilgili algılamaya, bilmeye, olmaya ve alıp kabul etmeye istekli olmadığınız her şeyi yıkıp yaratımlarını tümüyle iptal eder misiniz? Right and Wrong, Good and Bad, POD and POC, All Nine, Shorts, Boys and Beyonds

Her ne zaman başka bir erkeğe kötü davranırsanız, sorun "Bunu yapmayı bu adamla seks yapmak istediğim nedeniyle mi seçiyorum?" Bir başka erkekle seks yapmanız bu realitede kabul edilebilir değildir, öyle mi? Hayır. Eğer heteroseksüelseniz kabul edilmez. Onun için neden bir heteroseksüel olmak zorundasınız?

Seminer Katılımcısı:
Bu bir modeldir. Uyum sağlanacak bir model.

Gary:
Bunu, seçeneklere sahip olmaktansa kendi realiteniz kılmak için yapıyor olduğunuz her şeyi yıkıp yaratımlarını tümüyle iptal eder misiniz? Right and Wrong, Good and Bad, POD and POC, All Nine, Shorts, Boys and Beyonds

Yeri gelmişken, sizi erkeklerle seks yapmak için cesaretlendirmeye çalışmıyorum. Bunu lütfen bilin. Eşcinsel adam erkeklere kızmaz. Onlarla cinsel ilişki kurmaya çalışır. Siz beyler, erkeklere kızarsınız.

Aslında onlarla seks yapmak istediğiniz erkeklere kızgın olduğunuz bütün o yerlere geri dönüp bakın.

Eğer seks yapmaya istekli olsaydınız farklı bir tepkiniz olabileceğini algılamanıza, bilmenize, olmanıza ve alıp kabul etmenize izin vermeyen her şeyi yıkıp yaratımını iptal eder misiniz? Right and Wrong, Good and Bad, POD and POC, All Nine, Shorts, Boys and Beyonds.

Erkeklerle seks yapmanızı savunmuyorum. Aslında ne olduğuna göz atmanız için size özgürlük vermeye çalışıyorum, böylece seçimlerinizin nerede olduğunu bilirsiniz. Bir erkekle seks yapmaya istekli olabilirdiniz gerçeği, hayatınızda sizinle seks yapmak isteyecek birisinin olmasına istekli olduğunuz anlamına gelir.

Seminer Katılımcısı:
Bu diğer erkekleri alıp kabul etmenin büyük bir bölümü değil mi? Cinsel birleşme bölümü değil, alıp kabul etme bölümü.

Gary:
Evet. Aynı kendini seksüel bulduğun gibi başka bir erkek de seni seksüel bulduğunda alıp kabul etmek zorundasınız. Bu erkeklerle

seks yapmanız gerekir demek değildir. Sahip olmanız gereken şey, etrafınızdaki herkeste seks yapma isteği yaratacak kadar çok seksüel olduğunuzun farkındalığıdır.

Bununla ilgili var olan her şeyi godzilyon kez yıkıp yaratımlarını tümüyle iptal eder misiniz? Right and Wrong, Good and Bad, POD and POC, All Nine, Shorts, Boys and Beyonds.

Diğer Erkelerin Kadınlarını Çalmaya Çalışmak.

Seminer Katılımcısı:
Hümanoid erkeklerin, başka erkeklerin kadınlarını çalmaya çalışmadıklarını söyledin.

Gary:
Evet.

Seminer Katılımcısı:
Ben kendimi hümanoid olarak düşünüyorum, yine de bunu birkaç defa yaptığımı görebiliyorum. Bu nedir?

Gary:
Gerçekten onların kadınlarını çalmaya mı çalışıyorsun yoksa kadınlar erkeklerini kıskandırmak mı istiyor?

Seminer Katılımcısı:
İşte o.

Gary:
Farkında olduğunuz zaman, bunlara "Bu kişi ne isterdi?" bakış açısından bakmak eğiliminde olursunuz. Eğer sizden istediklerini vermeye çalışmak yerine her bir kişi için neyin mümkün olduğunu görmeye istekli olsaydınız bu neye benzerdi?

Seminer Katılımcısı:
Ve işime yarayanı seçmek...

Gary:
Evet ve mesele şu ki, psişik olarak o kadar farkındasınız ki başka bir

erkeğin kadınını çalmaya kalktığınızda, bunun nedeni o kadının erkeğini kıskandırmak istemesidir. Dain bir gece bir kadınla birlikteydi ve ben "Çok kıskandım. Onun bu kadınla seks yapmak istemesine inanamıyorum." diye düşünüyordum.Şöyle dedim, "Ne? Dur bir dakika! En iyi koşullar altında, bu benim bakış açım olmamalı. Bu nedir?"

Bunun, onun (kadının) düşüncesi olduğunun fark ettim. Birisinin evreninde kıskançlık istiyordu. Ertesi sabah, Dain'e sordum, "Dün gece ne oldu? Neler oldubitti?" Dedi ki, "Yani, gece kaldı çünkü eve dönüşte araba kullanmak için çok sarhoştu, ama 'Merak etme, bir şey yapmayacağım' demek için erkek arkadaşını aradı ve benimle birlikte uyumaya istekli değildi. Yerde uyudu. Bu kadınları zerre kadar anlamıyorum. Benimle seks yapmak istediğini söyledi, ama sonra yapmadı."

Sordum, "Sence bu seninle çıkarak ve eve dönemeyecek kadar sarhoş olmak suretiyle erkek arkadaşını kıskandırmanın bir yolunu bulmak olabilir mi?"

Dain "Evet!" dedi.

Bu bir kez ortaya çıkınca, farkında olduğum şeyin, Dain'in farkında olmaya istekli olmadığı şey olduğunu kavradım. Kadın erkek arkadaşını kıskandırmaya çalışıyordu. Dain ile yatmak üzere odasına gittiği şekilde davranıyordu, ama bunu erkek arkadaşını kıskandırmak için yapıyordu, böylece erkek arkadaşı çok sinirlenecekti. İnsanların nereden işlevsel olduklarını görmeye istekli olmadığınız zaman, daima onların çılgınlığını etkisi haline gelirsiniz.

İnsanlar çıldırdığında bunun farkındalığına sahip olmak yerine, kendinizi insanların bu çılgınlığının etkisi haline getirmek için yaptığınız her şeyi yıkıp yaratımlarını tümüyle iptal eder misiniz? Right and Wrong, Good and Bad, POD and POC, All Nine, Shorts, Boys and Beyonds

Bölüm: Centilmen Nedir?

Ben bu boku uzun zamandır biliyorum. Neden diğerleri bilmiyor?

Seminer Katılımcısı:
Çünkü sen acayipsin.

Gary:
Evet, biliyorum. Bunun nedeni acayip olmam.

Vergilendirme

Herhangi biriniz şimdiye kadar hiç, birisiyle seks yapıp ondan sonra bunu uygun kılmak üzere onlar için bir şeyler yapmak zorunda olduğunuzu hissettiğiniz oldu mu?

Seminer Katılımcısı:
Evet.

Gary:
Bu vergilendirme biçimidir. Bu vergilendirmedir – seçim değildir, olasılık değildir ve yaratım ve oluşturma değildir. Şimdiye kadar hiç birisinin üstüne gittiğiniz ve onlarında sizin üstünüze gelmeleri gerektiğini düşündünüz mü?

Seminer Katılımcısı:
Evet.

Gary:
Ya da tam tersi?

Seminer Katılımcısı:
O da vergilendirme mi?

Gary:
Evet. "sahip olduğum şey için ödemek zorunda olduğum vergi vardır." Vergilendirme başka ne ortaya çıkarsa çıksın ödemek zorunda olduklarınız parça ve bölümleridir. Eğlenceymiş gibi gelmiyor mu?

Seminer Katılımcısı:
Hayır. Onu aştım.

Gary:
Harika. Tamam, sonraki soru.

Bu Realitenin Ötesinde Bir Cinsel Realite

Seminer Katılımcısı:
Bu telekonferanslar boyunca erkekler için eğilimin "Daha iyi ve daha fazla seks nasıl elde ederim?" diye sormak olduğunu fark ettim. Gerçekten bunun için mi buradayız?

Gary:
Yani, bunun için burada değiliz, ama bu burada olmanın iyi taraflarının bir parçası.

Seminer Katılımcısı:
Benim bakış açımdan, hanımım çok seksi ve ben ona tapıyorum, ancak tabi ki sadece penisimin ıslanmasından daha fazlası var. Senin bakış açından, bunun ötesinde henüz göz önüne almadığımız neler var? Onu elde etmek için ne gerekir?

Gary:
Tümüyle bu realitenin ötesindeki cinsel realitenin hangi fiziksel gerçekleştirmesini şimdi artık oluşturmaya, yaratmaya, başlatmaya ve sürdürmeye isteklisiniz? Bununla ilgili var olan her şeyi godzilyon kez yıkıp yaratımlarını tümüyle iptal eder misiniz? Right and Wrong, Good and Bad, POD and POC, All Nine, Shorts, Boys and Beyonds.

Bunun Hepsi Alıp Kabul Etmenin bir Yargısıdır

Seminer Katılımcısı:
Bu telekonferanslarda, kadınlar ve seks hakkında bir sürü konuşmalar vardı. Bunlar hakkında konuşmamızın nedeni bunun hayatımızın bütün parçalarıyla birbirine çok bağlı olması ve bunun bir yöntem…

Bölüm: Centilmen Nedir?

Gary:
Ne yazık ki, bir sürü zamanı seks yapmalı mıyız yoksa yapmamalı mıyız, seks yapmak uygun mudur yoksa değil midir, eğer seks yaparsak daha fazla mı elde ederiz yoksa seks yapmazsak daha fazla elde edemez miyiz,diye belirlemeye çalışmakla harcadık. Bunların herhangi bir yargı mı yoksa hepsi birden mi yargı?

Seminer Katılımcısı:
Hepsi yargılamayla ilgili ve sahip bütün alanlardaki bütün yargılamalarla bağlantılı mı, aynı zamanda hayatlarımınız diğer bölümleriyle de bağlantılı mı?

Gary:
Bunun hepsi alıp kabul etmenin bir yargısı. Unutmayın, seks alıp kabul etmekle ilgilidir.

Seminer Katılımcısı:
Biliyorum, biliyorum.

Gary:
Diyelim ki bir kadınla seks yapacaksınız. Ondan ne alıp kabul etmeye isteklisiniz? Herhangi bir şey mi yoksa hiçbir şey mi? Hiçbir şey.

Seminer Katılımcısı:
Hiçbir şey çıktı.

Gary:
Ki işte bu nedenle onunla (kadınla) seks yapmaya çalışıyorsunuz, böylece kendiniz hakkında beğenmediğiniz her şeyi ona verebilirsiniz.

Bununla ilgili var olan her şeyi godzilyon kez yıkıp yaratımlarını tümüyle iptal eder misiniz? Right and Wrong, Good and Bad, POD and POC, All Nine, Shorts, Boys and Beyonds.

Seminer Katılımcısı:
Tersi durumlar için, diğer kişinin alıp kabul edebileceğinden daha fazlasını verme durumu hakkında söylenecek herhangi bir şey var mı?

Gary:
Siz hala neyi alıp kabul edebileceğinizin değil neleri verebileceğinizin hesabı içindesiniz. Eğer olduğunuz her şeyi alıp kabul edebilecek birisini görmeye istekli olsaydınız, bunun tarafından tuzağa düşürülür müydünüz?

Seminer Katılımcısı:
Buna bir evet' im var.

Gary:
İşte problem budur. Olduğunuz her şeyi alıp kabul edecek birisini elde ettiğiniz zaman, bir şekilde tuzağa düşeceğinizi hissedersiniz. Bu doğru mu yoksa yalan mı yoksa aslında gerçek olmayan ama sizin gerçek yapmaya çalıştığınız delilik mi?

Seminer Katılımcısı:
Ah, sıçtık!

Gary:
Bununla ilgili var olan her şeyi godzilyon kez yıkıp yaratımlarını tümüyle iptal eder misiniz? Right and Wrong, Good and Bad, POD and POC, All Nine, Shorts, Boys and Beyonds.

Seçimlerden vazgeçmekle, bunlardan vazgeçmemekten daha çok ilgilenirsiniz.

Seçtiğiniz kendinizi bilinç karşıtlığı ve bilinçsizliğin kölesi yapmak için hayat, yaşam ve cinsel birleşmenin hangi yaratımını kullanıyorsunuz? Bununla ilgili var olan her şeyi godzilyon kez yıkıp yaratımlarını tümüyle iptal eder misiniz? Right and Wrong, Good and Bad, POD and POC, All Nine, Shorts, Boys and Beyonds.

Bölüm: Centilmen Nedir?

Lütfen şunu anlayın, çoğunuz kendinizi bu realiteye köle haline getirdiniz. Seçimlerinizin neler olduğuna göz atmak zorundasınız. Siz daha çok hangi seçeneklere sahip olmadığınızla ilgileniyorsunuz. Bu sizin en iyi seçiminiz değildir.

Seminer Katılımcısı:
Çok güzel bir kadınla birlikteyim ve bu sefer gerçekten farklı oldu. Çok kolay oldu. Yaptığımız seks şaşırtıcıydı, onunla bağlantı kurma biçimimde öyleydi. Sadece alandı. Bu nedir? Bu onu alıp kabul etmeyen ben mi?

Gary:
Hayır, bu aslında alıp kabul etmedir.

Seminer Katılımcısı:
Çok farklıydı bununla ne yapacağımı neredeyse bilmiyorum. Buna hiç alışık değilim.

Gary:
Evet, sizden gerçekten alıp kabul edebilecek bir kadını hiç seçmediniz, değil mi?

Seminer Katılımcısı:
Hayır, seçmedim.

Gary:
Ve şimdiye kadar hiç sizinle gerçekten ilgilenen kadınlar seçtiniz mi?

Seminer Katılımcısı:
Hayır.

Gary:
Neden? Neden sizinle ilgilenmeyen kadınlar seçerdiniz? Nedeni böylece sizin de aslında onlarla ilgilenmek zorunda olmayacağınız mı?

Seminer Katılımcısı:
Evet.

Gary:
Onlarla ilgilenmek zorunda olmadığınız kadınları seçmek için yaptığınız her şeyi yıkıp yaratımlarını tümüyle iptal eder misiniz? Right and Wrong, Good and Bad, POD and POC, All Nine, Shorts, Boys and Beyonds.

Şansa bakın ki, bunu yapan sadece sizsiniz.

Seminer Katılımcısı:
Evet, doğru.

Gary:
İlgilenmek üzere birisini seçmek için, neden ilgilenmek zorunda olmadığınız bir kadın seçiyorsunuz?

Seminer Katılımcısı:
Bu gerçekten iyi bir soru. Bu daha büyük olmama dışında kendimi kontrol etmek mi?

Gary:
Bu kendinizi kontrol etmek mi? Yoksa kendi muazzamlığınızı hiçbir zaman seçmemeyi garanti etme yöntemi mi?

Seminer Katılımcısı:
İkincisi.

Gary:
Bununla ilgili var olan her şeyi godzilyon kez yıkıp yaratımlarını tümüyle iptal eder misiniz? Right and Wrong, Good and Bad, POD and POC, All Nine, Shorts, Boys and Beyonds.

Seminer Katılımcısı:
Teşekkür ederim Gary. Bu telekonferans dünyamı salladı. Onlara çok müteşekkirim.

Gary:
Çok mutlu oldum. Hatta sadece altı veya sekiziniz eğer daha büyüğünü seçmeye başlarsanız, siz beyler belki dünyayı değiştirebilirsiniz ve ben seks ve ilişkinin farklı olduğu zaman

burada neyin süregeldiğini görmeyi gerçekten isterim.

Seminer Katılımcısı:
Hadi dünyayı değiştirelim!

O (kadın) Ne Tür bir Gelecek Yaratmaya Çalışıyor?

Gary:
Evet. Esasında, kadınların işi bir gelecek yaratmaya istekli ve muktedir olmalarıydı, çünkü kadınlar bunu görmeye pek çok erkeğin olduğundan daha isteklidir. Bu daha iyi oldukları anlamına gelmez. Sadece daha istekli oldukları anlamına gelir.

Seminer Katılımcısı:
Bu aynı zamanda kadınların dışarı çıkıp dünyayı fethetmelerinin ve erkeklerin aynı yerde kalmalarının daha büyük ihtimal olması nedeniyle mi?

Gary:
Çoğu hümanoid erkek dünyaya açılıp onu fethetmektense, rahat bir hayat yaşamayı ve çocukları için bir yuva kurmayı tercih eder.

Kadınlar bir gelecek yaratmayı isterler. Kadınları gülünç duruma düşürmek için yapılan şey onları gelecek arzularının çocuklar hakkında olduğuna ki aslında öyle olması gerekmez, inandırmaktır. Yaptıkları şeyiçocuklar için yapmıyorlar. Yaptıkları şeyi,farklı bir olasılık yaratacak şey için yapıyorlar.

Bununla ilgili var olan her şeyi godzilyon kez yıkıp yaratımlarını tümüyle iptal eder misiniz? Right and Wrong, Good and Bad, POD and POC, All Nine, Shorts, Boys and Beyonds.
Bir kadınla birlikte olduğunuz da beyler, "Burada ne tür bir gelecek yaratmaya çalışıyor?" sorusuna göz atmak zorundasınız. Eğer çocuk sahibi olmakla ilgili bir gelecek yaratmaya çalışıyorsa, bu realiteye satın alıyordur. Yaşamak istediğiniz realite bu realite mi? Eğer bebekleri yaratmaya çalıştığını anlarsanız, onunla eğer olmasaydı sizin sahip olacağınız ilişkiyle aynı tür ilişkiye mi sahip olacaksınız?

Seminer Katılımcısı:
Hayır.

Gary:
Eğer yaratmaya çalıştığı geleceğin ne olduğuna göz atarsanız, kendi yanlışlığınızı daha fazla satın almazsınız. Bir kadın, içine sizi de dâhil eden bir gelecek yaratmaya istekliyse, yanlışlığınızı yaptığınız seçimlerden daha gerçek kılmayacaktır.

Eğer hangi geleceği yaratmaya çalıştığını bilseydiniz, siz ne yaratırdınız? Eğer sizin sahip olmaya istekli olduğunuzdan daha harika bir gelecek yaratmaya çalışıyorsa, onunla birlikte olabilir misiniz?

Seminer Katılımcısı:
Bunun için bende bir hayır cevabı var.

Gary:
Evet. Bu bir "hayır" dır. Onun (kadının) yaratmaya istekli olduğu geleceği yaratmaya istekli olmak zorundasınız. Sahip olmaya istekli olduğu gelecek, ne denli büyük bir gelecek? Eğer bunu bilmeye istekliyseniz, onunla birlikte her şeyi yaratabilirsiniz. Bir ilişki yaratabilirsiniz. Hadi diyelim dışarı çıkıp dünyayı fethetmeyi arzulayan bir kadınınız vardı ve siz evde olmaktan, bir sürü şeyi yapmamaktan mükemmel biçimde mutluydunuz. Eğer durum böyle olsaydı, o kadın sizinle birlikte kalır mıydı?

Seminer Katılımcısı:
Hayır.

Seminer Katılımcısı:
Eğer durum buysa sonra ne olacak?

Gary:
Sonra sormak zorunda kalacaksınız, "Birlikte iyi herhangi bir şey yaratabilir miyiz?"

Seminer Katılımcısı:
Evet.

Bölüm: Centilmen Nedir?

Gary:
Bir ilişki yaratabilmenizin tek yolu onun (kadının) gelecek arzusunun ve sizin oraya gitme kapasitenizin eşleşebilir olmasıdır. Geçmişte işinize yaramayan ilişkilerinize göz atarsanız, kadının sizin arzu etmediğiniz bir gelecek için arzusu var mıydı?

Seminer Katılımcısı:
Evet.

Gary:
İşte bu nedenle o ilişkiler yürümedi.

Bununla ilgili var olan her şeyi godzilyon kez yıkıp yaratımlarını tümüyle iptal eder misiniz? Right and Wrong, Good and Bad, POD and POC, All Nine, Shorts, Boys and Beyonds.

Seminer Katılımcısı:
Bu neden paçayı kurtardığımı ya da ayrıldığım veya daha fazla bir kadın görmek istemediğimi açıklar. Çünkü geleceğin farkındaydım. Onun farkındaydım ama görmeye istekli değildim ve kendimi bunun için hatalı kıldım.

Gary:
Eğer kadının senin takipçisi olmak zorunda olduğun bir geleceği varsa, bu durumda yararlı olabilecek misiniz?

Seminer Katılımcısı:
Hayır.

Gary:
Hayır. Bir takipçi değilsiniz. Lider olmaya gönüllü müsünüz?

Seminer Katılımcısı:
Evet, gönüllüyüm.

Gary:
Yoksa olabileceğiniz lider olmaktan kaçınmaya mı çalışıyorsunuz?

Seminer Katılımcısı:
Evet, kaçınıyorum.

Gary:
Bununla ilgili var olan her şeyi godzilyon kez yıkıp yaratımlarını tümüyle iptal eder misiniz? Right and Wrong, Good and Bad, POD and POC, All Nine, Shorts, Boys and Beyonds.

Lütfen şunu bilin ki sizi yanlış kılmaya çalışmıyorum. Sizin hayatınızda neyin işe yaramadığını görmenizi istiyorum böylece daha harika bir şeyler yaratabilirsiniz. Hepinizin diğer insanların yaratma yeteneği olmadığı şeyleri yaratma yeteneğine sahip olması benim için çok gerçek, ancak hayatınızda kadınlarla çok haşır neşir oluyorsunuz. Onların her şeyin daha kolay işe yarar yapacak bir şeyleri seçeceğini düşünmeye devam ediyorsunuz. Bu gerçekten mümkün mü?

Seminer Katılımcısı:
Değil.

Durdurulamaz Olmanın Dışına Çıkmak

Seminer Katılımcısı:
Bugün babamla temas kurdum. On üç yıldır onunla görüşmüyordum.

Gary:
Babanla ilgili seni onunla konuşmaktan alıkoyan, farkında olmak istemediğin neyin farkındaydın?

Seminer Katılımcısı:
Beni özledi.

Gary:
Bu hoş bir şey, ama farkında olduğun şey bu değil.

Seminer Katılımcısı:
Sanırım ayrıca hasta da.

Bölüm: Centilmen Nedir?

Gary:
Farkında olduğun şey bu değil. Babanız sizin olduğunuz kadar seksüel miydi? Yoksa daha mı seksüeldi?

Seminer Katılımcısı:
Daha fazla.

Gary:
Annen bundan hoşlanıyor muydu yoksa nefret mi ediyordu?

Seminer Katılımcısı:
Nefret ediyordu.

Gary:
Sen bundan hoşlanıyor muydun yoksa nefret mi ediyordun?

Seminer Katılımcısı:
Hoşlanıyordum.

Gary:
Öyleyse baban gibi büyümek istedin ama bunu yapmaya direnç mi gösterdin?

Seminer Katılımcısı:
Evet.

Gary:
Bununla ilgili var olan her şeyi godzilyon kez yıkıp yaratımlarını tümüyle iptal eder misiniz? Right and Wrong, Good and Bad, POD and POC, All Nine, Shorts, Boys and Beyonds.

Seminer Katılımcısı:
Ben doğduğumdan beri birlikte asılı duruyordu, annem bana direnç gösteriyor ve babamı reddediyordu.

Gary:
Annenin gereksinimlerine uymak için cinsel enerjini azaltmaya/hafifletmeye istekli miydin?

Seminer Katılımcısı:
Kesinlikle.

Gary:
Diğer insanların gereksinimlerine uymak için cinsel enerjinin ne kadarını azalttın/hafiflettin? Çok mu, birazcık mı yoksa megatonlarca mı?

Seminer Katılımcısı:
Sonuncusu.

Gary:
Bununla ilgili var olan her şeyi godzilyon kez yıkıp yaratımlarını tümüyle iptal eder misiniz? Right and Wrong, Good and Bad, POD and POC, All Nine, Shorts, Boys and Beyonds.

Anneleriniz tarafından kabul edilebilir veya babalarınız tarafından kabul edilemez ya da babalarınıza çok benzer biçimde anneleriniz tarafından kabul edilebilir olan bir şeyle eşleşmek için kaçınız cinsel enerjinizi azalttınız/hafiflettiniz? Bununla ilgili var olan her şeyi godzilyon kez yıkıp yaratımlarını tümüyle iptal eder misiniz? Right and Wrong, Good and Bad, POD and POC, All Nine, Shorts, Boys and Beyonds.

Sadece babanızın olduğu kadar seksüel olma veya annenizin olduğu kadar seksüel olma veya birlikte oldukları kadar seksüel olma kabiliyetiniz olduğu için/olması nedeniyle – işte bu. Birlikte oldukları kadar seksüel olmaya istekli olmayacaksınız, çünkü sizi yapan

ın bu olduğunu var sayıyorsunuz. Özür dilerim. Sizi yapan şey o değil. Sizi istediğiniz beden yapmaları için onları birbirlerine çarptırdınız. O sizi varlık yapmadı. Varlık, siz zaten kendinizdiniz.

Bununla ilgili var olan her şeyi godzilyon kez yıkıp yaratımlarını tümüyle iptal eder misiniz? Right and Wrong, Good and Bad, POD and POC, All Nine, Shorts, Boys and Beyonds.

Bölüm: Centilmen Nedir?

Size benzer birisini yaratmamak için babanız ve annenizin birlikte oldukları kadar seksüel olmamak için kendi hayatınızdan gelen bütün cinsel enerjiye direnç gösteriyorsunuz. Bu harika ve tabi kendinizi yargılamayı talep etmiyor, değil mi?

Seminer Katılımcısı:
Aman tanrım.

Gary:
Bununla ilgili var olan her şeyi godzilyon kez yıkıp yaratımlarını tümüyle iptal eder misiniz? Right and Wrong, Good and Bad, POD and POC, All Nine, Shorts, Boys and Beyonds.

Siz beylerin ereksiyon olmanız şöyle dursun, yürüyebilmeniz, konuşabilmeniz ve çiklet çiğnemeniz bile şaşırtıcı ve inanılmaz.

Seminer Katılımcısı:
Bu aynı zamanda yargılamak, düzeltmek veya kelimi kapatmaya çalışmak için neden başka şeyler aradığımın sebebini de açıklar.

Gary:
Neden hayret verici olduğunuzu anlamıyorsunuz? Ne kadar hayret verici olduğunuzu görmek size neden savunulamaz, kavranılamaz ve uygunsuz geliyor?

Ne kadarınızı babanız ve annenizin birlikte oldukları kadar seksüel olmaktan - ki bedeninizi yaratmaları için içlerinde yarattığınız şey budur, endişeduymanız nedeniyle uygunsuz yaptınız. Sizin kadar harika birisini yaratmaya ve onlara sahip olduğunuza eşit bir beden vermeye istekli değil misiniz? Bu bir evet olmalı.

Bununla ilgili var olan her şeyi godzilyon kez yıkıp yaratımlarını tümüyle iptal eder misiniz? Right and Wrong, Good and Bad, POD and POC, All Nine, Shorts, Boys and Beyonds.

Seminer Katılımcısı:
Bu başka herkesi geçersiz kılardı.

Gary:
Başka herkesi geçersiz kılar mıydı yoksa başka herkese ilham mı verirdi?

Seminer Katılımcısı:
Evet, ilham verirdi.

Gary:
Kaçınız böylece kendinizi var oluşun dışına atabilmek için başkalarına dinamik biçimde ilham vermeyi reddediyorsunuz? Bununla ilgili var olan her şeyi godzilyon kez yıkıp yaratımlarını tümüyle iptal eder misiniz? Right and Wrong, Good and Bad, POD and POC, All Nine, Shorts, Boys and Beyonds.

Seminer Katılımcısı:
Bu kendimizi kutlamak için bütün bu icatları ve standartları ve ortaya çıkartabildiğimiz her şeyi koyduğumuz yer.

Gary:
Peki, bunlardan herhangi biri gerçekten sizin mi?

Seminer Katılımcısı:
Hayır.

Gary:
Gerçekten seçebileceğiniz, eğer seçmiş olsaydınız sizin için tamamıyla farklı bir evren yaratabilecek cinselliğinizin hangi yaratımını reddediyorsunuz? Bununla ilgili var olan her şeyi godzilyon kez yıkıp yaratımlarını tümüyle iptal eder misiniz? Right and Wrong, Good and Bad, POD and POC, All Nine, Shorts, Boys and Beyonds.

Seminer Katılımcısı:
Oh, ulu tanrım. Benimle dalga mı geçiyorsun?

Gary:
Eğer reddetmeseydiniz size olduğunuz her şey olmanıza izin verecek cinselliğinizin hangi yaratımını reddediyorsunuz? Bununla ilgili var olan her şeyi godzilyon kez yıkıp yaratımlarını tümüyle

Bölüm: Centilmen Nedir?

iptal eder misiniz? Right and Wrong, Good and Bad, POD and POC, All Nine, Shorts, Boys and Beyonds.

Siz beyler, kendi cinsel enerjinizi reddetmek için pek çok şey yapıyorsunuz.

Seçtiğinizi kısıtlamayı yaratmak için hangi cinsel enerjinizi reddediyorsunuz? Bununla ilgili var olan her şeyi godzilyon kez yıkıp yaratımlarını tümüyle iptal eder misiniz? Right and Wrong, Good and Bad, POD and POC, All Nine, Shorts, Boys and Beyonds.

Seminer Katılımcısı:
Ben her zaman cinsel enerjimi reddettim.

Gary:
Neden? Çünkü kimse alıp kabul edemiyor? Yoksa çünkü eğer o olabilseydiniz, yapabileceğinizi düşünmediğiniz bir şey olmak zorunda mı kalırdınız?

Seminer Katılımcısı:
Oh, sıçtık.

Seminer Katılımcısı:
Seni bunun hakkındaki konuşmanı dinlerken, aklıma gelen kelime kavranılamaz oldu. Bu kadar çok cinselliğe adım atmak kavranılamaz.

Gary:
Durdurulabilir olmanın dışına adım atmak mı demek istedin?

Seminer Katılımcısı:
Evet.

Gary:
Bununla ilgili var olan her şeyi godzilyon kez yıkıp yaratımlarını tümüyle iptal eder misiniz? Right and Wrong, Good and Bad, POD and POC, All Nine, Shorts, Boysand Beyonds.

Seminer Katılımcısı:
Bedenimin bunu yapmama istekli olmadığı bir yere vardım. Kurdeşen döktüm.

Gary:
Bedenin gerçekten onu yapmana istekli değil miydi? Yoksa eğer yapmaya istekli olsaydın değişmek zorunda kalırdı biliyor muydun? Ve bedenin eğer seçmeye istekli olsaydın değişmek zorunda olduğunu biliyor mu?

Seminer Katılımcısı:
Evet.

Gary:
Bununla ilgili var olan her şeyi godzilyon kez yıkıp yaratımlarını tümüyle iptal eder misiniz? Right and Wrong, Good and Bad, POD and POC, All Nine, Shorts, Boys and Beyonds.

Gary:
O size şunu anlatıyor, "Tamam, bu bir uyarı atışıdır. Eğer bu yoldan aşağı devam ederseniz, çok daha fazla değişeceksiniz."

Seminer Katılımcısı:
Bu enteresan, çünkü kurdeşen her zaman başka bir şey seçmek üzereyken kendini gösterirdi. Ondan sonra kendimi hatalı kılardım. "Yanlış ne yapıyorum? Bir şeyleri mutlaka yanlış yapmış olmalıyım" haline giriyordum.

Gary:
Öyleyse kendini hatalı kılmaktan hoşlanıyor musun?

Seminer Katılımcısı:
Yani, onu yapmakta iyiyim.

Gary:
Eğer yapıyorsanız, cevap evettir. Ve açıkça görülüyor ki hayatınızı yok ediyorsunuz.

Bölüm: Centilmen Nedir?

Seminer Katılımcısı:
Evet. Onu biliyorum. Yanlışlık alanına her girdiğimde, bu kesinlikle hiçbir şey yaratmıyor.

Gary:
Bunun nedeni gerçekten herhangi bir şeye yaratmak istemiyordun, değil mi?

Seminer Katılımcısı:
Benim için partnerim birkaç haftalığına uzaktayken evde olmak, kendi evimde olmak, ilginç oluyor. Geldiği zaman yıkım enerjisini fark ediyorum.

Kısıtlama Enerjisi

Gary:
Bu gerçekten yıkım enerjisi mi yoksa kısıtlama enerjisi mi?

Seminer Katılımcısı:
Doğru. Kısıtlama enerjisi.

Gary:
Kısıtlama senin için neden olasılıktan önemli?

Seminer Katılımcısı:
Şey...

Gary:
Karar verdiğin şeyin sahip olmaya istekli olduğun realite olduğu kısıtlamasının ötesine geçmek zorunda kalır mıydın?

Seminer Katılımcısı:
Evet.

Gary:
Bunu yapmaya gönüllü müsün?

Seminer Katılımcısı:
Hayır geldi.

Gary:
Sahip olmaya istekli olduğun şeylerin kısıtlamalarının ötesine gitmeye neden istekli değildin? Halen aşina olduğun kısıtlamaların içinde yaşamaya mı isteklisin? Yoksa o enerjinin birlikte yaşayabileceği şeyin ötesine gitmeye mi isteklisin?

Seminer Katılımcısı:
Ötesine gitmeye istekliyim.

Gary:
Kendinizden talep etmek zorunda olduğunuz şey şudur: Tamam, neye mal olursa olsun, buradaki bütün kısıtlamaların ötesine gideceğim. Hayatımı bu kısıtlı bakış açısından yaşamayacağım. Benim işime yaramıyor. Ayrıca kimin işine yararsa yarasın, benim işime yaramıyor.

Seminer Katılımcısı:
Evet.

Gary:
Ya bu hiçbir zaman neyin başka birisinin işine yaradığıyla ilgili olmadıysa? Ya bu her zaman neyin senin işine yaradığıyla ilgiliyse?

Seminer Katılımcısı:
Evet. Bunu sevdim.

Gary:
Hayatınızın ne kadarında kendi işinize yarayanı yapmaktan daha kolay olduğu nedeniyle bir kadının işine yarayan şeyler yaptınız?

Seminer Katılımcısı:
Hepsinde.

Gary:
Orası bir centilmen olmak yerine bir erkek olduğunuz yerdir.

Seminer Katılımcısı:
Kesinlikle.

Bölüm: Centilmen Nedir?

Seminer Katılımcısı:
Gary, benim oluşturduğum takiben vereceğim temizlemeyle ilgili düşüncelerin nedir? Herhangi bir şekilde geliştirilebilir mi? Senin farkındalığına göre, etkili mi?

Benim için titreşimsel biçimde uyumlu olacak cinsel, duygusal olarak besleyici, dişi enerjileri alıp kabul etmek için bedenim ve ben hangi enerji, alan ve bilinç olabiliriz?

Gary:
Şey, içinde sadece bir kısıtlama var derdim.

Bütünüyle benim ve bedenim için titreşimsel biçimde uyumlu olacak cinsel, duygusal besleyici enerjiyi alıp kabul etmek için bedenim ve ben hangi enerji, alan ve bilinç olabiliriz?

Sizi cinsel olarak besleyecek sadece dişi enerji olmayabilir. Ya aynı zamanda size dinamik biçimde katkıda bulunacak erkek enerjiler de varsa? Onu alıp kabul etmeye istekli olur muydunuz? Arkadaşınız olmaları dolayısıyla size dişilerin vereceğinden fazlasını verebilecek bazı erkekler vardır. Eğer bunu dişi enerjiyle ilgili kılarsanız, realite olarak sahip olmaya istekli olduğunuzun kısıtlamasını tanımlamış oldunuz. Ayrıca dişi enerji gerçekten var mı? Yoksa dişi bedenini seçen insanların enerjisi mi var? Temizlemede tek fark olarak bunu yapardım.

Seminer Katılımcısı:
Bu telekonferanslar için teşekkürler Gary. Harikaydılar.

Seminer Katılımcısı:
Teşekkür ederim, teşekkür ederim, teşekkür ederim

Gary:
Bu telekonferansta olduğunuz için teşekkür ederim centilmenler. Umarım geleceği bir biçimde değiştirebilir böylece erkekler ve kadınlar için daha fazla özgürlük olur

Seminer Katılımcısı:
Teşekkür ederim Gary, harikasın.

Gary:
Olduğunuz şaşırtıcı erkekler olduğunuz için teşekkürler.

Bölüm: Bir İlişkide Gerçekten Ne İstiyorsunuz?

Eğer bir ilişkiniz varsa, hayatınıza ilave olacak ve onu daha harika, daha iyi ve daha eğlenceli yapabilecek bir şey olmalı.
Bir ilişki eğer bunu yapmıyorsa, neden bir ilişki içinde olasınız ki?

Gary:
Merhaba centilmenler. Hadi bir soruyla başlayalım.

Kadınların Mükemmelliği

Seminer Katılımcısı:
Son telekonferansta, bir centilmen bir kadının ihtiyaçlarının ve taleplerinin ne olduğunun farkında olmaya ve onları vermeye isteklidir dedin. Kendime soruyorum, "Bunun değeri nedir?" Erkekler için işe yarar bir şeymiş gibi görünmüyor. Eski kız arkadaşım bu centilmen işini bana karşı kullanırdı. Bana, "Şunu yapmalısın – veya sen bir centilmen değilsin," gibi şeyler söylerdi ve onun bakış açısından centilmen olmamak bir yanlışlıktı.

Gary:
Hayır. Sizin bakış açınızdan, bu bir yanlışlıktır ki onun "Bunu yapmak zorundasın" demesine istekli olmanızın nedeni budur ve onu yaptınız.

Bir kadın eğer "Eğer bir centilmensen, bunu yapacaksın," derse bu sizi kontrol etmek istiyor anlamına gelir. Kontrol edilmeye gönüllü müsünüz? Evet, belli bir dereceye kadar, ama tümüyle değil. Geçenlerde lanet olası biçimde iyi yeni bir proses ortaya çıktı. Bunu hepinizin üzerinde çalıştıracağım:

Yargıları, kısıtlamaları ve şeytanların davetiyelerini, denizkızlarını ve bilinç karşıtı ve bilinçsizler perilerini yaratmak için kadın mükemmelliğinin hangi yozlaştırmasını kullanmayı seçiyorsunuz? Bununla ilgili var olan her şeyi godzilyon kez yıkıp yaratımlarını tümüyle iptal eder misiniz? Right and Wrong, Good and Bad, POD and POC, All Nine, Shorts, Boys and Beyonds.

Kadının mükemmelliği vardır, ama bu onu mükemmel yapmayı düşündüğümüz şeylerle ilgili değildir. Kadını erkekten daha iyi yapan şey onun sonuca varmak zorunda olmaması gerçeğidir. Hiçbir şeyi düzeltmesi gerekmez. Seçimi erkekten daha fazla yaparlar. Kadın mükemmelliğinin bir parçası, fikrini değiştirebilmesidir – ve erkek bunu kabul etmek zorundadır. Bunu görebilmek zorundasınız yoksa aksi takdirde kendinizi sefil edersiniz.

Kadını mükemmel olarak yarattığınız zaman, şeytanları, denizkızlarını ve perileri davet edersiniz. Denizkızları erkekleri ölüme çağıran kadınlardır. Periler hayatın içine sinsice girip çıkan ama aslında bir parçası haline gelmeyen hayalet benzeri varlıklardır. Kendimizi bir kadının bizden ne isteyebileceği ve arzulayabileceğinin farkında olmaktan uzakta (olmanın dışında) kilitleriz ve ondan sonra onun olduğunu söylediği arzuları ve talepleri kontrol etmeye çalışırız. Olduğunu söylediği arzular ve talepler ve aslında var olanlar iki farklı şeydir.

Yargıları, kısıtlamaları ve şeytanların davetiyelerini, denizkızlarını ve bilinç karşıtı ve bilinçsizler perilerini yaratmak için kadın mükemmelliğinin hangi yozlaştırmasını kullanmayı seçiyorsunuz? Bununla ilgili var olan her şeyi godzilyon kez yıkıp yaratımlarını tümüyle iptal eder misiniz? Right and Wrong, Good and Bad, POD and POC, All Nine, Shorts, Boys and Beyonds.

Tamam, hadi sonraki soruya geçelim.

Seminer Katılımcısı:
Centilmen olarak, aşırı talepkar fahişelerle nasıl başa çıkıyorsun?

Gary:
Sen onlara aşırı talepkar fahişe diyorsun! Gerçekten kadın olan bir kadın dünya gezegeninde var olmayan bir geleceği yaratmak için

savaşacaktır. Gerçek bir kadının yaptığı şey budur. Bütün arzularını, bütün umutlarını ve bütün taleplerini, yerine getirmeniz için çalışmayacaktır. Seyretmiş olduğunuz kadınlara yönelik romantik komedilerden çok fazla şey satın alıyorsunuz. Centilmen olarak aşırı talepkar fahişelerle nasıl başa çıkarsınız? Onları sen aşırı talepkar fahişe olarak adlandırıyorsun.

Pornografi

Seminer Katılımcısı:
Pornografiyle ilgili bir temizleme yapabilir misin? Her ne kadar gerçek olmadığını biliyorsam da her ne yapıyorlarsa bedenler için besleyici olmuyor, pornonun tahrikini gerçek dünyadan daha heyecan verici buluyorum.

Gary:
Evet, peki bu neye dayanarak bir sürpriz oldu? Eğer pornografinin yanılsamalarından işlevsel oluyorsanız, dünyanıza başka hiç kimseyi dâhil etmek zorunda değilsiniz. Hayatınızda gerçek bir kişiye sahip olmak zorunda değilsiniz.

Seminer Katılımcısı:
Genel olarak, porno filmlerdeki kızlar daha güzeller ve daha fazla çeşitlilik var. Bunu temizlemek ve gerçek dünyadaki kızlarla daha fazla mevcut olmak istiyorum.

Gary:
Peki, eğer tercihetmiyorsanız ona sahip olma ihtiyacınız yok. Eğer hayatınızda daha çok pornografide yer alan kadınlara benzeyen kadınlar olmasını tercih ediyorsanız, bu tür bir kadınla yetinmeye istekli olmak durumundasınız. Bu durum iyi olmayacak iyi bir kız elde etmeye çalışıyorsunuz gibi geliyor ve böylece sizi terk etmeyecek şirin, ama çok şirin olmayan, bir kız seçiyorsunuz. Aynı zamanda, size cinsel olarak her şeyi verecek sürtükler ve fahişelere sahip olmaya istekli değilsiniz.

Bunun ortaya çıkardığı her şeyi godzilyon kez yıkıp yaratımlarını tümüyle iptal eder misiniz? Right and Wrong, Good and Bad, POD and POC, All Nine, Shorts, Boys and Beyonds.

Yarattığımız Tılsımlar (Büyüler)

Dain ve ben bu gece yarattığımız tılsımlar (büyüler) hakkında konuştuğumuz bir radyo programı yaptık. Hayatımızda tılsımları (büyüleri) yaratma yöntemimiz bir şeyi sanki doğruymuşçasına defalarca tekrarlamakla oluyor. Şeyler üzerindeki kendi tılsımınızı kendiniz biçimlendiriyorsunuz (kalıba döküyorsunuz). "Buna benzer bir kız istiyorum," sizin biçimlendirdiğiniz (kalıba döktüğünüz) bir tılsımdır (büyüdür). Porno çekimlerin yapıldığı yere gidip porno yıldızı olan bir kız bulmadıkça porno yıldızına benzeyen bir kıza sahip olamazsınız. Ve onun hakkında realiteyle hiç alakası olmayan varsayımlarda bulunursunuz.

Seçtiğiniz porno gereksinimi ve sevgisini yaratmak için kaç tane tılsım (büyü) kullanıyorsunuz? Bununla ilgili var olan her şeyi godzilyon kez yıkıp yaratımlarını tümüyle iptal eder misiniz? Right and Wrong, Good and Bad, POD and POC, All Nine, Shorts, Boys and Beyonds.

Her "Benim penisim çok küçük" dediğinizde bir tılsım (büyü) yaparsınız böylece bir daha hiçbir zaman daha büyük görülemez. Ve hiç daha büyük yapamazsınız.

Seminer Katılımcısı:
Ve kadının mükemmelliği de ayrıca bir tılsım (büyü) olurdu, değil mi?

Gary:
Evet, bütün hayatınız boyunca kadınları mükemmel olarak görmeye çalıştınız. Onları kendinizden daha harika, ya da sizden daha fazla temin ediyor veya başka bir şey olarak gördünüz.

Bedende bir bekleme rotası yaratan sabit bir bakış açısı aldığınızda tılsım (büyü) ortaya çıkar. Bedeninizle ilgili sahip olduğunuz sabit bakış açısının üstünde, aynı zamanda belli bazı şeyleri tekrar tekrar söylediğiniz bir alan vardır. Her ne zaman "Yapamam" veya "Yapmayacağım" ya da "Hayatım berbat" veya "Hatalısın" ya da bu türden herhangi bir şey söylediğinizde bir tılsım (büyü) yaratırsınız.

Bir kadın tarafından size kaç defa yanlış olduğunuz söylendi? Size tılsım (büyü) yapıyordu.

Size yanlış olduğunuzu, onu doğru yapmadığınızı ve onlar için farklı olmanız gerektiğini göstermek için kadınlar tarafından size yapılan bütün tılsımları (büyüleri) yıkıp yaratımlarını tümüyle iptal eder misiniz? Right and Wrong, Good and Bad, POD and POC, All Nine, Shorts, Boys and Beyonds.

Bir kadın için farklı olmak durumunda değilsiniz. İşinize yarayan şey olmak durumundasınız.

Seminer Katılımcısı:
Yaptığım şey bu mu? Kendimi bir kadının gözünden görmeye çalışmak mı?

Gary:
Evet. Size büyü yapıldı ve böylece sadece bir Kadın'ın gözünden görülebilir olduğunuz oldu mu?

Seminer Katılımcısı:
Evet.

Gary:
Sadece bir kadının gözünden görülebilir olmak için yaptığınız her şeyi ve tabi, bir kadın ne kadar sıklıkla size hayatına adım atmanız ve sizi onun gözleriyle görmenize izin verir? Asla. Bununla ilgili var olan her şeyi godzilyon kez yıkıp yaratımlarını tümüyle iptal eder misiniz? Right and Wrong, Good and Bad, POD and POC, All Nine, Shorts, Boys and Beyonds.

Seminer Katılımcısı:
Bu prosesi ilk kullandığınız seminerdeydim ve bu prosesten sonra bütün gurupta hem erkekler ve hem de kadınlar için enerjinin nasıl değiştiğini algıladım. Sanki erkekler için bir prosesmiş gibi görünüyor, ama görünen o ki evreni kadınlar için de, neredeyse erkeklerden fazla aydınlatıyor. Bunun hakkında konuşabilir misin?

Gary:
Eğer kadınlara mükemmel olduklarıyla ilgili projelendirme yapıyorsanız, bu sizin onlara yaptığınız tılsımdır (büyüdür), o nedenle kendilerini mükemmel yapmaya çalışmak için kendilerini yargılamada olmak zorundadırlar.

Seminer Katılımcısı:
Teşekkür ederim.

Gary:
Bir şey değil. Kadınları mükemmel yapmaya çalıştığınızda veya kadınlar için mükemmel olmaya çalıştığınızda, seçim yapacak özgürlüğünüz olmaz.

Yargıları, kısıtlamaları ve şeytanların davetiyelerini, denizkızlarını ve bilinç karşıtı ve bilinçsizler perilerini yaratmak için kadın mükemmelliğinin hangi yozlaştırmasını kullanmayı seçiyorsunuz? Bununla ilgili var olan her şeyi godzilyon kez yıkıp yaratımlarını tümüyle iptal eder misiniz? Right and Wrong, Good and Bad, POD and POC, All Nine, Shorts, Boys and Beyonds.

Eğer daima "Bu kadın benim için mükemmel olacak," şeklinde projelendirme yapıyorsanız, sizin için mükemmel olmasını sağlamak üzere ona tılsım (büyü) yapıyorsunuz. Projelendirmeler tılsım (büyü) yapılmasının yöntemleridir. Bu onlara kendileri olma özgürlüğü verir mi? Bu size kendiniz olma özgürlüğü verir mi?

Seçtiğiniz tuzağı yaratmak için kaç tane tılsım (büyü) kullanıyorsunuz? Bununla ilgili var olan her şeyi godzilyon kez yıkıp yaratımlarını tümüyle iptal eder misiniz? Right and Wrong, Good and Bad, POD and POC, All Nine, Shorts, Boys and Beyonds.

"Onu Düşünmeyi Durduramıyorum"

Seminer Katılımcısı:
Geçenlerde bir kadınla tanıştım ve bana tılsım (büyü) yapılmış gibi hissetim. Onu düşünmeden yapamıyorum. Bununla ilgili neler oluyor?

Gary:
Peki, sizi kadınlara mest olmakta tutan kaç tane tılsımınız (büyünüz) var? Bununla ilgili var olan her şeyi godzilyon kez yıkıp yaratımlarını tümüyle iptal eder misiniz? Right and Wrong, Good and Bad, POD and POC, All Nine, Shorts, Boys and Beyonds.

Ve farkındalığınız yok, onun için sizin hakkınızda düşündüğünde (kadın) bunu asla bilmiyorsunuz, değil mi?

Seminer Katılımcısı:
Kesinlikle - ki bu acayip, çünkü o bütün iletişimi kesti ama çekim hala orada duruyor.

Gary:
İletişimi neden kesti?

Seminer Katılımcısı:
Bununla ilgili çok fazla beyin amcıklaması oldum. Sana verilecek bir cevabım yok.

Gary:
Evet, var. Eğer bilseydin seni özgür kılabilecek olan seçimiyle ilgili bilmek istemediğin şey ne?

Seminer Katılımcısı:
İncinmek istemediğini söyledi.

Bölüm: Bir İlişkide Gerçekten Ne İstiyorsunuz?

Gary:
Evet, bu sizi incitmek istiyor demektir.

Seminer Katılımcısı:
Evet. Şu anda aynen bunu yapıyor.

Gary:
Bununla ilgili var olan her şeyi godzilyon kez yıkıp yaratımlarını tümüyle iptal eder misiniz? Right and Wrong, Good and Bad, POD and POC, All Nine, Shorts, Boys and Beyonds.

Seminer Katılımcısı:
İnsanlar incinmekten korkmaları nedeniyle bir ilişkiye girmek istemediklerini söylediklerinde bu ne oluyor?

Gary:
Bu sadece güdümleme. Kadınlar erkekleri kontrol etmek isterler. Neden? Çünkü siz sözüm ona, onu terk edip gidecek ve onlara bir şeyler yapacak adamsınız. Üzerinizde herhangi bir projelendirme ve beklentileri var mı?

Seminer Katılımcısı:
Evet.

Gary:
Bu projelendirme ve beklentilerin kaç tanesi sizin yanlışlığınızı yaratıyor?

Seminer Katılımcısı:
Pek çoğu...

Gary:
Bununla ilgili var olan her şeyi godzilyon kez yıkıp yaratımlarını tümüyle iptal eder misiniz? Right and Wrong, Good and Bad, POD and POC, All Nine, Shorts, Boys and Beyonds.

Seminer Katılımcısı:
Bu tür şeyleri kendi avantajıma nasıl kullanabilirim? Bunu nasıl değiştirebilirim? Ya da değiştirebilir miyim?

Gary:
Sizi bunun gibi parçalara ayırmaya gönüllü olabilen biriyle olmak istiyor musunuz?

Seminer Katılımcısı:
Bu güzel bir soru. Hayır demek istiyorum, ama sonra, gerçekten, evet. Ancak hangi nedenle onunla beraber olmak istiyorum?

Gary:
Bilmiyorum. Belki sadece lanet biçimde aptalsın.

Seminer Katılımcısı:
Evet, bunu anladım. Tümüyle, evet.

Gary:
Seçtiğiniz kadını yaratmak için hangi aptallığı kullanıyorsunuz? Bununla ilgili var olan her şeyi godzilyon kez yıkıp yaratımlarını tümüyle iptal eder misiniz? Right and Wrong, Good and Bad, POD and POC, All Nine, Shorts, Boys and Beyonds.

"Ben de Bunu İstiyordum"

Seminer Katılımcısı:
Benim saplanıp kaldığım şey bedenim ne zaman onunla birlikte olsa bunun bana vay canına dedirtmesiydi. Duygusal olarak besleyici ve önemsendiğimi, ilgilenildiğimi hissediyorum. Ben de bunu istiyordum.

Gary:
Seçtiğiniz kadınla birlikte hangi aptallığı kullanıyorsunuz? Bununla ilgili var olan her şeyi godzilyon kez yıkıp yaratımlarını tümüyle iptal eder misiniz? Right and Wrong, Good and Bad, POD and POC, All Nine, Shorts, Boys and Beyonds.

Sizin onları veya onların sizi incittiği yerde seçtiğiniz inciten kadını yaratmak için hangi aptallığı kullanıyorsunuz? Bununla ilgili var olan her şeyi godzilyon kez yıkıp yaratımlarını tümüyle iptal eder misiniz? Right and Wrong, Good and Bad, POD and POC, All Nine, Shorts, Boys and Beyonds.

Yani seks duygusal olarak besleyici ve öyle mi?

Seminer Katılımcısı:
Evet, tümüyle.

Gary:
Ve sen bunu istiyordun?

Seminer Katılımcısı:
Evet, istiyordum.

Gary:
Bunun için o ne istiyordu sana söylemedi mi?

Seminer Katılımcısı:
Birden ne yapacağımı bilemedim, şaşırdım.

Gary:
Evet, biliyorum. Yaptığınız şey budur, böylece bilmek zorunda kalmıyorsunuz.

Seçtiğiniz şaşkınlığı yaratmak için ne kadar enerji kullanıyorsunuz? Bununla ilgili var olan her şeyi godzilyon kez yıkıp yaratımlarını tümüyle iptal eder misiniz? Right and Wrong, Good and Bad, POD and POC, All Nine, Shorts, Boys and Beyonds.

Sizden size söylemediği ne istiyordu? İstediğini bildiğiniz şey neydi?

Seminer Katılımcısı:
Onunla ve küçük çocuğuyla ilgilenecek bir adam ister.

Onun (Kadın) için Yeterli Paran Var mı?

Gary:
Evet. Onun (Kadın) için yeterli paran var mı?

Seminer Katılımcısı:
Bu on saniyede yok, hayır.

Gary:
Şüphesiz sizden kurtulacaktır (Sizden kurtulmasına şaşmamalı).

Bununla ilgili var olan her şeyi godzilyon kez yıkıp yaratımlarını tümüyle iptal eder misiniz? Right and Wrong, Good and Bad, POD and POC, All Nine, Shorts, Boys and Beyonds.

Centilmenler, yeterli para sahibi olduğunuz noktaya varmak istiyorsunuz, çünkü paraya sahip olduğunuzda, güce sahip olursunuz. Bir kadın daima sizin para sahibi olmanıza saygı duyar. Sizi paraya sahip olmaktan alıkoyan tılsımlar (büyüler) ve lanetlerden vazgeçmeniz şiddetle tavsiye edilir.

Sizi para sahibi olmaktan alıkoyan bütün tılsımları (büyüleri) ve lanetleri şimdi iptal edip, geri alıp, feshedip, geri çağırıp, feragat edip, ihbar edip, yıkıp yaratımını iptal eder ve hepsini göndericisine iade eder misiniz? Right and Wrong, Good and Bad, POD and POC, All Nine, Shorts, Boys and Beyonds.

Seminer Katılımcısı:
Vay canına. Bu tümüyle yeni bir evren açıyor.

Gary:
İstediğiniz yolda ilerlemek için ne kadar para elde etmek zorundasınız? Bir milyondan fazla mı yoksa az mı?

Seminer Katılımcısı:
Büyük ihtimalle bir milyondan fazla.

Gary:
Böylelikle gerçekten sahip olmak istediğiniz şeye sahip olamayacağınız nedeniyle bir milyondan fazla paraya asla sahip olmamak için ne kadar enerji kullandınız?

Seminer Katılımcısı:
Siktirici biçimde tonlarca.

Gary:
Bununla ilgili var olan her şeyi godzilyon kez yıkıp yaratımlarını tümüyle iptal eder misiniz? Right and Wrong, Good and Bad, POD and POC, All Nine, Shorts, Boys and Beyonds.

Seminer Katılımcısı:
Bu konuşma gitmesini istediğim şekilde gitmiyor.

Gary:
Erkek olmaya hoş geldiniz. Hiçbir zaman gitmesini istediğiniz yere gitmez.

Seminer Katılımcısı:
Evet, hayal kırıklığına uğradım, üzgünüm ve öfkeliyim. Ben gitmek istediğim yolda gitmek istiyorum. Bir şeyler istediğin şekilde gitmeyince bu hayal kırıklığı ne oluyor? Sadece kör aptallık mı?

Gary:
Sen huysuz bir küçük çocuksun. Çocukken annenize çok kızdığınızda, istediğinizi elde ettiniz mi?

Seminer Katılımcısı:
Evet.

Gary
Evet, yani, bu annenizle bir ilişki değil.

Seminer Katılımcısı:
Öyleyse ne yapabilirim?

Sahip Olmak İstediğiniz Sevecen Seks

Gary:
Bu bir dişiden ne elde etmek istediğinizle ilgili değildir. Bu sizin istediğinize sahip olmak için ne olmak, yapmak, sahip olmak, yaratmak ve oluşturmak zorunda olduğunuzla ilgilidir.

Elde etmek istediğiniz sevecen, duygusal olarak besleyen seksi elde etmek için ne olmak, yapmak, sahip olmak, yaratmak veya oluşturmak zorundasınız? Bunun ortaya çıkmasına izin vermeyen her şeyi godzilyon kez yıkıp yaratımlarını tümüyle iptal eder misiniz? Right and Wrong, Good and Bad, POD and POC, All Nine, Shorts, Boys and Beyonds.

Seminer Katılımcısı:
Daha önce "sevecen seks" dediğini hiç duymadım. O nedir?

Gary:
Daha önce söylemedim, çünkü çoğunuz için, o fikir lanet olası biçimde yabancı, seçmektense ölmeyi tercih edersiniz. Ona sahip olmak için, tümüyle alıp kabul etmeye gönüllü olmak zorunda olurdunuz.

Seminer Katılımcısı:
Bu prosesi çalıştırdığınızda, ben çok fazla alana sahip oldum. Bu "Tamam, kim olmak zorundaydım?" şeklindeydi. O sadece bendim. Arzuladığım şeyi elde etmek için ne istersem yaratabilirim ve seçebilirim ve sahip olmak istediğim şeyi gerçekten alıp kabul edebilirim.

Gary:
Tekrar sahip olabilirsin. Olamayacağını varsayıyorsun. Aynı zamanda onu sadece ondan (kadından) alabileceğini varsayıyorsun. Kaç tane kadın bunu – başka hiç kimseden asla alamayacağın şeyi, realite olarak yaratır?

Seminer Katılımcısı:
Kahretsin, Evet.

Gary:
Bununla ilgili var olan her şeyi godzilyon kez yıkıp yaratımlarını tümüyle iptal eder misiniz? Right and Wrong, Good and Bad, POD and POC, All Nine, Shorts, Boys and Beyonds.

Seminer Katılımcısı:
Yarattıkları bu şey bir aşk iksiri veya aşk tılsımı (büyüsü) gibi mi yoksa benim satın aldığım bir şey mi?

Gary:
Bu kendi üzerinizde yarattığınız bir şey. Bu "Bir daha tekrar elde edemeyeceğim. Bu bir kereliğine çok iyi, tekrar elde etmem mümkün değil" büyüsü. Kendinizi "Başka herhangi birisi olmayacak" düşüncesiyle tamamen paketlediniz.

Beyler kaçınız şu anda sahip olduğunuz kadar iyi başka bir tane daha olmayacak kararı verdiniz? Bununla ilgili var olan her şeyi godzilyon kez yıkıp yaratımlarını tümüyle iptal eder misiniz? Right and Wrong, Good and Bad, POD and POC, All Nine, Shorts, Boys and Beyonds.

Seminer Katılımcısı:
Bu incinebilirliğe girdiğimde, çok üzüntülü hissettiriyor. Uzun zamandır bu alandan kaçınıyordum. İçine adım atınca leş gibi oldu.

Gary:
Gerçekten mi? Neden üzüntülü? Sadece her zaman istediğin bir şeye adım attın ve şimdi üzüntülü müsün? O (kadın) seçtiği şeyi seçmek zorunda mıydı?

Seminer Katılımcısı:
Hayır.

Gary:
Neden onu seçti? Bu size çok yakın gelmesi ve bu yakınlığın onun için cehennemi biçimde korkutucu olması olabilir mi?

Seminer Katılımcısı:
Evet.

Kadınlar Neden Kaçmak İsterler?

Gary:
Gerçekten incinebilir olduğunuz ve gerçekten mevcut ve seksten gerçekten keyif aldığınız zaman, bu genelde kadınlar için öylesine çok tehditkâr olur ki, kaçmak isterler.

Seminer Katılımcısı:
Aman tanrım.

Gary:
Kadınlarla bu denli incinebilir/savunmasız durumdaysanız, bu onların ödünü patlatır. Sizin üzerinizde kontrolleri olmaz.

Bununla ilgili var olan her şeyi godzilyon kez yıkıp yaratımlarını tümüyle iptal eder misiniz? Right and Wrong, Good and Bad, POD and POC, All Nine, Shorts, Boys and Beyonds.

Bir keresinde bir kadınla çıktım ve hayatımda yaşadığım en iyi seksi yaşadık. Tek kelimeyle şahaneydi. Güzel bir kadın değildi. Akıllıydı, eğlenceliydi, hafifti, havalıydı, seksi seviyordu ve bunu yapmakta çok iyiydi.

"Tekrar çıkabilir miyiz?" diye sordum.

"Hayır" dedi.

"Ne? Neden?" dedim.

"Çok yakışıklısın. Beni inciteceksin. Beni terk edeceksin" dedi. Böylece terk etmek zorunda kaldı.

Seminer Katılımcısı:
Geçen gün bir kadından bir mesaj aldım ve ondan bu mesajı almaya tümüyle istekliydim. Sonraki gün "Almaya istekli olman çok harika. Bütün kadınların istediği şey budur- erkeklerin alıp kabul etmesi" dedi. Bu gerçekten doğru mu?

Gary:
Bir dereceye kadar, ama tümüyle değil. Alıp kabul eden bir erkeği elde ettiklerinde, kaçma eğiliminde olurlar.

Onun için 1-2-3 sistemi ile mutlu olmanız gerekir. İlk kereler eğlence içindir. İkincisinde ilişkide olursunuz. Üçüncüsünde evleniyorsunuz. Gerçekleşmesi gerektiğini düşündüğünüz yöntemle yaratmaya çalışmamalısınız, gerçekten neler olacağını anlamak zorundasınız.

Bölüm: Bir İlişkide Gerçekten Ne İstiyorsunuz?

Seçtiğiniz kadınlarla ilgili yanılsama ve aldanma yaratmak için hangi aptallığı kullanıyorsunuz? Bununla ilgili var olan her şeyi godzilyon kez yıkıp yaratımlarını tümüyle iptal eder misiniz? Right and Wrong, Good and Bad, POD and POC, All Nine, Shorts, Boys and Beyonds.

"Onu (kadını) Terk Etmemeliydim"

Seminer Katılımcısı:
Son ilişkime dayanmam gerekenden en azından bir yıl daha fazla dayandım. İlişkinin son yılında, artık hiç eğlenceli değildi. Bırakmak istedim, ama nasıl olacağını bilemedim. Onunla (kadınla) beraberken her şey yolundaymış gibi davranıyordum. Bir ilişkide olmak çok zormuş gibi gözüküyor.

Gary:
Bu "Bu benim işime yaramıyor. Sonra görüşürüz" durumudur. Gerçekten ancak bu kadar zordur.

Seminer Katılımcısı: " Yanlış bir şey yapmıyor. Onu terk etmemeliyim" düşüncesine, sanki bir ilişkiyi bitirmenin tek yolu partnerimin yanlış veya kötü bir şey yapmasıymış gibi, sahip olmaya devam ettim.

Gary:
Bu çoğumuzun olduğu konum budur. Bu bütün bu şeylerin yanılsama ve aldanmasının bir parçasıdır.

Seminer Katılımcısı:
Gitmek zorunda olduğumu hissettiğim her zaman "Eğer onu böylece bırakırsam, incinmiş hissedecek ve yanlışlığın hepsi üstünde kalan kişi ben olacağım" diye düşünürdüm. Bu şekilde yargılanmak istemiyordum. Bu nedenle, başka bir ilişkiye girmeye istekli değildim. Benzer bir şeyin tekrarlanmasından korkuyordum ve nasıl başa çıkacağımı bilemeyecektim. Farklı bir kızla aynı eski hikâye olabilirdi. Aynı problemi yaşayan arkadaşlarımı görüyorum. Mutsuz bir ilişkide kalıyorlar ve onları bitirme cesaretine sahip değiller.

Gary:
Buna "Topa gir (İşe başla) ahbap" denir. Arkasından gitmeli ve bitirmelisiniz. Eğer işe yaramazsa, işe yaramaz. Bu ilişkinin yanlış olması veya kişinin yanlış bir şey yapması değildir. O anda gerçekten ne ortaya çıkıyor ve işinize yarıyor mu yaramıyor mu farkına varmak zorundasınız. Eski eşimle ilişkimi uzun zaman devam ettirdim çünkü kendime "Burada gerçekten yanlış olan bir şey yok" demiştim.

Günün birinde "Bu ilişkinin işime yarar olması için değişmek zorunda olan şey nedir?" diye sordum. Oturdum ve bu ilişkinin işime yaraması için değişmesi gereken sekiz şeyi yazdım. Sekiz numaraya gelince ve geriye listeye bakınca, yazdığım şeylerin altı tanesin bir leopardan derisindeki benekleri değiştirmesini talep etmek olduğunu fark ettim – ve bir leopara beneklerini değiştirtemezsiniz.

Sekiz taneden altısı bu ilişkinin benim realitemi veya hayatımı genişletebilecek ilişki olmadığı anlamına geliyordu ve eğer hayatınızı genişleten bir ilişkiye sahip değilseniz bu çok azdan işe yaramaza doğru giden bir ilişkidir. Çoğunluğunuzun eğer penisiniz büyürse, o zaman her şey tamamdır diye düşündüğünüzü biliyorum, çünkü bütün kan başınızı terk eder ve bundan böyle farkındalığınız yoktur.

Seminer Katılımcısı:
Bu çok doğru.

Gary:
Seçtiğiniz kadın hakkındaki yanılsamaları ve aldanmaları yaratmak için hangi aptallığı kullanıyorsunuz? Bununla ilgili var olan her şeyi godzilyon kez yıkıp yaratımlarını tümüyle iptal eder misiniz? Right and Wrong, Good and Bad, POD and POC, All Nine, Shorts, Boys and Beyonds.

Kadınların gerçekten ne talep ve arzu ettiklerini kim bilebilir? Bir ilişkide bu kadar incinebilirlik ve mahremiyeti gerçekten arzu ederler mi? Hayır, bu korkuyu tetikler. Bir erkek ilişkide bu kadar çok mahremiyeti arzular mı? Hayır, bu mahremiyeti tetikler. Öyleyse ilişkinin neden berbat olduğunu tahmin eder misiniz? Onların %90'ı korkudan işlevseldir. Sizin hayatınızı genişletmek veya herhangi bir şeyi daha iyi yapmakla hiçbir alakaları yoktur.

Seminer Katılımcısı:
Gary, sen sıklıkla bana bir ilişki arzulayıp arzulamadığımı sordun ve ben de aslında ilişkiyi sahip olmaktan hoşlanacağım bir şey, ama tabi böyle berbat şekilde değil, olarak bulmama rağmen Access cevabı "hayır" dedim.

Gary:
Öyleyse neden doğru olanı söylemiyorsun? "Evet, ama ben normal bir ilişki istemiyorum." Siz beyler ilişkiler hakkında sabit bakış açım var, bakış açısından dışarı çıkmak zorundasınız. Ben yapmam. Benim sahip olduğum tek sabit bakış açısı "Neden boktan bir tanesinin içinde olayım?" şeklindedir.

Bazen insanlar bana "İlişkilerden hoşlanmıyorsun" diyorlar. Hayır. Ben kötü ilişkilerden hoşlanmıyorum. Şimdiye kadar kötü bir ilişkininin içinde olmak için hiçbir neden görmedim. Eğer bir ilişkiniz varsa, hayatınıza ilave edecek ve onu daha harika, daha iyi ve daha eğlenceli yapacak bir ilişki olmalı. Eğer bir ilişki bunları yapmıyorsa, neden bir ilişkinin içinde olayım ki?

Eğer bir ilişki istiyorsanız ilişki olarak ne istediğiniz ve ilişkide ne istediğiniz hakkında net olmanız gerekir. Eğer istediğiniz şeyler, ilgilenme, önemsenme, sevgi, duygusal olarak besleyici seks ve hayatınızı genişletecek bir ilişki ise, o zaman bunu hayatınıza girmesi için çağırın.

Seminer Katılımcısı:
Gary, sırf seni onaylamak için söylüyorum, senin için değilse bile, şimdi içinde olduğum ilişkiye benzer bir ilişkide hiç olmamıştım.

Gary:
Bu senin için şimdiye kadar yaşadığın ilişkilerden daha mı eğlenceli?

Seminer Katılımcısı:
Evet ve şimdiye kadar benzeyebileceğini düşündüğüm hiçbir şeye benzemiyor.

Gary:
Peki, buna sahip olmak için kendinin ne kadarından vazgeçmek zorunda kaldın?

Seminer Katılımcısı:
Hiç.

Kendinizden Vazgeçmek

Gary:
Sormanız gereken soru budur beyler – bir ilişki hiçbir parçanızdan vazgeçmek zorunda olmayacağınız yerdedir ve durum ne olursa olsun bütününüze sahip olmanız gerekir. Kadınlar sizden kendinizden vazgeçmeyi talep etmeleri gerektiğini düşünürler, ama kendinizden vazgeçerseniz, sizden kurtulmak isterler.

Bununla ilgili var olan her şeyi godzilyon kez yıkıp yaratımlarını tümüyle iptal eder misiniz? Right and Wrong, Good and Bad, POD and POC, All Nine, Shorts, Boys and Beyonds.

Seminer Katılımcısı:
Kendimden vazgeçmekten vazgeçmeye başladım.

Gary:
Şimdi bir yerlere varıyoruz! Daha fazla kadının sizi çekici bulduğu dikkatinizi çekti mi?

Seminer Katılımcısı:
Oh, Evet.

Bölüm: Bir İlişkide Gerçekten Ne İstiyorsunuz?

Gary:
Partneriniz şimdi sizi daha önce istediğinden daha fazla istiyor mu?

Seminer Katılımcısı:
Evet. Uzun zamandır evrenimi yönetmesi için biri vardı, ta kievrenimde kimin olmasına izin verileceği ve kimin olmasına izin verilmeyeceği noktasına gelinceye kadar.

Gary:
Yani ilişkide olabilmek için seçimlerinden vazgeçtin öyle mi?

Seminer Katılımcısı:
Evet.

Gary:
Kaçınız ilişkinize dayanarak hayatınızda kimin olabileceği seçiminden vazgeçtiniz? Bununla ilgili var olan her şeyi godzilyon kez yıkıp yaratımlarını tümüyle iptal eder misiniz? Right and Wrong, Good and Bad, POD and POC, All Nine, Shorts, Boys and Beyonds.

Bir gün Dain'le konuşuyordum ve şöyle sordum, "Nasıl oluyor da koşmayı ve sevdiğin bütün o şeyleri yapmayı durdurdun?"

Dedi ki, "Çünkü sen o şeyleri yapmayı sevmiyorsun."

Sordum, "Öyleyse biz ne zaman ilişkiye başladık?" Bir ilişki içinde olduğumuzu bilmiyordum, çünkü ilişki bu olmamalıydı. Bunu ben evliyken yapmıştım; evime davet edilmesine izin vermediğim insanlar vardı. Eğer o kişinin çevresinde olmak istiyorsak, başka bir odaya gideriz ve onlara her ne yapmak istiyorlarsa yapmaları için alan bırakırız. Kendinizden vazgeçmeyi durdurun, çünkü bir kadının bir erkekten gerçekten istediği, talep ettiği ve arzuladığı şey, onun kendinden vazgeçmemesidir. O (kadın) olduğu şeylerden bazıları olan değil, olduğu her şey olmaya istekli olan bir erkek ister.

Bununla ilgili var olan her şeyi godzilyon kez yıkıp yaratımlarını tümüyle iptal eder misiniz? Right and Wrong, Good and Bad, POD and POC, All Nine, Shorts, Boys and Beyonds.

Hayatınızın yanı sıra Sizi Ne Heyecanlandırır?

Önümüzdeki ay içinde, hepinizin bir ilişki istiyor musunuz yoksa istemiyor musunuz göz atmanızı istiyorum. Gerçekten bir ilişki istiyor musunuz? Arada bir harika bir seks yapmayı mı tercih edersiniz? Neye sahip olmak istiyorsunuz? Hayatınızın yanı sıra sizi ne heyecanlandırırdı? Seçebileceğiniz en önemli şey budur. Eğer bunu seçerseniz, kadınlar sizi çılgınlar gibi isterler. Eğer bunu seçmezseniz, her zaman, değerli olan şey sanki buymuşçasına kendinizden vazgeçersiniz.

Yargıları, kısıtlamaları ve şeytanların davetiyelerini, denizkızlarını (aldatıcı deniz perilerini/büyüleyici baştan çıkarıcı kadınları) ve bilinç karşıtı ve bilinçsizler perilerini yaratmak için kadın mükemmelliğinin hangi yozlaştırmasını kullanmayı seçiyorsunuz? Bununla ilgili var olan her şeyi godzilyon kez yıkıp yaratımlarını tümüyle iptal eder misiniz? Right and Wrong, Good and Bad, POD and POC, All Nine, Shorts, Boys and Beyonds.

Eğer gerçekten bir ilişki istiyorsanız, lanet olsun, hadi size iyi bir tane edinelim. Siz ince bir beceri isteyen "kötü bir tanesine" sahipsiniz. İşinize yarayıp yaramadığına ve birlikte ilişki kurmak istediğiniz kişinin işine yarayıp yaramadığına bakmanız gerekir.

Yaklaşık bir yıl önce, birlikte bir ilişki kurabileceğim bir kadın olduğunu fark ettim ve bu ilişki gerçekten işime yarardı, ancak ona veremeyeceğim bir şeyi istediğini gördüm. İlişki onun işine yaramayacaktı. Böylece bu potansiyel ilişkiden onun (kadının) istediğini elde etmesi lehine feragat ettim.

Seminer Katılımcısı:
Senin işine yarıyor olsa bile, onun işine yaramayacağı gerekçesiyle, sorunlar gene senin kucağında bitiverdi mi diyorsun?

Gary:
Evet. Bütün o şeyleri gözden geçirmek ve onların farkında olmak zorundasınız. Bu şeylere başka bir yerden bakmanız gerekir.

Anlaş ve Teslim Et Yapmaya Gereksiniminiz Var

Seminer Katılımcısı:
Şu anda etrafımda bana çok kızgın olan bir kadın var. Bunu yaratmak için ne yapıyorum?

Gary:
Partnerinden mi bahsediyorsun?

Seminer Katılımcısı:
Evet

Gary:
Sana neden kızgın?

Seminer Katılımcısı:
Sorumun büyük bir parçası işte bu; tümüyle anlayabilmiş değilim.

Gary:
Hayır, anlamak istemiyorsun.

Seminer Katılımcısı:
Bu doğru olabilir. Evet, doğru.

Gary:
Onu mutlu etmek istemiyorsun. Onu mutsuz etmeyi tercih ediyorsun.

Seminer Katılımcısı:
Bu doğru mu?

Gary:
Bir şeyleri yaparken uyguladığın yöntemleri izle.

Seminer Katılımcısı:
Bununla ilgili daha fazla bilgi verebilir misin? Ben onu mutlu etmeye çalıştığımı düşünüyordum. Bunu bırakmaya hazırım çünkü şu anda artık yeteri kadar eğlenceli değil. Burada hangi soruyu sorabilirim?

Gary:
İlişkiyi tümüyle değiştirebilecek, olabileceğin veya yapabileceğin halde olmadığın ya da yapmadığın şey nedir?

Halen seninle iletişime istekli olmayan bir kadının var. Eğer onu gerçekten istiyorsan, "Sana bir taahhütte bulunmak istiyorum. Bunun ortaya çıkması için ne gerekir ve bu senin işine nasıl yarayacak?" demen gerekir. Anlaş ve Teslim Et oluşturman gerekiyor. Sor:

- Bu ilişkinin tam olarak neye benzemesini istiyorsun?
- Benden tam olarak ne bekliyorsun?
- Benden tam olarak ne istiyorsun?
- Seni mutlu etmek için tam olarak ne yapabilirim?

Seminer Katılımcısı:
Bu işi çok kolaylaştırır, değil mi?

Taahhüt

Gary:
Kolaylaştırır. Her kadın önce kendini deklare eden bir erkek ister. Sizden onlara taahhütte bulunmanızı isterler. Eğer onlara taahhüt verirseniz, her şeyin yolunda gideceğini bilirler. Bu onlar için hemen hemen her şeyden daha önemlidir.

Seminer Katılımcısı:
O zaman taahhüt etmenin enerjisi nedir? Bunda bu kadar güçlü olan şey nedir?

Bölüm: Bir İlişkide Gerçekten Ne İstiyorsunuz?

Gary:
Güçlüdür çünkü bunun aslında bir anlamı olduğunu düşünürsünüz. Fakat çoğunuz için, taahhütte bulunmak bir deli gömleğidir bu nedenle hiçbir seçeneğiniz yoktur.

Seminer Katılımcısı:
Bununla ilgili biraz daha bir şeyler söyler misin?

Gary:
Önceki eşinize taahhütte bulunmuş muydunuz?

Seminer Katılımcısı:
Evet.

Gary:
Taahhüdünüzü kolaylıkla sonlandırma imkânınız oldu mu? Ve terk etmeye karar vermenizden sonra kaç yıl geçti?

Seminer Katılımcısı:
İki yüz milyon.

Gary:
Sadece sormam gerektiğini düşündüm. Öyleyse taahhüt sizin için çok açık bir şekilde bir deli gömleği içinde olduğunuz anlamına geliyor ve seçenekleriniz ortadan kalkmış.

Seminer Katılımcısı:
Eğer bir kadına anlaş ve teslim etle bağlantılı bir taahhütte bulunursam, bu bana deli gömleğinden çıkmama izin verecek mi? Yoksa deli gömleğimi gerekmeyecek?

Gary:
Eğer anlaş ve teslim et üzerinden taahhütte bulunursanız, senden ne beklendiğini tam olarak bilirsiniz. Halen eğer bir taahhütte bulunursanız, bunun siz ve olduğunuz her şey dâhil her şeyden vazgeçecek anlamına geldiği fikrine sahipsiniz ki bu size seçim yapma şeklinde çok şey vermez.

Biz erkekler çoğumuz bildiğimizi bilmek istemeyiz ve siz, özellikle, hayatı bir kadın olmaksızın sürdürebileceğinizi bilmek istemezsiniz. Bir kadın olmaksızın kaybeden olduğunuza ve hayatınızda bir kadına sahip olmanın sizi kazanan yapacağına inanmak istersiniz.

Lanet ve tılsım (büyü) yarattığınız her yeri yıkıp yaratımlarını tümüyle iptal eder misiniz? Right and Wrong, Good and Bad, POD and POC, All Nine, Shorts, Boys and Beyonds.

Şu anda "Erkekler Nasihat #78" adlı bir e-posta aldım. Şöyle diyor, " Bir kadın 'Ne istiyorsanız tam da onu yapın' dediği zaman hangi şartlar altında olursanız olun istediğiniz şeyi yapmayın." Bu size erkekler ve kadınlar hakkında herhangi bir bilgi veriyor mu?

Seminer Katılımcısı:
Evet. Bunu duymak iyi oldu.

Gary:
Öyleyse her zaman ne seçersiniz? Kendiniz ve kadın için?

Seminer Katılımcısı:
Ben her zaman o ne isterse onu seçerim.

Gary:
Neden her zaman o ne isterse onu seçersin?

Seminer Katılımcısı:
Çünkü bu kafama bundan hemen önce var olan farkındalığın hafifliğinden daha sert vuruyor.

Gary:
Evet, ayrıca eğer gerçekten kendin için seçseydin, herhangi bir şey için kendinden vazgeçmeye istekli olur muydun?

Seminer Katılımcısı:
Hayır.

Bölüm: Bir İlişkide Gerçekten Ne İstiyorsunuz?

Gary:
Başka birisi lehine kendinizden vazgeçmek için yaptığınız her şeyi yıkıp yaratımlarını tümüyle iptal eder misiniz? Right and Wrong, Good and Bad, POD and POC, All Nine, Shorts, Boys and Beyonds.

Daha önce buna göz atmanızı sağlamaya çalışmıştım.

Seminer Katılımcısı:
Evet.

Gary:
İstediniz mi?

Seminer Katılımcısı:
Hayır, istemedim.

Gary:
Neden hayır?

Seminer Katılımcısı:
Bu kadınların kontrolüyle ilgili bir şey.

Gary:
Kadınlar tarafından kontrol edilmek hoşunuza gidiyor mu yoksa kadınları kontrol etmeyi mi severdiniz?

Seminer Katılımcısı:
Kadınları kontrol etmeyi istermişim gibi davranmaya çalışıyorum.

Gary:
Kadınları kontrol ediyormuş gibi mi davranıyorsunuz, yoksa gerçekten kadınları kontrol etmeye muktedir olup, aslında ne denli tamamıyla boktan biri olduğunuzu kimsenin bilmemesini garanti etmek için yapmayı ret mi ediyorsunuz?

Seminer Katılımcısı:
Onu yapmaya muktedirim, ama yapmayı reddediyorum.

Gary:
Hepiniz kadın standartlarında lanet olası boktan biri olduğunuz gerçeğini saklamaya çalışmak için ne kadar enerji kullanıyorsunuz? Bununla ilgili var olan her şeyi godzilyon kez yıkıp yaratımlarını tümüyle iptal eder misiniz? Right and Wrong, Good and Bad, POD and POC, All Nine, Shorts, Boys and Beyonds.

Seminer Katılımcısı:
Bu partnerimin bana kızmasına istekli olmadığım zamankiyle aynı enerji mi?

Gary:
Net biçimde onu kızdıracak şeyi yaparsınız böylece o aptala benzer.

Seminer Katılımcısı:
Bunu gerçekten yapıyor muyum? Bunu sevdim. Yapmıyorum demiyorum.

Gary:
Mesele bunun farkında olmamanız değil. Sadece bunu kabul etmeye istekli değildiniz çünkü eğer olsaydınız, yanlışlığınız olduğuna karar verdiğiniz şeylere karşı çıkmak için hakkınızda ki pek çok iyi düşünceler gibi düşünemezdiniz.

Seminer Katılımcısı:
Kesinlikle.

Bütün Bunları Değiştirecek Farklı Ne Olabilirim veya Yapabilirim?

Seminer Katılımcısı:
Öyleyse bunun yerine farklı ne yapabilirim ya da olabilirim?

Gary:
Şimdi iyi bir soruya geliyoruz! Sorun: Bütün bunları değiştirecek farklı ne olabilirim veya yapabilirim?

Bölüm: Bir İlişkide Gerçekten Ne İstiyorsunuz?

Seminer Katılımcısı:
Bu sanki farklı bir şeyi seçmenin kenarındayım ve ne olduğu hakkında hiçbir ipucum yokmuş gibi oldu.

Gary:
Bu ne olduğuyla ilgili hiçbir ipucu olmaması mı – yoksa eğer onu seçmeyi isterseniz, sizin için çok şeyi çok hızlı değiştirebileceği mi?

Seminer Katılımcısı:
Evet, o da var.

Gary:
Bununla ilgili var olan her şeyi godzilyon kez yıkıp yaratımlarını tümüyle iptal eder misiniz? Right and Wrong, Good and Bad, POD and POC, All Nine, Shorts, Boys and Beyonds.

Bedeninizi Çiğnemeye Çalışmak

Seminer Katılımcısı:
Geçenlerde bir kadınla yattım ve sonra birlikte öğle yemeği yedik. Akşamüstü otel odasına çıktık, fark ettim ki "Bu işe yaramıyor. Bu eğlence değil. Bedenimi çiğneyemem," o nedenle terk etmeyi seçtim.

Gary:
Neden bedenini çiğnemeye çalıştın?

Seminer Katılımcısı:
Çünkü o "ver/teslim et" hallerinden birine girdim. İstemesem bile, yapmak ve vermek/teslim etmek zorundaydım. Bir kadının benden beklentisi budur.

Gary:
Kendinizi sonsuz verici çocuk olarak yaratmak için hangi aptallığı kullanmayı seçiyorsunuz? Bununla ilgili var olan her şeyi godzilyon kez yıkıp yaratımlarını tümüyle iptal eder misiniz? Right and Wrong, Good and Bad, POD and POC, All Nine, Shorts, Boys and Beyonds

Öyleyse verici çocuk olmanın nesini seviyorsun?

Seminer Katılımcısı:
Artık hiçbir şeyini sevmiyorum.

Gary:
Kaç yaşam sürecinde metres oldunuz? Hala itibara göre yaşamaya mı çalışıyorsunuz? Hala o olma taahhüdünüze uygun biçimde yaşamayı mı çalışıyorsunuz? Yoksa – asla teslim etmeyeceğinize söz vermenize rağmen hala teslim etmeye uygun olarak yaşamaya mı çalışıyorsunuz?

Seminer Katılımcısı:
Sanırım şu anda söylediklerinin hepsi ve daha da fazlası vardı.

Gary:
Evrensel sperm bağışlayıcısı olmak için verdiğiniz bütün taahhütlerden şimdi artık lütfen vaz geçer misiniz? Right and Wrong, Good and Bad, POD and POC, All Nine, Shorts, Boys and Beyonds.

Kendinizi bütün kadınların metresi olarak yaratmak için hangi aptallığı kullanmayı seçiyorsunuz? Bununla ilgili var olan her şeyi godzilyon kez yıkıp yaratımlarını tümüyle iptal eder misiniz? Right and Wrong, Good and Bad, POD and POC, All Nine, Shorts, Boys and Beyonds.

Kendinizi, metres, sperm bağışlayan ve realitenin bedenlerine kaynak olarak yaratmak için erkek mükemmelliğinin hangi yozlaştırmasını kullanmayı seçiyorsunuz? Bununla ilgili var olan her şeyi godzilyon kez yıkıp yaratımlarını tümüyle iptal eder misiniz? Right and Wrong, Good and Bad, POD and POC, All Nine, Shorts, Boys and Beyonds.

Seminer Katılımcısı:
Geleceğin bedenlerinin yaratılması konusunda, bu başka bir yaşam sürecinde mi yoksa yarın ve ertesi gün gibi mi?

Bölüm: Bir İlişkide Gerçekten Ne İstiyorsunuz?

Gary:
Yani, sonraki gün ve sonsuza dek olur. Bu erkeğin değeridir. Her zaman bir kadınla bir araya gelmek zorunda olduğunuzu düşünmenin ve bir kadınla neden bir araya gelmek istememenizinnedeni işte budur.

Seminer Katılımcısı:
Evet. Evrensel sperm bağışlayıcı!

Gary:
Daha fazla çocuk yapmama taahhüdünüz var. Bazı kadınlarla seks yapmakla ilgilenmemenizin nedeni budur – çünkü onlar o anda hamile kalabilme yeteneğine sahiptirler.

Eğer çocuk yapmamayı taahhüt ettiyseniz ve çocuk yapmaya hazır biriyle birlikteyseniz ve sizi evlilik için tuzağa düşürmeye veya sizinle çocuk sahibi olmak suretiyle ilişkiye girmeye karar verdiyse, bedeniniz "Hayır! Oraya gitmeyeceğiz" diyecektir ki işte bu nedenle ilginizi çekmez ve eve gidersiniz. Kıçınızı kurtardığı için bedeninize teşekkür edin.

Pek âlâ centilmenler, hayatınıza göz atmaya karar vermenizi ve şu soruları sormanızı istiyorum:

- Bir ilişkiye sahip olmayı gerçekten istiyor muyum?
- Eğer hayatımı genişletecek olan bir ilişkiye sahip olsaydım, bu neye benzerdi?
- Temel şahsiyeti olarak kişiden nelere sahip olmasını isterdim?

Ondan (kadından) iyi giyinmesini ister misiniz? Çok para harcamasını ister misiniz? Nerede olmasını istersiniz? Aynı zamanda kadının olmamasını istediğiniz bütün şeyleri de yazmalısınız, çünkü gerçekten istediğinizi elde etmenin yegâne yolu ne istediğinizi bilmek kadar istemediklerinizi de bilmektir.

Lütfen bunu gözden geçirin ve gerçekten bir ilişki istiyor musunuz görün. Siz yuva için aşırı rahat bir yer tercih eden hümanoid erkeksiniz. Bu bir yanlışlık değildir, ama bunun için yanlış kadınları seçme eğiliminiz vardır. Sizi gerçekten istediğiniz türde bir kadını seçme becerisine sahip olacağınız rotaya sokmayı istiyorum.

Tamamdır arkadaşlarım, telekonferansta sizinle birlikte olmak harikaydı.

Seminer Katılımcısı:
Teşekkürler Gary, harikasın.

Seminer Katılımcıları:
Teşekkür ederiz.

Bölüm: Cinselliğin Agresif Mevcudiyeti

Ne kadar fazla sorunuz varsa, o kadar fazla mevcut olursunuz.
Ne kadar mevcut olursanız, o kadar kontrol sahibi olursunuz.

Agresif Mevcudiyet

Gary:
Merhaba centilmenler. Agresif mevcudiyet hakkında konuşmak istiyorum. Agresif mevcudiyet hiç kimse için kendinizden vazgeçmeyecek ve her zaman bir sorunuz olacak demektir. Agresif biçimde mevcut olduğunuzda, kendinizi diğerlerinin realitelerine uydurmazsınız. İnsanlar kendi realitelerini sizinkine uydurma eğiliminde olurlar.

Seminer Katılımcısı:
Son zamanlarda oğluma davranış biçimini beğenmediğim için etrafında olmak istemediğim birisi oldu. "Herhangi birinin etrafındayken sadece kendim olabilseydim bu neye benzerdi?" diye sormak yerine buna saplanıp kalmıştım. Ondan kaçınmak için ne kadarımı kesip attığımı fark ettim. Agresif biçimde mevcut olmak için ne gerekir?

Gary:
Ya "Hey, oğluma karşı nazik ol bayım. O benim için önemli" diye sormaya istekli olsaydın?

Seminer Katılımcısı:
Bu agresif mevcudiyet mi? Bu aynı zamanda bok yemeye istekli olmamaktır. Agresif biçimde mevcutsan, hiç kimseden bokluk almazsın.

Seminer Katılımcısı:
Ve bir şeyler ortaya çıktığında onların farkında olur hale gelirsiniz.

Bölüm: Cinselliğin Agresif Mevcudiyeti

Gary:
Evet. "Oh, bu adam oğluma güç kullanıyor. Ona karşı agresif biçimde mevcut olmuyor." şeklinde farkında olur hale gelirsiniz.

Seminer Katılımcısı:
Gary, seni bunu yaparken gördüğümde, sen işi kavgaya dökmüyorsun. Ben kavga alanına giriyor gibi görünüyorum.

Gary:
Size öğretilen şey budur. Bunun sizi erkek yaptığını düşünüyorsunuz. Bu sizi erkeklerin erkeği yapar.

Seminer Katılımcısı:
Erkeklerin erkeği nedir. Bununla ilgili daha fazla şey söyleyebilir misin?

Gary:
Düşünce şudur, erkeklerin erkeği olduğunuzda, her zaman erkekler tarafından sevilirsiniz ama illa ki kadınlar tarafından sevilmeniz gerekmez. Erkelerin erkeği, bütün erkeklerin seksi ve aynı zamanda iyi olduğunu düşündüğü birisidir. Sean Connery erkeklerin erkeği olarak addedilir, ama Roger Moore ki o da 007 rolünü oynamıştır, o şekilde addedilmez. Çok şirin addedilir.

Seminer Katılımcısı:
Yani erkeklerin erkeği, bir erkeğin gözünden erkek addedilir öyle mi?

Gary:
Evet.

Eğer olabilseydiniz veya yapabilseydiniz hayatınızda arzuladığınız her şeyi size verebilecek erkek olarak ne olabilir ya da yapabilirsiniz Bununla ilgili var olan her şeyi godzilyon kez yıkıp yaratımlarını tümüyle iptal eder misiniz? Right and Wrong, Good and Bad, POD and POC, All Nine, Shorts, Boys and Beyonds.

Kendiniz için Seçmek

Burası hayatınız olarak ne istediğinizi belirlediğiniz yerdir. Eğer kendi hayatınıza sahip olsaydınız, neyi seçerdiniz?

Seminer Katılımcısı:
Bu soru benim için öylesine harika bir araç ki. Benim şu andaki bir numaralı sorum: Eğer kendi realitemi seçiyor olsaydım, neyi seçerdim? Bununla ilgili farkındalığım aslında kendim için ne kadar az seçim yaptığım oldu.

Gary:
Kendiniz için ne kadar az seçtiğinizi fark etmek ilginç değil mi?

Seminer Katılımcısı:
Aynı zamanda soruyorum, "Eğer realitemi seçiyor olsaydım, kim olurdum?"

Gary:
Evet.

Cinsel olarak realitenizi seçiyor olsaydınız, onun tarafından becerilmemek için kimi seçerdiniz? Bununla ilgili var olan her şeyi godzilyon kez yıkıp yaratımlarını tümüyle iptal eder misiniz? Right and Wrong, Good and Bad, POD and POC, All Nine, Shorts, Boys and Beyonds.

Kaçınız kadınlara ve arkadaşlara sizi becermeleri için izin vermek eğilimindesiniz?

Seminer Katılımcısı:
Evet. Ve ailenin...

Gary:
Evet ve ailenin... Aileyle çok daha iyi olur.

Seminer Katılımcısı:
Ve kendimiz...

Bölüm: Cinselliğin Agresif Mevcudiyeti

Gary:
Evet.

Eğer kiminle seks yapacağınızı seçseydiniz, kimin sizi becermesine izin vermezdiniz? Bununla ilgili var olan her şeyi godzilyon kez yıkıp yaratımlarını tümüyle iptal eder misiniz? Right and Wrong, Good and Bad, POD and POC, All Nine, Shorts, Boys and Beyonds.

Cinsel Olarak Agresif Olmak

Ben cinsel olarak agresifim, çünkü bir erkek ya da bir dişi veya herhangi bir kişi ya da herhangi iki kişi veya hiç kimse için cinsel enerjimi kesip atmayacağım. Ne olursa olsun ben her zaman buyum. Cinsel olarak agresif iseniz, insanlar büyük olasılıkla realitelerini sizinkine uyduracaklardır. Kaçınız her zaman kendi realitenizi bir kadının realitesine ayarlamaya çalışıyorsunuz?

Seminer Katılımcısı:
Bu evet olurdu.

Gary:
Bu herkes için bir evettir.

Seçebileceğiniz cinselliğin agresif mevcudiyetini eliminasyonu ve yok edilmesinin yaratımı için toplam cinselliğin hangi yozlaştırmasını kullanmayı seçiyorsunuz? Bununla ilgili var olan her şeyi godzilyon kez yıkıp yaratımlarını tümüyle iptal eder misiniz? Right and Wrong, Good and Bad, POD and POC, All Nine, Shorts, Boys and Beyonds.

Erkek olarak, bir kadını bizimle birlikte yatağa gelmesi için güç kullanma açısından agresif olma eğilimindeyiz. Bunun nezaket ve umursamayla hiçbir alakası yoktur. Siz "Hey, bebek, hazır mısın?" diyorsunuz. Bu nasıl işe yarayacak? İşe yaramaz. Bunun için kaç kadın yatağa gider? Çok fazla değil!

Bize nasıl cinsel olacağımız porno filmlerden öğretildi – hiçbirinde referans malzemelerinin bir parçası olarak nezaket veya umursama yoktur. Onlar kadınların meme başlarını altı defa bu tarafa, altı defa diğer tarafa nasıl çevireceğinizle ve bu kadını öylesine tahrik edecek ki size sahip olmaktan başka çaresi kalmayacakla ilgilidir. O görüntüler gerçek veya doğru değiller. O sizin en iyi seçiminiz değil.

Cinsel olarak öylesine agresif olmak lazım ki kadınlar sadece agresif biçimde mevcut olmanız nedeniyle sizinle yatağa gitmek istesinler. Bunu nasıl yapacaksınız? Oraya bu sorularla varacaksınız:

- Bu kolay olacak mı?
- Eğlenceli olacak mı?
- Bir şeyler öğrenecek miyim?

Mevcudiyetten İşlevsel Olmak

Ne kadar fazla sorunuz varsa, o kadar fazla mevcut olursunuz. Ne kadar fazla mevcut olursanız, o kadar fazla kontrole sahip olursunuz.

Kontrolün kaynağı olarak sonuçlar yaratmak için çalışmaya devam ediyorsunuz. Diyelim ki birisiyle yatmak istiyorsunuz. Bu nasıl bir soru? Bu bir soru değil! Bu bir sonuçlandırma. Sonuca vardığınızda, durumun üzerinde daha fazla kontrol sahibi olacağınızı ve insanların onlardan yapmalarını istediklerinizi yapacaklarını düşünürsünüz. Ama bu böyle değildir.

Sonuçlandırmayı sorudan daha harika yapan nedir? Bununla ilgili var olan her şeyi godzilyon kez yıkıp yaratımlarını tümüyle iptal eder misiniz? Right and Wrong, Good and Bad, POD and POC, All Nine, Shorts, Boys and Beyonds.

Kontrolü sonuçlandırma yerine yanlış mı tanımladınız? Sonuçlandırmanın yaratım olduğu sonucuna vardığınız veya sonuçlandırmanın kontrole sahip olmak için gereken şey olduğu sonucuna vardığınız her yeri yıkıp yaratımlarını tümüyle iptal eder misiniz? Right and Wrong, Good and Bad, POD and POC, All Nine, Shorts, Boys and Beyonds.

Zerre kadar dahi olsa sorudan işlevsel olursanız, kadınlar size bakar ve "Oh. Bu benim için uygun erkek olabilir" diye düşünürler. Bunun nedeni eğer soru sorarsanız, "Bu kadın benim için doğru kişi mi?" diye soruyorsunuz ve onlar (kadınlar) soruyu sizin kafanızdan alırlar. Sonuca vardığınızda, bakış açıları onları umursamıyorsunuz şeklinde olur.

Ne kadar fazla sorudan işlevsel olursanız, istediğiniz şeyin daha eğlenceli seks olduğunu o kadar fazla fark edersiniz. Ayrıca istediğiniz türde seks çok fazla bulunmamaktadır. Bu size az da olsa gerçek geldi mi? O nedenle bu birlikte seks yapabileceğiniz kişi sayısını azaltır, ama alıp kabul etme istekliliğinizi genişletir.

Size *Gereksinimi* Olmayan Kadın

Gary:
Bunun başka bir parçası daha var. Agresif mevcudiyetten işlevsel olduğunuz zaman, kişinin size gereksinimi olmaz.

Kaçınız size gereksinimi olan bir kadını istiyorsunuz bakış açısından işlevsel oluyorsunuz? Bununla ilgili var olan her şeyi godzilyon kez yıkıp yaratımlarını tümüyle iptal eder misiniz? Right and Wrong, Good and Bad, POD and POC, All Nine, Shorts, Boys and Beyonds.

Size, size gereksinim duymayan bir kadın lazımdır. İşlevsel olmanız gereken alan işte bu olmalıdır. Siz "Tamam, benim için ne eğlenceli olurdu?" diye soruyorsunuz. "Neyi doğru yapmak zorundayım? Neyi yanlış yapmak zorundayım? Gerekli olan şey nedir?" diye sormayın, "Burada ne yaratmak ve oluşturmak istiyorum?" diye sorun.

Kaçınız hayatınızı bir kadın tarafından gereksinim duyulmaya çalışmak için harcadınız? Kaçınıza anneniz tarafından her kadının kendisine gereksinim duyan bir erkeği istediği öğretildi? Bununla ilgili var olan her şeyi godzilyon kez yıkıp yaratımlarını tümüyle iptal eder misiniz? Right and Wrong, Good and Bad, POD and POC, All Nine, Shorts, Boys and Beyonds.

Seminer Katılımcısı:
Şu anda kendim için değil, kadınım için bir şey olduğumu fark ettim.

Gary:
Evet, bu kendinizi gereksinim duyulan madde yapmaya çalışmak olur.

Seminer Katılımcısı:
Evet.

Seminer Katılımcısı:
Çocukken aşk olarak tanımladığımız şey bu mu?

Gary:
Evet ve aynı zamanda size seks getirecek şey olarak tanımladığınız da bu.

Seminer Katılımcısı:
Doğru. Oğlumda bunu izliyorum. Annesine gidiyor ve annesinin ona gereksinimi oluyor. Annesinin ona gereksinimi oluyor o zaman bana geliyor ve benim ona hiç gereksinimim olmuyor. Bu durumda kafası karışır mı?

Gary:
Hayır. Ona annesi tarafından ona gereksinim duyan bir kadına sahip olması öğretiliyor.

Seminer Katılımcısı:
Doğru.

Bölüm: Cinselliğin Agresif Mevcudiyeti

Gary:
Kaçınıza olmanız gereken bir erkek olmanız, anneniz tarafından gereksinim duyulan bir erkek olmanız öğretildi? Bununla ilgili var olan her şeyi godzilyon kez yıkıp yaratımlarını tümüyle iptal eder misiniz? Right and Wrong, Good and Bad, POD and POC, All Nine, Shorts, Boys and Beyonds.

Seminer Katılımcısı:
Babamla birlikteyken, işler çok basit oluyor. Annemi görmeye gittiğim zaman, onun bana gereksinimi oluyor. Bu hep bu şekilde oldu. Bu nedir? Kadınlar buna sürükleniyor mu?

Gary:
Kadınlar bunun bu şekilde olması gerektiğine inanmaya sürüklendiler. Babanız erkeklerin erkeği olmak üzere büyümenizi istedi. Anneniz bir kadın tarafından gereksinim duyulmak üzere büyümenizi istedi. Bu hesaplamanın hiçbir yerine bulaşmadınız. Kimse size "Ne istiyorsun? Ne olmak istiyorsun? Senin için önemli olan nedir?" diye sormadı,

Seminer Katılımcısı:
Bu bana istismarmış gibi hissettirdi. Öyle mi?

Gary:
Hayır. Bu ihmal etmektir.

Seminer Katılımcısı:
İstismarla, ihmal etmek arasındaki farkla ilgili biraz daha konuşabilir misin?

Gary:
Kendiniz olarak kabul edilmemiş olmayı istismar olarak düşünüyorsunuz. Ama bu durumun istismarla alakası çok nadir olur. Bunun ihmal etmekle ilgisi vardır, çünkü çoğu ebeveyn gerçekten neler olduğunu bilmez. Herhangi bir şeyle nasıl başa çıkacaklarını bilmezler, onun için ihmal aşamasına geçerler. Ve çoğunuz da bir süre sonra sizi ihmal edecek duruma geçen kadınları seçersiniz, çünkü eğiliminiz ebeveynlerinizden birini ya da ikisini

birden seven birisini bulmak şeklindedir. İhmal edilmiş olmak size başka diğer her şeyden daha çok gerçek görünür.

Seminer Katılımcısı:
Şu anda görüştüğüm kadın benden hiçbir gereksinimi yok.

Gary:
Bu seni inanılmaz biçimde ona muhtaç yapıyor mu?

Seminer Katılımcısı:
Hayır, bu başka bir şey!

Gary:
Onun tarafından ihmal edildiğini hissediyor musun?

Seminer Katılımcısı:
İşte bu. Evet. Bu sanki gereksinim olmayanı, ihmal etme olarak yanlış tanımlamak gibi. Burada bakmaya gönüllü olmadığım şey nedir?

Gary:
Yani bir kadın için tamamıyla gereksiz olmaya gönüllü müsünüz?

Seminer Katılımcısı:
Bu on saniye içinde değil, hayır.

Gary:
Seçtiğiniz kadının gerekliliğini yaratmak için hangi aptallığı kullanıyorsunuz? Bununla ilgili var olan her şeyi godzilyon kez yıkıp yaratımlarını tümüyle iptal eder misiniz? Right and Wrong, Good and Bad, POD and POC, All Nine, Shorts, Boys and Beyonds.

Bölüm: Cinselliğin Agresif Mevcudiyeti

Agresif Gereksizlik

Seminer Katılımcısı:
Kadınlarla ilgili agresif gereksizlik neye benzerdi?

Gary:
Kadınla nasıl yatacağınızı aranmak yerine şunları sorduğunuz yer olurdu:

- Bu kişiden gerçekten ne istiyorum?
- Bunu sunabilecek mi?

Çok nadiren birisinin size ne sunacağıyla ilgilenirsiniz. Bunu hiç fark ettiniz mi?

Seminer Katılımcısı:
Hayır, ben her zaman onlara ne sunabileceğime bakınırım.

Gary:
Evet. Siz bir katkı olmak için aranıyorsunuz. Ve onlar sizden daha da fazla katı olmanızı arıyorlar. Hiçbir zaman yeteri kadar vermediğinizi düşünüyorsunuz. Onlar her zaman haklıdır ve siz haksızsınız. Bu nasıl işe yarayacak?

Seminer Katılımcısı:
Bu onun yerine "İstediğimi veremiyorsan, defolup git" demek mi?

Gary:
Evet. Ve çoğu kadın şu bakış açısına sahiptir, "Bana istediğim şeyi sağlayamazsın. Siktir git, yaylan."

Agresif Cinsellik

Agresif cinsellik soru dışına çıkmaya istekli olmadığınız yerdir. Bu realitede, agresiflik bir soruyu yaratan her şey olarak görülür. Birisinin size hiç "Bütün bu soruları sormayı durdur! Neden bütün bu soruları soruyorsun? Benden ne istiyorsun? Nasıl ona benzer olabilirim?" dediği oldu mu? Soru sormak yanlış addedilir. Önceden "Hey, sana bir soru sorabilir miyim lütfen?" demediğiniz müddetçe agresiflik olarak addedilir.

Eğer "Sana bir soru sorabilir miyim?" diye sorarsanız kimse gücenmez. Ama daha önce izin almadan soruyu sorarsanız, diğer kişi gücenecektir. Gücenecektir ve sonra savunmaya geçecektir. Bunlar kadınlarla sorun yaşayacağınız alanlardır.

Kadın Orgazm Olamadığı Zaman

Seminer Katılımcısı:
Bir kadın orgazm olmakta güçlük çekiyorsa veya orgazm olamıyorsa bu nedir?

Gary:
Bir kadının orgazm olamamasının nedeni genellikle aslında bedeni içinde olmamasıdır. Seks yaparken ışıkları açık bırakın. Bedeninizi onun bedeninden kaldırın; üzerine uzanmayın, uzanırsanız gözlerini saklayabilir. Ve onu gözlerini kaparken gördüğünüz her anda ona "Geri gel lütfen. Geri gel. Gözlerini aç. Lütfen bana bak. Seninle bağlantımı hissetmek istiyorum. İzin ver her şeyini hissedeyim" deyin. Onu bedenine ve olası olan şeylere geri getirmeye işte böyle başlarsınız.

Onun bedeninde kalmasını sağlamak için sadece bu tek şey yapmak zorundasınız. orgazmik ya da çoklu orgazmik olmayan çoğu kadın bedenleriyle bağlantıdan kopma eğiliminde olurlar. Bazıları tavandan seyretmekten hoşlanır. Gittiklerini veya bedenlerinden dışarı adım attıklarını hissettiğiniz zaman sorun, "Neredesin? Şu anda nereye gittin? Ne oldu?" Bu soruları sorduğunuz zaman, soruya başlayacaktır. Onları soruya geri getirmek zorundasınız çünkü soru mevcudiyet yaratır.

Seminer Katılımcısı:
Karım bana bunu yapıyorken, kendime, farkında olmam için izin verecek hangi soruyu sorabilirim?

Gary:
Işıklar açık kalsın – ya da en azından mum ışığı olsun. Ondan bacaklarını omuzlarınıza koymayı isteyin böylece birbirinizi görebilirsiniz. Onunla birlikte olun ve şöyle deyin, "Gözlerinin içine bakabildiğim için memnunum. Gözlerinin içine bakmak en hayranlık verici şey... Benimle kal, sevgilim. Buna gerçekten ihtiyacım var. Buna gerçekten ihtiyacım var."

Ve sonra sormak zorundasınız, "Boşalabilecek misin yoksa ben mi boşalmalıyım?"

Seminer Katılımcısı:
Karım ve ben halen yaklaşık sekiz yıldır beraberiz ve benimle seks yaparken sadece son üç aydır orgazm olmaya başladı. Bunu tek başına yapmakta oldukça yetenekli, ama benimle birlikteyken, bu onun için çok daha güç oluyor. Senin önerdiğin rotayı takip etmeye başlayacağım.

Bedeniyle *Birlikte miyoksa* Bedeni *Olarak* mı Seks Yapmaktan Hoşlanıyor?

Gary:
Bazı kişiler, özellikle kadınlar, seks süresince bedenleri dışında kalmaya çalışırlar. Bedenlerine bağlantıda olmayı gerçekten istemezler. Eğer seksle eğlenmeyi gerçekten istiyorsanız, sormak zorundasınız, "Bu kişi bedeniyle birliktemi seks yapmak istiyor yoksa bedeni olarak mı seks yapmak istiyor?" Pek çok kadın beden dışında kalır ve ona bakar. Varlık mı seks yapar – yoksa beden mi seks yapar?

Seminer Katılımcısı:
Beden seks yapar.

Gary:
Öyleyse hem varlıkla ve hem de bedenle bağlantı kurmanız gerekir. Siz ikisini de istiyorsunuz. Eğer ikisi de varsa, daha harika tahrik etme kapasitesine sahip olursunuz.

Seminer Katılımcısı:
Bu neye benzerdi? Ya da seks süresince bedene ve varlığa daha da fazla bağlantıda olmak için hangi soruyu sorabilirdim?

Gary:
Diğer insanların neye sahip olmaya istekli olduklarına göz atma istekliliğine sahip olmak zorundasınız.

Kendinizi diğer insanların neye muktedir olduklarına kapatmak için enerjinizin ne kadarını kullanıyorsunuz? Çok, biraz, megatonlarca? Bununla ilgili var olan her şeyi godzilyon kez yıkıp yaratımlarını tümüyle iptal eder misiniz? Right and Wrong, Good and Bad, POD and POC, All Nine, Shorts, Boys and Beyonds.

Seminer Katılımcısı:
Ve sonra soracaksınız, "Neresine dokunacaksın? Ne zaman dokunacaksın? Ne kadar dokunacaksın?"

Gary:
Yapmanız gereken bütün şey bedene sormaktır. O size nereye dokunacağınızı söyleyecektir.

"Penisimde Enerji Var"

Seminer Katılımcısı:
Pek çok harika seks yapıyorum ve penisimde çok daha fazla dinamik olan bir enerji olduğunu görüyorum. Penisim kadının vajinası içindeyken hangi tavsiyelerin olurdu? Bana daha fazla farkındalık verecek hangi enerji olabilirdim?

Gary:
Penisiniz kadının vajinası içindeyken sadece girip – çıkmak yerine, hareketsiz kalmaya ve penisinize enerji verirken penisinizi kasıp - esnetmeye çalışın, böylece hareket etmeden girip çıkıyormuş gibi olur.

Seminer Katılımcısı:
Ben bunu yapabilirim.

Bölüm: Cinselliğin Agresif Mevcudiyeti

Gary:
Ayrıca bütün kalça yapınız boyunca da enerji koyun. Sadece bunu yaparak bile kadının orgazm olacağı iyi bir fırsat vardır.

Seminer Katılımcısı:
Teşekkür ederim.

Seminer Katılımcısı:
Kadının içinde olduğum zaman fark ettim, vajina içinde sanki alışık olduğumdan çok daha fazla alan varmış gibi görünüyor.

Gary:
O alanı doldurmaya mı çalışıyorsun yoksa alan yaratmaya mı çalışıyorsun?

Seminer Katılımcısı:
Yaratmaktansa o alanı doldurmaya çalışmayı tercih ederim.

Gary:
Ya alanı, yaptığınız şeyin orgazmik kalitesine katkıda bulunan bir şey olarak yaratsaydınız?

Seminer Katılımcısı:
Vay canına! Tam oturmuş bir fikri satın aldığımı görüyorum.

Gary:
Güzel, kaç bok parçası size bunun olması gereken yöntem olduğunu söyledi?

Seminer Katılımcısı:
Pek çok.

Gary:
Bununla ilgili var olan her şeyi godzilyon kez yıkıp yaratımlarını tümüyle iptal eder misiniz? Right and Wrong, Good and Bad, POD and POC, All Nine, Shorts, Boys and Beyonds.

Penisinizden alanı dolduran organ değil, alanı dolduran enerji olmasını ister misiniz?

Seminer Katılımcısı:
Yapacağım.

Gary:
Harika.

Seminer Katılımcısı:
Çok teşekkür ederim. Vay canına.

"Neden Ben de Çoklu Orgazm Olamıyorum?"

Seminer Katılımcısı:
Kadınları birazcık kıskanmaya başladım. Neden ben de çoklu orgazm olamıyorum?

Gary:
Çoklu orgazm olabilirsiniz. Orgazm olmanız için boşalmanız gerekmez. Eğer sırt üstü uzansam, hiç boşalmadan altı veya sekiz orgazm olabilirim.

Seminer Katılımcısı:
Bunu nasıl yapıyorsunuz?

Gary:
Kendimi eğittim böylece sırt üstü yattığımda çok çabuk boşalmıyordum; kadının daha fazla tahrik olmasını istedim.

Seminer Katılımcısı:
Kendinizi nasıl eğittiniz?

Gary:
Sadece bedenime bana farklı bir yol göstermesini istedim.

Seminer Katılımcısı:
Şu soru durumu...

Seminer Katılımcıları:
(Kahkahalar)

Bölüm: Cinselliğin Agresif Mevcudiyeti

Gary:

Çoklu orgazm olabilen erkekler hakkında yazılar okudum ve sordum, "Buna nasıl sahip olabilirim?" "Sırt üstü yat" cevabı geldi, o zaman dedim ki "Tamamdır." Sırt üstü yattım ve ona üstüme oturması ve dilediğince ezmesi için izin verdim ve ona parmağımı kullanarak bir sürü şey yaptım. Bir şeyleri onun için daha iyi hale getirmek üzere yapabileceğim her şeyi yapardım ve sonuç olarak sırt üstü yatıyorken orgazm olmaya başladım. Mutlaka boşalma olmasının gerekmediği orgazmlar yaşamaya başladım.

Bu bedeninize "Beden, boşalma olmaksızın orgazm olmamız için ne gerekir?" diye sorma meselesidir. Neyi yaratabileceğinize bakmaya başladığınız zaman, farklı bir olasılık kendini göstermeye başlar. Ama o alandan bakmak zorundasınız, gittiğiniz diğer alandan değil.

Çoklu orgazm, boşalma gereksiniminiz veya arzunuz yokmuş gibi hissettirir, ama ereksiyon halini kaybetmezsiniz. Tekrar yaparsanız boşalma yaşayabilirsiniz gibi bir duygunuz olur, ama boşalmayı önlemeyi başarırsınız ve her şey daha iyiye gider. Boşalıyormuş gibi hissedersiniz ama boşalmazsınız. Bu boşalma yerine sanki bir iç orgazmmış gibi hissettirir.

Kendinizi Memnun Etmek

Gary:

Agresif cinsellik sizinle seks yapacak bir kadını beklemekle ilgili değildir. Bu kendiniz için seks yapmaya istekli olmakla ilgilidir. Bizler mastürbasyonu bırakma eğiliminde oluruz, özellikle bir ilişkiye girdiğimiz zaman. Mastürbasyondan vazgeçtiğinizde, kendinizi memnun etmekten vazgeçersiniz ve herhangi birisi sevsin veya sevmesin seks yapacaksınız fikrinden vazgeçersiniz.

Cinsel olarak agresif bir erkek seks yapar ve sonra duşa gider ve mastürbasyon yapar.

Seminer Katılımcısı:
Bu evlilikte nasıl işe yarar?

Gary:
Seçtiğiniz zaman mastürbasyon yaparsınız. Her ne seçerseniz onu yaparsınız. Şöyle diyebilirsiniz, "Sevgilim, özür dilerim. Gerçekten gidip mastürbasyon yapmam lazım." Bu eğer onun hoşuna gitmezse, "Neden sana yardım etmeme izin vermiyorsun?" diyecektir veya ona "Eğer istiyorsan gelip bana yardım edebilirsin" diyebilirsiniz.

Seminer Katılımcısı:
Evet, bunu birkaç kez yaptım. Eğlenceli oldu.

Gary:
İşlevsel olacağınız farklı bir alan vardır. Sormaya çalışın: Eğer olduğum bütün cinsellik olsaydım, hayatta nasıl işlevsel olurdum?

Gerçekten olduğunuz bütün cinsellik olsaydınız, hayatta nasıl işlevsel olurdunuz? Bunun ortaya çıkardığı her şeyi godzilyon kez yıkıp yaratımlarını tümüyle iptal eder misiniz? Right and Wrong, Good and Bad, POD and POC, All Nine, Shorts, Boys and Beyonds.

Bu prosesleri çalıştırın:
Gerçekten olduğum gibi işlevsel olsaydım, cinsel olarak nasıl işlevsel olurdum? Bununla ilgili var olan her şeyi godzilyon kez yıkıp yaratımlarını tümüyle iptal eder misiniz? Right and Wrong, Good and Bad, POD and POC, All Nine, Shorts, Boys and Beyonds.

Eğer kendim gibi cinsel olarak işlevsel olsaydım, hayatta nasıl işlevsel olurdum? Bununla ilgili var olan her şeyi godzilyon kez yıkıp yaratımlarını tümüyle iptal eder misiniz? Right and Wrong, Good and Bad, POD and POC, All Nine, Shorts, Boys and Beyonds.

Bölüm: Cinselliğin Agresif Mevcudiyeti

İşlevsel olduğumu addettiğim bir günde dört kadının olduğu zamanlar oldu. Ne yazık ki yapılandan başka herhangi bir şey elde edemedim.

Seminer Katılımcısı:
Öyleyse Gary, bu neye benzerdi?

"Bu Adamla Seks Yapmak Neye Benzerdi?"

Gary:
Bu bir erkeğe göz atıp şunu sormaya benzerdi, "Bu adamla seks yapmak neye benzerdi?" Bu onunla seks yapmak zorunda olduğunuz anlamına gelmez. Birisiyle seks yapmanın neye benzediğine göz atmaya istekli olduğunuzda, özellikle sizin olağan tercihiniz olmayan aynı cinsten birisiyle, kadınların cinsel enerjilerini farklı bir şekilde görmeye başlarsınız, çünkü "erkeğe" veya "kadına" cinsel enerji koymaya çalışmayı durdurursunuz.

Onun için sormaya başlayın, "Bu kişiyle seks yapmak neye benzerdi?" Cinsel olarak bu türde agresifliğe başladığınız zaman, neyin işe yaradığını, neyin yaramadığını görmeye başlarsınız. Ve eğer neyin işe yaradığı, neyin yaramadığını görmeye istekli olduğunuz zaman, farklı bir şekilde yaptığınız şeyi yapmaya istekli olursunuz.

Seminer Katılımcısı:
Bu soruyu sevdim, "Bu adamla seks yapmak neye benzerdi?" Bu alıp kabul etmekle ilgili tamamıyla farklı bir olasılık açıyor. Bunu bir erkekle ilgili sorduğumda tamamıyla farklı bir enerji aldım.

Gary:
Evet, bunu bir erkek hakkında sormaya isteki olduğunuzda, kadınların neler seçeceği hakkında daha fazlasını görmeye istekli oluyorsunuz.

Seminer Katılımcısı:
Evet.

CENTİLMENLER KULÜBÜ

Gary:
Ayrıca bir erkek olduğunuz ve karşı cinse ilgi duyduğunuz zaman, bir erkeğe "Onunla seks yapmak neye benzerdi?" bakış açısıyla baktığınızda, varlığa ve bedene bakmak ve eğlenceli olup olmayacağına bakmak zorunda kalırsınız ki bu kadınlarla yapmadığınız bir şeydir. Siz, "Oh bu kadın çok güzel; Onu istiyorum." dersiniz ki bu ne sorusudur? Soru değildir! Erkeklerle, soruyu sürdüreceksiniz.

Kadınlarla yapmama (soru sormama) eğilimindesiniz. Eğer soruyu sürdürmeye istekli olsaydınız, daha harika bir şeye sahip olur muydunuz? Evet, bu onun önemli bir parçası. Bir erkeğe bakıp "Onunla seks yapmak eğlenceli olacak mı?" diye sorduğunuz yere vardığınızda, kadınlara bakıp aynı soruyu sormaya başlayabilirsiniz, "Bu kadınla seks yapmak eğlenceli olacak mı?" O zaman "Vay canına! Bu kadar çok farkındalığım olduğunu hiç düşünmemiştim." diyeceksiniz.

Seminer Katılımcısı:
Oh, bu harika! Hafif olanı seçme alıştırması yapalım.

Gary:
Seks yapılacak daha iyi bir kişiyi seçmeyi işte böyle öğrenirsiniz.

Seminer Katılımcısı:
Ben bunu yaptım ve işe yarıyor.

Gary:
Yarıyor. Harika.

Seminer Katılımcısı:
Vay canına. Harika. Müteşekkirim.

Gary:
Peki, centilmenler, işimiz bitti.

Seminer Katılımcısı:
Teşekkür ederim Bay Douglas. Harikasınız.

Bölüm: Cinselliğin Agresif Mevcudiyeti

Seminer Katılımcısı:
Öylesiniz.

Seminer Katılımcısı:
Her zaman iyi biri...

Gary:
Ve unutmayın, sırt üstü yatmaya ve çoklu orgazm olmaya çalışın. Bir dahaki sefere kadar bu ev oyununuz. Boşalmadan altı orgazm yaşayan ilk kişi bir ödül kazanacak. Teşekkür ederim. Bir sonrakinde sizinle konuşacağım. Hoşça kalın.

Bölüm: Taahhüt Seçmek

Seçimden taahhüt ederseniz, aslında neyin mümkün olduğunu fark etmek zorundasınız. Bu şu soruyu sormaktır: Burada göz önüne almadığım ne mümkündür?

Gary:
Merhaba centilmenler. Hadi bazı sorulara geçelim

Mertlik/Yiğitlik ve Erkeklik

Seminer Katılımcısı:
Mertlik, erkeklik ve daha yiğit ve daha erkeksi görüntü ve sese nasıl sahip olunur hakkında konuşabilir misin? Ben diğer erkeklerde olduğu gibi derin bir sese sahip değilim. Daha derin, daha erkeksi ses geliştirmek için herhangi bir tavsiyen var mı? Ya sakala ne dersin? Benim çok sakalım da yok. Bu genetik mi yoksa değişebilir mi?

Gary:
Bu genetiktir ve değişebilir. Şunu sorman gerekir: Çok büyük miktarda kıla kolaylıkla sahip olmak için ben ve bedenim hangi enerji, alan ve bilinç olabiliriz? Bununla ilgili tek sorun göğsünüzde, sırtınızda, testislerinizde de kıl büyümesinden sorumlu olursunuz. Deneyin.

Seminer Katılımcısı:
Bu geriye doğru da işe yarar mı? Daha az beden kılı için?

Gary:
Şunu deneyin: Tümüyle kolaylıkla daha az kıl olması için hangi enerji, alan ve bilinç olabilirim? Ancak bununla ilgili problem de şudur, kel kalabilirsiniz.

Onun için bir seçeneğiniz var. Aşırı kıllı bedenle kel olabilirsiniz ve o (kadın) bütün zamanını bedeninizin üzerinde çalışmaya harcar ya da kafanızda kalın, dalgalı saçlar olur ve o (kadın) bütün zamanını elleri saçlarınızda olarak harcar. Ellerini nereye koymasını istersiniz?

Seminer Katılımcısı:
Her yere.

Gary:
Kesinlikle. O nedenle her yerde kıl büyüyor. Yargılamayı bırakın. Kılla ilgili bu yargılamayı nereden aldınız? Kıllı erkeklerden hoşlanmayan bir sürü kadın vardır, ama kıllı erkeklerden hoşlanmazlarsa, sizi istemeyeceklerdir ve siz de onları istemeyeceksiniz. Çok kıldan hoşlanan bir kadını seçin. Ayrıca eğer göğsünüzde çok fazla kıl varsa, kıllı bir göğsünüz olduğunu göstermek için her fırsatta gömleğinizi çıkartın. Bazı kadınlar bunu seveceklerdir. Ve eğer göğsünüzde kıl yoksa o zaman gömleğinizi çıkartma fırsatını kullanıp çıkartın böylece donanımınızın neye benzediğini anlarlar. Erkeksi olmak sadece bu gezegende değeri olmayan bir şey olmaya istekli olduğunuz anlamına gelir.

Sesinizi derinleştirmek için bunu deneyin:

Ben ve bedenim, sesimizin tümüyle kolaylıkla iki oktav azalmasına izin verecek hangi enerji alan ve bilinç olabiliriz? Bununla ilgili var olan her şeyi godzilyon kez yıkıp yaratımlarını tümüyle iptal eder misiniz? Right and Wrong, Good and Bad, POD and POC, All Nine, Shorts, Boys and Beyonds.

Enerji Hava Akımı

Seminer Katılımcısı:
Sizi başka bir kişiyle birlikte olmanız için ileri doğru sürükleyen bir enerji hava akımına kapıldığınız gibi hissettiğinizde ve bu size çok hafif ve kolay hissettiriyorsa bu nedir? En son yapılan Access Yedi Günlük Etkinlikten sonra, bir hafta boyunca etkili bir biçimde belirli bir kadınla seks yaptığımı düşledim ve sonraki hafta, bunun

gerçekten olduğu bir deneyim yaşadım. Rüyayı canlandırmak üzere birlikte yataktaydık.

Bu eğlenceli zamana neden olmak için, ona doğru bir enerji dalgasını takip ediyordum ve bu çok kolay hissettiriyordu ayrıca enerjetik olarak ta memnuniyet vericiydi. Olası çılgın enerji gibi hissettim. Söylemek zorundayım ki, bu çok güzeldi. Her neyse, şimdi bir sonra ne yapacağım konusunda emin değilim.

Gary:
Bu gitmeyi durdurmak zorunda olduğunuz yerdir arkadaşlar. Sizlerin "Oh, şimdi ne yapacağım?" demek gibi bir eğiliminiz vardır. Yapma ya! Yapmanız gereken şey devam etmektir. Eğer bir hava akımı varsa, içeri – dışarı kaydırın, içeri – dışarı kaydırın, içeri – dışarı kaydırın ve lanet olası biçimde eğlenmenize bakın, tadını çıkarın.

Bununla ilgili var olan her şeyi godzilyon kez yıkıp yaratımlarını tümüyle iptal eder misiniz? Right and Wrong, Good and Bad, POD and POC, All Nine, Shorts, Boys and Beyonds.

Seminer Katılımcısı:
Onu korkutacağım ihtimaline karşı çok fazla hevesli olmamaya çalışıyorum. Seks yaptıktan sonra nereye gideceğim veya sonra ne yapacağım hakkında daha fazla kolaylık elde etmek için bunu nasıl değiştirebilirim?

Gary:
Kafa karışıklığı ile karşı karşıyasın arkadaşım.

Kendinizi bir kafa karıştıran yapmak için yaptığınız her şeyi yıkıp yaratımlarını tümüyle iptal eder misiniz? Right and Wrong, Good and Bad, POD and POC, All Nine, Shorts, Boys and Beyonds.

Seçtiğiniz kafa karıştıranı, kalbi karıştıranı ve apış arası karıştıranı yaratmak için sonsuz cinselliğin hangi yozlaştırmasını kullanıyorsunuz? Bununla ilgili var olan her şeyi godzilyon kez yıkıp yaratımlarını tümüyle iptal eder misiniz? Right and Wrong,

Good and Bad, POD and POC, All Nine, Shorts, Boys and Beyonds.

Seminer Katılımcısı:
Kafa karışıklığı ile karşı karşıyasın dediğin zaman ne demek istedin açıklayabilir misin? Bu neden kafa karışıklığı oluyor?

Gary:
Numara bir, "Çok hevesli olmamaya çalışıyorum." Bu kafa karışıklığıdır. Bu ne olmaya veya yapmaya çalışmak zorunda olduğunla ilgilidir. Numara iki, "Ondan sonra nereye gitmem veya ne yapmam hakkında daha fazla kolaylık elde etmek için bunu nasıl değiştirebilirim?" Kafa karışıklığı.

Seminer Katılımcısı:
Bu soru sormak yerine gelecekte neler olacağını bulmaya çalışmak gibi mi?

Gary:
Bu ilişki olarak neye sahip olmanız gerektiği veya nasıl olmanız gerektiği hakkında yargılarınız olduğu zaman yarattığınız şeydir. Seçim yaptığınızda ve bu seçimi yargıladığınız da, yargının ileri doğru uzatmasını ve geleceğinizi yaratmasını gerektiren bir katılık yaratırsınız. Bu yargılara dayanarak katı bir gelecek yaratırsınız. Gerçekten seçmek istediğiniz şey bu mu?

"Yargı yok" yargısız bir geleceğe emsaldir. "Yargı" hatta olumlu bir yargı bile, yargılı bir geleceğe emsaldir.

Yaratma Yeteneğinizi Bloke Etmekte Olan Kaç Tane Gelecek Yarattınız?

Her seçim yaptığınızda, yaratırsınız. Her seçim yaratır, ister lehinize ister aleyhinize olsun yaratır. Eğer yargıyı o seçimle birlikte oraya koyarsanız, gerçekleşmeye başlayan bir gelecek yaratırsınız ki bu gelecek olarak yargıyı yaratacaktır. Diyelim ki on üç yaşındasınız. Bir kız buldunuz ve bu kız sizinle seks yaptı. Siz "Aman Tanrım, Onu sonsuza dek sevmek durumdayım. Ona yapışmak zorundayım. Ondan çocuk sahibi olmak zorundayım. Bütün bu şeyleri olmak zorundayım" dersiniz. Bütün bunlar yaptığınız ve yapmanız gerekenler hakkındaki yargılarınıza dayanarak yaratmaya başladığınız potansiyel gelecektir.

Seminer Katılımcısı:
Evet.

Gary:
Bütün bunlar potansiyel gelecek olarak kilitlenen bir şey haline gelir ve ne zaman bununla uyuşan birisine yakınlaşsanız, o enerjiyi o geleceğe, gerçekleşmesi gerektiğine karar verdiğiniz bir geleceği yaratmak için eklersiniz. Bunların hiçbiri gerçek değildir.

Kadınlarla birlikte, halen yaratma yeteneklerinizi bloke etmekte olan, kaç tane gelecek yarattınız? Dörde kadar sayacağım. "Bir, iki, üç" geçmişi ve şimdiyi temizler. "Dört" ilave edildiğinde, verdiğiniz kararlar, yaptığınız seçimler ve yargılamalara dayalı yaratacağınız geleceği değiştirir. Dörtte, hepsini yıkıp yaratımlarını iptal edeceğiz. Bir... İki... Üç... Dört. Teşekkür ederim.

Kadınlarla birlikte gelecek hakkında yarattığınız bütün o şeyleri, bir kadınla birlikte bir geleceğe nasıl sahip olmayacağınızı, bir kadınla birlikte bir geleceğe ve gelecek olmaksızın bir kadına nasıl sahip olmak zorunda olduğunuzu, gerçek erkek olmadığınızı ve bir kadına sahip olmaksızın içinde olamayacağınız bütün yerleri, bütün o gelecekleri, dörtte bütün bunları yıkıp yaratımlarını iptal eder misiniz? Bir... İki... Üç... Dört. Teşekkür ederim

Seks, ilişki, cinsel birleşme ve cinselliği yaratmak için varlığın sonsuz taahhüdünün hangi yozlaştırmasını kullanmayı seçiyorsunuz? Bununla ilgili var olan her şeyi godzilyon kez yıkıp yaratımlarını tümüyle iptal eder misiniz? Right and Wrong, Good and Bad, POD and POC, All Nine, Shorts, Boys and Beyonds.

Kaçınız bir kadın olmaksızın olamayacağınız bakış açısına sahipsiniz? Bununla ilgili var olan her şeyi godzilyon kez yıkıp yaratımlarını tümüyle iptal eder misiniz? Right and Wrong, Good

and Bad, POD and POC, All Nine, Shorts, Boys and Beyonds.

Herhangi birinizin hiç seks veya cinsel birleşme ya da ilişki gereksinimleri tarafından güdüldüğünü hissettiği oldu mu?

Seminer Katılımcısı:
Evet.

Seminer Katılımcısı:
Evet.

Gary:
İşte konu bununla ilgilidir. Orası seçeneğinizin olmadığını düşündüğünüz yerdir. Yapmak zorunda olduğunuzu düşünürsünüz. Seçiminiz nerede?

Gerçek Seçeneklerin Olduğu Yere Varmak

Bu serinin bütün ana fikri sizi bir şekilde seçiminiz olmadığı ve seks yapmak zorunda olduğunuz düşünmek yerine seçeneğe sahip olduğunuz noktaya götürmektir. Eğer gerçek seçeneklerin olduğu yere gelebilirseniz, bir ilişki ve seks yaratmak için herhangi bir parçanızdan vazgeçmek zorunda kalmazsınız ve bunu yaparak, daha fazla mevcudiyet ve daha fazla eğlenceye sahip olabilirsiniz. Eğer seks sizin için tümüyle eğlence olsaydı bu neye benzerdi?

Seminer Katılımcısı:
Evet, lütfen.

Gary:
Tüm zamanlarda. Her zaman.

Seks, ilişki, cinsel birleşme ve cinselliği yaratmak için varlığın sonsuz taahhüdünün hangi yozlaştırmasını kullanmayı seçiyorsunuz? Bununla ilgili var olan her şeyi godzilyon kez yıkıp yaratımlarını tümüyle iptal eder misiniz? Right and Wrong, Good and Bad, POD and POC, All Nine, Shorts, Boys and Beyonds.

Şimdi, ben neden cinsellik diyorum? Çünkü erkek olduğunuz kanıtlamak için seks yapmak zorunda olduğunuzu hesapladığınız yere ulaştınız. Bunun seçimle ne alakası var?

Seminer Katılımcısı:
Hiçbir alakası yok.

Gary:
Bu nüfusun sadece yarısıyla seks yapmanız şart demektir. Bunun gerçekten fark etmediğinin farkında olduğunuz tek zaman hapse atıldığınız ve erkekten başka seks yapacak başka kimsenin olmadığı zamandır.

Bununla ilgili var olan her şeyi godzilyon kez yıkıp yaratımlarını tümüyle iptal eder misiniz? Right and Wrong, Good and Bad, POD and POC, All Nine, Shorts, Boys and Beyonds.

Bunun komik olması gerekiyordu. Espri anlayışınız nereye gitti? Bir espri anlayışına sahip olmanız için artık çok mu geç?

Seminer Katılımcısı:
Sanırım esprilerini POD ve POC yapmalısın böylece şakalarına gülebiliriz.

Gary:
Esprilerimi ve ne denli zekâ ürünü olduklarını fark etmenize izin vermeyen her şeyi ve seks, cinsel birleşme, ilişki ve cinsellikle ilgili espri anlayışına sahip olmanıza izin vermeyen her şeyi ve elde etmeniz imkânı olan her şekilde seks, ilişki, cinsel birleşme ve cinsellikle oynamanıza izin vermeyen her şeyi yıkıp yaratımlarını tümüyle iptal eder misiniz? Right and Wrong, Good and Bad, POD and POC, All Nine, Shorts, Boys and Beyonds.

Karar Verme olarak Taahhüt / Seçim olarak Taahhüt
Seminer Katılımcısı:
Gary, taahhüt ve seçim hakkında konuşabilir misin? Taahhüt vermeyi bir seçim olarak yapmaktansa taahhüdü bir karar olarak mı yaratıyoruz?

Gary:
Evet.

Seminer Katılımcısı:
Bu realite taahhüdün anlamını böyle mi kabul ediyor?

Gary:
Evet.

Buna dayalı olarak yarattığınız bütün gelecekleri yıkıp yaratımlarını tümüyle iptal eder misiniz? Bir... İki... Üç... Dört. Teşekkür ederim.

Siz beyler bir taahhütle ilgili kararlar verdiğinizi ve sonra onu gerçek ve doğru kılmak için taahhüdü geçerli kılmaya çalıştığınızı anlamak zorundasınız.

On Saniyelik Seçimler olarak Taahhüt

Seminer Katılımcısı:
Sen on saniyelik artışlarda seçim yapmayı seçmekle ilgili konuştun ve dedin ki taahhüt on saniyelik seçimdir. Bununla ilgili kafam karıştı. Bu nasıl işe yaracak?

Gary:
On saniyelik artışlarda seçim yaptığınız zaman, bir on saniyede şöyle söyleye bilirsiniz, "Onu seviyorum." Sonraki on saniyede "Onu sevmiyorum" diyebilirsiniz. "İşimi seviyorum" diyebilirsiniz ve on saniye sonra "İşimi sevmiyorum" diyebilirsiniz. On saniyelik artışlarda seçtiğiniz zaman, orada sürekli yaratım olasılığı var olur.

Siz beyler bir şekilde taahhüdün kalıcı olduğuyla ilgili garip bir bakış açısına varıyorsunuz. Bir kez taahhüt verdiğinizde, başka bir seçeneğin mümkün olmadığını sanıyorsunuz.

Seçimden taahhüt verdiğiniz zaman, aslında neyin mümkün olduğunu fark etmek durumundasınız. Bu şöyle sormaktır: Burada göz önünde bulundurmadığım ne mümkündür? Ya olması gerektiğini düşündüğünüz şeye bakmaktansa neyin mümkün olduğuna baksaydınız? Bu zaten taahhüt edilmiş taahhüdü, taahhüt etmeye çalışmaktan farklıdır.

Seminer Katılımcısı:
Bu tam da lanet biçimde kolay olurdu.

Gary:
Evet, ayrıca işte bu nedenle hayatınızda kolaylık olmayacak. Siz bir şeyleri kolaylaştırabilecek olanlar yerine ısrarla zor ve kötü parçalara bakmaya çalışıyorsunuz. Ya zor olanın yerine her ne ise kolay olandan yapıyor olsaydınız?

Seminer Katılımcısı:
Bu çok zekice basit olurdu.

Gary:
Basittir. Biz şu soruları sormak yerine işe yaramıyor görünen bir şeyi nasıl işe yarar yaparız ona bakmaya devam ediyoruz:

- Bununla ilgili işe yarar olan nedir?
- Bununla ilgili işe yaramayan nedir

Örneğin, diyelim ki evlenmek üzere bir taahhütte bulundunuz. Bu, taahhüdü tamamlamak zorunda mısınız demektir? Eğer bir kadınla evlenirseniz, onunla sonsuza kadar evli mi kalacaksınız?

Seminer Katılımcısı:
Hayır.

Gary:
Siz sürekli işlevsel olabileceğinizi düşündüğünüz yere gelmeye çalışıyorsunuz. Bunun halen mevcut olandan daha harika bir şey yaratacağını düşünürsünüz. Daha henüz seçmeden bile ne olacağını çözmeye çalışmaya devam ediyorsunuz. Kaç tane olası gelecek yaratıyorsunuz ve hayatınızda işe yaramayan şeyi yaratmak için kaç tane olası gelecek yarattınız? Dörtte: Bir... İki... Üç... Dört. Teşekkür ederim.

Huzur duygusundan seçmeniz şarttır. Burada göz önünde bulundurmadığınız ne türde huzur ve olasılık mevcuttur? Bir ilişkide olmanızın tek nedeni huzur duygusuna sahip olmaktır ki bu neşe ve olasılık duygusu ve her zaman arkanızı kollayacak birine, cinsellikle eğlenceli olabilecek birisine sahip olma duygusudur.

Seminer Katılımcısı:
Ve sadece cinsel olarak ta değil.

Gary:
Evet ve sekste bir huzur duygusu olmalı. Eğer seks yaparsanız, "Keşke bunu yapmasaydım" bakış açısına sahip olmamalısınız, bakış açınız "Şimdiye kadar seçmediğim ne seçebilirim?" olmalıdır. Eğer daha harika bir şey seçseydiniz bu neye benzerdi?

Partnerinizin Çocuğuyla bir İlişki Yaratmak

Seminer Katılımcısı:
Gary, benim dört yaşında bir kızla seçtiğim bir ilişkiyle ilgili bir sorum var. Şey yapıyor... Bu ne ad vermem gerekir emin değilim... Koruma veya savunma yapıyor ya da rekabet ediyor. Onunla, ona annesini çalmadığımı anlamasına izin verecek bir şekilde konuşabilir miyim? Ortaya çıkan şey budur.

Gary:
Evet, şöyle diyebilirsin, "Annenle takılmak hoşuma gidiyor. Annenle takılmak senin de hoşuna gidiyor. Benimle ne tür bir ilişki kurmak istiyorsun?"

Seminer Katılımcısı:
Harika. Bu gerçekten hafif geldi.

Gary:
"Benden senin için ne olmamı istiyorsun? Senin ekstra baban olmamı ister misin? Annenin arkadaşı olmamı ister misin? Senin arkadaşın olmamı ister misin? Ne istiyorsun?

Seminer Katılımcısı:
Evet, bu ona seçenek verecektir. Harika.

Gary:
Evet. Seçeneğe sahip olması gerekir. Eski eşimle bir araya geldiğimizde, on altı yaşında kontrol edilemeyen Adam adında bir oğlu ve altı yaşında kontrol edilemeyen Shannon adında bir kızı vardı. Adam'a sordum, "Benim hayatında ne olmamı istiyorsun? Hayatında nasıl olmamı istiyorsun? Annenin kocası olmamı mı istiyorsun? Senin üvey baban olmamı mı istiyorsun? Senin kötü kalpli üvey baban olmamı mı istiyorsun? Ne olmamı istiyorsun?" Babası olmamı seçti ve ben ona "Tamam, şu andan itibaren senin babanım" dedim.

Seminer Katılımcısı:
Ve sonra baba her ne enerjiyse o enerji oldun değil mi?

Gary:
Evet. Aynen öyle oldum.

Seminer Katılımcısı:
Yani bu kanun yapıcı veya her ne ise bile olabilir.

Baba Sizin için Nedir?

Gary:
Şöyle sormak zorundasınız, "Baba senin için nedir?" Bir baba veya erkek kardeş ya da her ne ise, olmanın onlar için tanımları ne olacak ortaya çıkartın.

Seminer Katılımcısı:
Evet.

Gary:
İzin verin ilişkiyi tanımlasınlar ve siz o olmak için yapabildiğiniz her şeyi yapın.

Seminer Katılımcısı:
Bu işi çok kolaylaştırır.

Gary:
Evet. Siz ayarlama yapabilirsiniz. Onlar yapamazlar.

Seminer Katılımcısı:
Evet. Bunu anladım.

Gary:
Herkes çocuktan ayarlanmasını bekler ve bu yapılması hata olacak bir şeydir. Eski eşimle ilişkimin bir noktasında, Shannon bana bok gibi davranıyordu. Ona sordum, "Nasıl olurda bana bok gibi muamele edersin?"

"Çünkü sen benim gerçek ailem değilsin" dedi.

Ona "Eğer bana bok gibi davranacaksan, bende sana tam olarak aynı, sadece daha kötü şekilde davranacağım" dedim.

Bana bok gibi davrandığında, bende ona bok gibi davrandım. Ona bana yaptığı bokluğun tam olarak aynısını yaptım ve üç hafta içerisinde her şey değişti.

Seminer Katılımcısı:
Üç hafta! Bu çok uzun zaman!

Gary:
Evet, uzun zamandı, ama üstesinden geldim. Daha bilinçli olan siz olmak zorundasınız.

Seminer Katılımcısı:
Çocuklar neden ayarlama yapamaz?

Gary:
Çünkü bütün hayatları başka herkesin bakış açısına göre değişmekle ilgilidir. Hiçbir şey üzerinde kontrolleri yokmuş gibi hissederler.

Seminer Katılımcısı:
Öyleyse ayarlayabilirler, ama bunu onlardan beklememeliyiz öyle mi?

Gary:
Yani, herkes onlardan ayarlanmalarını bekler. Çocuğunuzdan her zaman sizin realitenize ayarlanmasını beklersiniz. Böylece çocuğun bakış açısı "Kontrole sahip değilim" şeklinde olur. Ve eğer bir çocuğun kontrolü yoksa, ister erkek ister kız olsun, kontrol edinmek için nereye giderler? Öfke, şiddet, hiddet ve nefret!

Seminer Katılımcısı:
Kesinlikle.

Seminer Katılımcısı:
Oğlumla yaptığım şey bu mu? Hayatımı yaratmak ve ondan gelmesini beklemek mi?

Çocuklarınızda bir Anlaşmazlık ya da bir Ayırım Yaratmayın.

Gary:
Geçen gün ona, "Bir seçeneğin var. Eve annene ve okula mı gitmek istiyorsun?" dedin. "Okula geri dönmek mi istiyorsun?" demek ayrı bir şeydir, ama eve annesine gitmeyi cezalandırma olarak kullanmak iyi bir şey değildir, çünkü annesine olan sadakati sizinle birlikte olma arzusuyla anlaşmazlığa düşer. Çocuklarınızda bunu yaratmayınız.

Seminer Katılımcısı:
Ne diyebilirdim?

Gary:
"Evlat, eğer eve gitmek istiyorsan, seni eve götürecek birisini bulmaya çalışabilirim."

Seminer Katılımcısı:
Evet.

Bölüm: Taahhüt Seçmek

Gary:
O zaman seçeneği olur.

Seminer Katılımcısı:
Bu çok ilginç! Şimdiye kadar hiç böyle bakmamıştım. Bu ona bana davranılmasını istediğim biçimde davranmak olurdu.

Gary:
Evet. Eğer birisiyle bir ilişkideysen ve çocuğuna buna benzer davranırsan, çocuk ilişkide olduğunuz kişiye karşı öfkelenmek zorunda kalır.

Seminer Katılımcısı:
Oh, tamam.

Gary:
Ve bu onlara hayatta çok azda olsa seçenek verir.

Seminer Katılımcısı:
Oğluma "Eve annene ve okula gitmek istiyor musun?" diye sormanın ne denli insafsız olduğuna bakıyorum. Ayırımı nasıl yarattığımla ilgili bana verebileceğin herhangi bir bilgi var mı?

Gary:
Diyelim ki bunu ona söyledin çünkü onu annesine göndermeyi bir cezalandırma olarak değerlendirdin. O bunu cezalandırma olarak değerlendirir mi?

Seminer Katılımcısı:
Hayır.

Gary:
Eğer bunu yaparsan, annesi, sen ve partnerin arasında seçim yapmak zorunda kalır. Bunun acısını kimden çıkartacak?

Seminer Katılımcısı:
Partnerimden!

316

Gary:
Evet, problem olan partnerindir.

Seminer Katılımcısı:
Bunu neden yapayım? Bunun insafsız olduğu şimdi çok açık.

Gary:
Bu sadece bir düşüncesizlik anıdır. Kasıtlı olarak bir şey yapmaya çalışmıyordun. Yaptığın seçimle ortaya çıkacak neticenin farkındalığından işlevsel değildin.

Seminer Katılımcısı:
Evet. Teşekkürler.

Gary:
Kalıcı hasar oluşturmadın.

Seminer Katılımcısı:
Hayır. Ve annesi ona şöyle söyler, "Seni babanla birlikte yaşaman için gönderiyorum! Sende aynı baban gibisin!" Bütün bunların hepsi insafsızlıktır. Bunu yaptığı için ondan (eski eşten) nefret ediyordum ve benimde oğluma aynı şeyi yaptığımı, sen söyleyinceye kadar fark edemedim bile.

Gary:
Bunun nedeni hiç kimsenin söylemeye istekli olmadığı şeyleri söylemeye istekli olmam.

Seminer Katılımcısı:
Bunu başka nerelerde yapıyorum söyleyebilir misin?

Ona (Eski Eş) karşı Sizi Tercih Etmesi için Oğlunuzu Nereye Getirmeye Çalışıyorsunuz?

Gary:
Eski eşinize karşı sizi tercih ermesi için onu getirmeye çalıştığınız yere göz atmak zorundasınız.

Seminer Katılımcısı:
Evet.

Gary:
Eski eşinize karşı sizi tercih etmesini sağlamanızın en kolay yolu gidip onunla yaşamasına izin vermek ve geri döndüğünde sadece kendiniz olmaktır.

Seminer Katılımcısı:
Evet.

Gary:
Oğlumun annesi her zaman kendisinin benden daha iyi olduğunu kanıtlamaya çalışırdı. Bugün annesinden gitmesini ve benim her zaman etrafında bir yerde olmamı ister. Shannon' un annesi hiçbir zaman benim Shannon' un yakınlarında bir yerde olmamı ve ona dokunmamı asla istemedi. Ve bugün Shannon benim çevremde olmak istiyor. Annesinin çevresinde olmak istemiyor.

Bunun çalışma şekli böyledir. Kendinin daha iyi olduğunu kanıtlamaya çalışan ebeveyn, çocukları kontrol etmeye çalışan, çocuğu kaybeden ebeveyndir. Eğer çocuğunuzun annesiyle birlikte yaşamıyorsanız, şunu bilin ki çocuk her zaman eşinize karşı sizi tercih edecektir. Çocuğunuzu eşinizin karşısında bir numara yapmalısınız ve eşinizin bunu sadece çocuğu mutlu tutmak için yaptığınızı bilmesine izin vermelisiniz. Bir numara önceliğiniz kimdir? Çocuğunuz mu yoksa partneriniz mi?

Seminer Katılımcısı:
Çocuğum.

Gary:
Öyleyse, eğer çocuğunuz bir numaralı öncelikse, partneriniz ne oluyor? O da aynı zamanda bir numara. Her ikisi içinde zaman ayırmalısınız. Her birinin sizinle birlikte kendi özel zamanı vardır. Her biri sizin kayıtlarınızda bir numara olduğunu bilir.

Seminer Katılımcısı:
Doğru, birleştirmeye çalışmaktansa bunu tercih etmek iyidir.

Gary:
Evet, çünkü çocuk pozisyonunu kaybediyormuş gibi hissetmeye başlayacaktır ve bunu partnerinize geri gönderecektir. Çocuk artık daha fazla size ihtiyaç duymadığını hissedinceye kadar ona belli süreler zaman ayırmak zorundasınız. Bu ona doğru yeterince alıncaya kadar, büyük miktarda enerji ittirmeye benzer. Eğer bir kişiye büyük miktarda enerji ittirirseniz, ya ağzına kadar dolarlar ya da çekip gitmek isterler. Her iki şekilde de, dışarıda bırakıldıklarını hissetmezler.

Seminer Katılımcısı:
Oysaki ona annesinin veremeyeceği her şeyi vermeye çalıştım böylece...

Gary:
Böylece seni daha çok sevecekti.

Seminer Katılımcısı:
Evet.

Gary:
Bu sadece lehine seçim yapmak yerine aleyhine seçim yapmak zorunda olduğu bir yer yaratmaktır.

Seminer Katılımcısı:
Bu çok yardımcı olur. Teşekkür ederim.

Gary:
Sizin için harika olan şey, partneriniz çocuğunuzdan hoşlanır ve onun için bir şeyler yapmaya isteklidir ve ona, onu mutlu edecek şeyler verir. Bunu (ilişkiyi) işe yarar yapacak şeyler bunlardır. Çocuk annesi ve babasıyla birlikte yaşarken, her iki ebeveynde çocuğa düşkün olacaktır. Bir üvey ebeveyn olduğunda, üvey ebeveyn çoğu zaman çocuğun çok fazla enerji ve zaman harcadığı gerçeği karşısında gücenik hissetmeye başlar. Gücenmenin ilişkinizi

idare etmesine asla izin vermemelisiniz, işte bunun için soruda olmalı ve sormalısınız: Burada hiç göz önüne bile almadığım ne yaratabilirim?

"Harika Baba Olmaya Çalıştım"

Seminer Katılımcısı:
Ortaya çıkardığımız şeylere çok şükran duyuyorum. Sadece çocuğunun etrafında olabilen birisi olmak yerine harika veya zengin ya da bakış açısı olmayan baba olmaya çalıştığım bütün o yerlere göz atıyorum. Bütün o bir şeyler yapmaya çalıştığım yerleri ben yarattım.

Gary:
Evet. Ve anneniz size ne öğretti? Size babanızdan daha iyi biri olmaya çalışmayı öğretti mi?

Seminer Katılımcısı:
Bana babam olmamayı öğretti, böylece nasıl o olmayacağımı çözmek için babam haline gelmek durumunda kaldım.

Gary:
Evet, aynı zamanda, hala onun yaptığını yapmaya çalışıyorsunuz ki bu babanızın anneniz kadar iyi olmadığını kanıtlamaktır.

Seminer Katılımcısı:
Evet, öyleyse geleceğimin ne kadarı hala bunun tarafından yaratıldı?

Gary:
Çoğu. Onun için bütün bunları yıkıp yaratımlarını iptal edebilir miyiz?

Seminer Katılımcısı:
Evet.

Gary:
Bir... İki... Üç... Dört. Teşekkür ederim.

Makul sayıda birkaçınız aynı şeyi yapan anne ve babalara sahipsiniz.

Seminer Katılımcısı:
Bu sohbet için ne kadar şükran duyduğumu söylemek istiyorum. Ben bir üvey baba değilim ve üvey annem veya buna benzer hiçbir şey de olmadı. Çocuğum bile yok, ama bu sohbetin ortaya çıkardığı farkındalık genel olarak hayata uygulanabilir. Çok zekice bir sohbetti.

Gary:
Eğer aradıkları şeyleri yaratmayacak seçimler yapan insanları görürseniz, o zaman en azından ona ne ile veya nasıl yardım edeceğinizi anladınız.

Seminer Katılımcısı:
Evet.

Seminer Katılımcısı:
Bununla ilgili bir şey daha sorabilir miyim? Oğlumun geleceği olarak yarattığım bütün yerleri yıkıp, yaratımlarını iptal edebilir miyiz?

Gary:
Bu tür bir gelecek yaratmak için yaptığınız her şeyi. Evrenlerine kilitlenen gelecek olarak yarattığınız diğerleri hakkında sahip olduğunuz bütün projelendirmeleri ve beklentileri ve bütün projelendirme ve beklentileri: Bir... İki... Üç... Dört! Teşekkür ederim.

Bu kadınlarla da, kadınların sizi onların geleceklerinde olmanız gerektiğini projelendirdikleri zamanda gerçekleşir. Size bakarlar ve "Oh, işte benim erkeğim o" derler. Realitenize onlarla birlikte olmanıza dayalı, öyle olması gerekli bir gelecek katılaştırmak için çalışmaya başlarlar. Beyler siz kaçınız hala yaratılmış bu tür geleceklere sahipsiniz?

Seminer Katılımcısı:
Oh, yüce İsa!

Gary:
Evet. Bütün bunları yıkıp yaratımlarını iptal edebilir miyiz? Bir... İki... Üç... Dört! Teşekkür ederim.

Seminer Katılımcısı:
Bu muazzam bir şeydi. Bunu gündeme getirdiğin için teşekkür ederim.

Seminer Katılımcısı:
Ve paraya da uygulanabilir. Sizinle karşılaştığım zaman, parayla ilgili kaç tane projelendirmem vardı?

Gary:
Evet. Anlaşılan o ki geleceğiniz için projelendirmeyi sizden kopartmakla ilgili proses sizlere bu akşam yaptığım her şeyden daha fazla özgürlük veriyor.

Seminer Katılımcısı:
Bana uygunsuz bir şekilde cömert olduğumu söylediniz, buna rağmen karım beni hala bencillikle suçluyor. Onu yeteri kadar hesaba katmadığımı düşünüyor. Bu nedir?

Manipülatif Olmayı Öğrenin

Gary:
O bir kadın. Eğer hayatınızda bir numaralı öncelik ve dinlediğiniz ve konuştuğunuz bir numaralı kişi değilse, bakış açısı ona yeteri kadar ilgi göstermediğiniz şeklindedir. Bunu değiştirebilmenizin bir sürü yöntemi vardır.

Örneğin, en azından haftada bir ona hediye getirmeyi unutmayın. Büyük bir hediye olması gerekmez, sadece onu düşündüğünüzü gösteren bir şey olsun. Tek bir çiçek olabilir. Çok güzel bir çiçek bulun ve ona "Sevgilim, bunu sana vermek istiyorum, çünkü bu bana seni hatırlatıyor. Mükemmele çok yakın ve bundan daha güzelini hayal edemiyorum" deyin. Bu üç gün idare eder ve ayrıca büyük ihtimalle bunun için bir oral sekste yaşayabilirsiniz. Beyler, daha manipülatif olmayı öğrenmek zorundasınız.

Seminer Katılımcısı:
"Seni düşünüyorum" sadece küçük bir simge. Bir kadınla birlikte hayatı daha da fazla eğlenceli ve kolay hale getirecek, bu şeylerden birkaç tane daha bakabilir misin?

Gary:
Ona sorun, "Benden istediğin şey nedir?" ve size söylemediği cevabı duymaya istekli olun. Kadınlar bazen benim alt metin/ima dediğim şeyi yaparlar. Buna benzer bir soru sorarsınız ve onlar, "Oh, hiçbir şey" derler ama bu "hiçbir şey" anlamına gelmez. Bu "Ben bir şey söylemeden ne istediğimi anlamanı istiyorum" anlamına gelir.

Eğer kadınınız bunu yaparsa, onunla birlikte alış verişe gidin ve ona, beğenilerinin ne olabileceği hakkında fikir edininceye kadar "Bu vitrinden neyi istiyorsun? Hangisi seni gerçekten heyecanlandırıyor?" diye sorun. Ondan sonra bir seçeneğiniz olur.

Onunla birlikte olduğunuz her zaman, hayatınızda olduğu için şükranlarınızı belirtin. "Hayatımda olduğun için çok şükran duyuyorum. Hediyen için çok minnettarım."

Seminer Katılımcısı:
Bunu bir kez partnerime söyledim, neredeyse hayalarımı kesiyordu.

Gary:
Evet, çünkü bunun bir manipülasyon olduğunu düşündü. Şöyle demeliydiniz, "Sevgilim, ciddiyim. Gerçekten onu demek

istedim."

Seminer Katılımcısı:
Onu kadına ne kadar güzel olduğunu söylerken gördüm. Bu da bir şükran ifadesi mi?

Gary:
Evet, bu da onun alıp kabul edebileceği bir yöntem.

Seminer Katılımcısı:
Evet, alıp kabul edebilir.

Gary:
O "Sen çok güzelsin. Hayatımda sana sahip olmak için nasıl bu denli şanslı oldum?" gibi sözleri alıp kabul edebilir. Kişinin neyi alıp kabul edebileceğini bulmak zorundasınız. Ona alıp kabul edebileceği şeyi verin. Size burada verdiğim cümleleri kullanmayın. İşe yaradığını zaten anladınız. Ben partnerinizin her geçen yıl güzelleştiğini seyrettim ve ikinizin her zaman daha senkronize ve daha bağlantılı hale geldiğinizi izledim.

Seminer Katılımcısı:
Bir keresinde bana partnerime şimdiye kadar kimsenin vermediği bir şey ver demiştin. Bu lanet biçimde "vay canına" oldu.

Gary:
Dain ve ben bir keresinde bizim için çalışan bir kadına bir gerdanlık verdik, bu gerdanlık onun şimdiye kadar aldığı en pahalı şeydi ve bu hediye onun evreninde tam bir çatlak açtı. Netice olarak, daha da çok para kazandık. Kadınların bu tür şeyleri hak ettikleri gerçeğini kabul etmeye istekli olduğunuz zaman, "Aman Tanrım. Bu adam gerçekten benim için burada. Onu kollayacağım. Ona gidiyorum" diyeceklerdir.

Ve Dain'in dediği gibi, bu "Oh, bu bir manipülasyon olacak" alanından yapılmaz. Bu aslında orada olan minnettarlık ve neşeden yapılır, çünkü evreninizde olan herkes ve hediye ettikleri ve sundukları her şey için bir minnettarlık vardır.

Tamamdır centilmenler, bu bir zevk oldu. Sizlerin bu gezegendeki en harika adamlarından bazılarısınız ve erkek olmak için yeteri cesarete sahip olanlarsınız.

Seminer Katılımcısı:
Harikasın, Gary!

Seminer Katılımcısı:
Teşekkürler Gary.

Bölüm: Kadınların İma Şifresini Çözmek

İma kadınların işlevsel olma yöntemidir.
"Söylediği şey vardır" ve "Düşündüğü şey vardır."
Düşündüğü şey senin yapman gereken şeydir.

Gary:
Merhaba centilmenler. Mutlu olan biri var mı?

Seminer Katılımcısı:
Evet. Biz gerçekten mutluyuz.

Seminer Katılımcısı:
Mutluyuz! Mutlu!

Gary:
Peki, hadi gidelim. Bakalım burada ne yaratabilirim. Bakalım sizi ne kadar sefil yapabilirim. Kimin sorusu var?

Kültürel Sürüklenme

Seminer Katılımcısı:
Kendimi daha çok benimle aynı ırk ve etnik kökene sahip ve aynı renkte kadınları daha çekici görürken buluyorum. Aynı ırk ve etnik kökene sahip kişilerle seks yapmak bir implant mı yoksa bedendeki bir programlama mı?

Gary:
Hayır, bu kültürünüzden öğrendiğiniz bir sürüklenmedir. En çok, aynı "etnik kökene" sahip insanlar tarafından uyarılma eğiliminde oluruz çünkü onların en çekici olduklarına inanmak üzere eğitildik. Bu programlama değil; bu sürüklenmedir.

Pek çok erkek bir kadına göz atar ve "Oh! Seksi kadın!" der. Bu gerçekten ona göz atmak mı? Hayır, onu nesneleştiriyorsunuz ve onu kendi dünyanızda onunla varlık olarak birlikte olmak yerine bir "ne" haline çeviriyorsunuz.

Bölüm: Kadınların İma Şifresini Çözmek

Kim veya neyle yatacağınızı ve kiminle yatmayacağınızı belirlemek için kaç tane sürüklenmeye sahip olmayı seçiyorsunuz? Bununla ilgili var olan her şeyi godzilyon kez yıkıp yaratımlarını tümüyle iptal eder misiniz? Right and Wrong, Good and Bad, POD and POC, All Nine, Shorts, Boys and Beyonds.

"Sıklıkla Eşcinsel Erkeklere Çekici Geliyorum"

Seminer Katılımcısı:

Bana öyle geliyor ki sıklıkla eşcinsel erkeklere çekici geliyorum. Benimle flört etmek istiyorlar ve bu beni her zaman rahatsız ediyor çünkü nasıl karşılık vereceğinden emin değilim. Bunu nasıl yarattım?

Gary:

Şey... Bilmiyorum. Bu belki de aslında seksi olman olabilir! Eşcinsel erkeklerde şöyle bir durum var, seksi erkeklerden hoşlanırlar. Eğer seksi iseniz, eşcinsel erkek peşinizden gelecektir. Bu her ne kadar işleri kolaylaştıracak olsa da, sizin eşcinsel olduğunuz anlamına gelmez. Yakışıklı olduğunuz anlamına gelir. Ne yazık ki siz bir aptalsınız. Kadınların peşinize erkeklerin düştüğü şekilde düşmediği için yakışıklı olmadığınızı düşünürsünüz. Budala, budala, budala!

Seminer Katılımcısı:
Eşcinsel erkeklere yanlış sinyal mi gönderiyorum?

Gary:
Hayır.

Seminer Katılımcısı:
Bunu nasıl değiştirebilirim?

Gary:
Keyfini çıkarın. Bunun sadece yaptığınız ve işinize yaramayan şeyin kabulü olduğunun farkına varın.

Enerjinizi Nereye Koymanız Gerekir?

Seminer Katılımcısı:
Bir kadınla bilinçli bir ilişkiye başlıyorum ve kendi işimin içine daha fazla giriyorum, Access Consciousness ve diğer eğitimcileri/ fasilitator desteklemeye daha az giriyorum. İlişkimi ve kendi işimi oluşturmak için Access'i dışlıyor muyum?

Gary:
Hayır. Her gün enerjinizi nereye koymanız gerektiğini görmeye istekli olmak zorundasınız. Bütün bunların en önemli parçası budur. Bunun Access'ten vazgeçmekle alakası yoktur. Şununla birlikte ilerlemek durumundasınız: Benim için en iyi neticeyi yaratacak öncelikli olan şey ne olacak?

Seminer Katılımcısı:
Hepsini öncelik olarak almam için farklı ne olmalı ya da yapmalıyım?

Gary:
Hepsini öncelikli olarak alamazsınız. Bir şeyin öncelikli olduğu zamanlar ve sonra başka bir şeyin öncelikli olduğu zamanlar vardır bunu fark edebilirsiniz. Ve eğer bir kadınla birlikteyseniz, o her zaman önceliklidir.

Seminer Katılımcısı:
Access Consciousness'tan ve senden daha fazla alıp kabul etmeme izin verecek ne olabilirim?

Gary:
Olabileceğin şey kendinsin. Ayrıca eğer işinizi yapıyorsanız, burada hakkında konuştuğun bütün şeyleri yapıyorsanız, her şey iyiye gitmelidir.

Bir Çocuğun İlintili Olduğu İlişki

Seminer Katılımcısı:
Şu anda sahip olduğum ilişkide ilintili bir çocuk var. Keyifli eşimle

Bölüm: Kadınların İma Şifresini Çözmek

kızına nasıl yardımcı olacağımız hakkında konuşmanın aramızda harika bağlantı oluşturduğunu buldum. Bu çocuğa, bana ve kadına katkı mı yoksa geri tepecek mi?

Gary:
Hayır, bu bir katkıdır. Burada gittiğiniz yerin o olduğunu anlamak zorundasınız. Bu katkıda bulunulabilir ve gerçekten mümkün olan şeydir.

Seminer Katılımcısı:
Son tele konferanstan sonra, üvey kızıma hayatında ne olmamı istediğini sordum, "Mutlu" dedi. Bununla ilgili biraz daha fazla konuştuktan sonra "Bir arkadaş" dedi. Bunun hakkında da konuştuk ve onun arkadaşın bir oyun arkadaşı olduğu bakış açısı vardı. Bunu nasıl kullanabilirim?

Gary:
Oyun arkadaşı ol.

Seminer Katılımcısı:
Ayrıca kendi ismini benimkiyle değiştirerek oyun oynuyor ve bir keresinde bana Baba diye seslendi.

Gary:
Bu seni baba yerine koyuyor demek olabilir. O olmak istiyor musun, itemiyor musun bilmek zorundasın, çünkü sonuçta bu kadınla birlikte devam etmezsen dahi, çocuk için baba olmaya istekli olmak zorunda kalacaksın yoksa kadın senden nefret edecektir.

Seminer Katılımcısı:
Üvey kızım benimle birlikte entitiler ve diğer şeylerle ilgili video çekmekten hoşlanıyor ve ben ona ve annesine bu videoları işimi tanıtmak için kullanmak istediğimi söyledim. İkisi de bundan mutlu oldular. Bu ne yaratacak?

Gary:
Bu onların varlıklarının işinizle alakalanmalarını yaratır ki bu sizin için daha fazla kar oluşturur.

Seminer Katılımcısı:
Bu bir Anlaş ve Teslim et şeklinde yapılır mı?

Gary:
Evet. Her şey Anlaş ve Teslim Et şeklinde yapılmalıdır.

Tanımlanmamış Bir Hayat

Seminer Katılımcısı:
Önce, bu tele konferans için sana çok teşekkür etmek istiyorum. Bu benim için birçok şekilde hayat değiştirici oldu. Kadınlarla, ilişkiyle nasıl işlevsel olacağım hakkında ve bir şeylerin işe yaraması için farklı ne yapabilirimle ilgili daha fazla netlik kazandım. Kendi yanlışlarıma artık daha fazla girmedim ve kendimle daha huzur içindeyim. Şu anda hayatımın herhangi bir alanında tutunmak zorunda olduğum hiçbir şey yok. Tanımlanmamış bir hayat istiyordum ki bu benim için diğer insanların bana dayattıkları tanımlama ve kısıtlamalardan özgür olmak anlamına geliyordu. Buna rağmen, sorular sormak dışında bununla nasıl işlevsel olurum hiçbir fikrim yok.

Gary:
İlişkilerinizde ve yaptığınız her şeyde sorudan işlevsel oluyorsanız, tanımlanmamış bir hayatı yaşamak için ileri doğru hareket etmeye başlarsınız. Her şey bir soru olsaydı, henüz var olmayan bir ilişkiye kapı açarsınız. Sorun:

Bedenim ve ben bu realitenin ötesinde bir ilişkiye tümüyle kolaylıkla sahip olmamıza izin verecek hangi enerji, alan ve bilinç olabiliriz? Bunun ortaya çıkmasına izin vermeyen her şeyi godzilyon kez yıkıp yaratımlarını tümüyle iptal eder misiniz? Right and Wrong, Good and Bad, POD and POC, All Nine, Shorts, Boys and Beyonds.

Bunu bir ses kaydı dizini haline getirip en azından otuz gün her şeyle başa çıkabileceğiniz farklı bir yer olduğunu anlayıncaya kadar çalıştırmanız lazım gelebilir.

Bir Kadının Öfkesiyle Uğraşmak

Seminer Katılımcısı:
Kadınım bana öfkelendiğinde ya da öfkesini yönlendirdiğinde, hala ötesine geçer ve kendimi bırakırım. Bazen kendi yanlışlığıma girerim. Ötesi temizlemelerini ve SHICUUUU implantlarını çalıştırırım, ama hala onun öfkesini alıp kabul etmeye karşı direnç vardır.

Gary:
Öfke sizi kontrol etme biçimi dışında başka hiçbir şey olmamıştır. Ya farklı bir seçeneğiniz olsaydı? Onu elde etmeye istekli olur muydunuz?

Seminer Katılımcısı:
Şunu çalıştırmalı mıyım: Bedenim ve ben, gerçekten olduğum acınacak bok kümesi, yanlışlık ve zayıflık olmama izin verecek hangi enerji, alan ve bilinç olabiliriz?

Gary:
Bu iyi bir tane değil. Şunu çalıştırman lazım:

Olmaya ve öyle davranmaya çalıştığım, yanlışlık, acınacak bok kümesi ve zayıf, yüreksiz korkağı yaratmak için sonsuz kapasitenin hangi yozlaştırmasını kullanmayı seçiyorum? Bununla ilgili var olan her şeyi godzilyon kez yıkıp yaratımlarını tümüyle iptal eder misiniz? Right and Wrong, Good and Bad, POD and POC, All Nine, Shorts, Boys and Beyonds.

Seminer Katılımcısı:
Aynı zamanda enerji çekmelerini, bariyerlerimi indirmeyi, ilginç bakış açısı ve POC ve POD yapmaya çalıştım ve bunların hepsi bazen işe yaradı. Ama ötesine geldiğim zaman, bütün bu araçlar yok oluyor. Burada özgür olmak ve ondan kurtulmak için bundan

daha başka bir yöntem var mı?

Gary:
Bazen öfkeli olmaya gönüllü olmalısınız. Yargısız olarak ve kuvvet kullanmadan öfkelenebilirsiniz. Yargısız olarak ve kuvvet kullanmadan öfkelenme, öfkenin oluşturucu ögesidir. Bunu yapmaya istekli olmalısınız. Gereksinim duyduğunuz zaman öfkelenmeye istekli olmalısınız. Çoğumuz hedefin öfkelenmemek olduğunu düşünürüz. Ya hedef o değilse? Ya henüz seçmediğimiz farklı bir seçenek varsa?

Seminer Katılımcısı:
Yargılamasız öfke aynı zamanda çocuklar içinde kullanılabilir mi?

Gary:
Evet. Çocuklarla şunu diyebilirsiniz, "Yeter. Buraya kadar."

Seminer Katılımcısı:
Yargılamasız öfke öldürme enerjisiyle aynı mı?

Gary:
Hayır, güç kullanmadan veya yargılama yapmadan öfke şudur, "Ne var biliyor musun? Bunu tekrar yaparsan sen ve ben bitmiştir." İnsanlar öfkenin her zaman yanlışlık olduğu bakış açısına sahip olma eğilimindedirler, ama yanlışlık değildir. Bu sadece erkek olmanızdır, yani genel olarak bir yanlışlıksınız.

Sahip olduğunuz diğer seçenekleri algılamamak, bilmemek, olmamak ve alıp kabul etmemek için yaptığınız her şeyi godzilyon kez yıkıp yaratımlarını tümüyle iptal eder misiniz? Right and Wrong, Good and Bad, POD and POC, All Nine, Shorts, Boys and Beyonds.

İlişkide Agresif Mevcudiyet

Seminer Katılımcısı:
Agresif mevcudiyet ve bunun neye benzeyebileceği hakkında daha fazla konuşabilir misin?

Bölüm: Kadınların İma Şifresini Çözmek

Gary:
Agresif mevcudiyet kendiniz olma ve sonucu ne olursa olsun bir ilişkide mevcut olma istekliliğidir. Bu bakış açısına sahip olmamakla ilgilidir. Her şey sadece ilginç bir bakış açısından başka bir şey değildir. Sadece mevcut olma dışında başka bir şey olmak zorunda olduğunuz duygusu olmaksızın işlevsel olmaya istekli olduğunuzda, hiçbir şeyin yanlışlık haline gelmediği ve her şeyin bir olasılık haline geldiği bir realite yaratmaya başlarsınız.

Bir Kadına Nasıl Yaklaşılır?

Seminer Katılımcısı:
Kadınlara nasıl yaklaşılacağı hakkında konuşabilir misin?

Gary:
Bu ne aradığınıza bakar. Sormanız gereken sorular:

- Burada gerçekten ne yaratmak istiyorum?
- Ne yapmak istiyorum?
- Bu benim işime nasıl yarayacak?
- Bu kadından ne elde etmek istiyorum?

Bir kadınla birlikte gerçekten bir şey yaratmayı temenni ediyorsanız, soru sormak zorundasınız, "Burada gerçekten ne yaratmak istiyorum?" Pek çoğunuz bir yalana dayalı bir şey yaratmaya çalışırsınız.

Seçtiğiniz ilişkiyi yaratmak için kaç tane yalan kullanıyorsunuz? Bununla ilgili var olan her şeyi godzilyon kez yıkıp yaratımlarını tümüyle iptal eder misiniz? Right and Wrong, Good and Bad, POD and POC, All Nine, Shorts, Boys and Beyonds.

"Taahhüt Kelimesi Hala Bana Yapışıyor"

Seminer Katılımcısı:
Taahhüt kelimesi hala bana yapışıyor. Örneğin, bir ilişki taahhüdünde bulunmak bana seks yapmaktan ya da yakınında olmaktan hoşlandığım diğer bütün kadınları hariç tutmak zorunda olduğum gibi hissettiriyor. Veya bir iş anlaşmasına veya işe taahhüt verme bütün diğer iş olasılıklarını hariç tutma anlamına geliyor.

Gary:
Kaçınız realitenizin bütün toplamında sadece tek bir kişi veya tek bir iş sahibi olmaya muktedir olduğunuz veya istekli olduğunuz ya da istediğiniz boktan saçmalığını satın aldınız? Bununla ilgili var olan her şeyi godzilyon kez yıkıp yaratımlarını tümüyle iptal eder misiniz? Right and Wrong, Good and Bad, POD and POC, All Nine, Shorts, Boys and Beyonds.

Seminer Katılımcısı:
Diğer kişini beklentileri, diğer yöne doğru kaçmak istememe neden oluyor.

Gary:
Ya bir aptal değil de sadece farkında idiyseniz?

Seminer Katılımcısı:
(Kahkaha)

Gary:
Farkında olduğunuzu bilin. Sizler gezegendeki erkeklerin yüzde doksanından daha fazla farkındasınız. O zaman bu ne anlama geliyor? Bu diğer erkeklerin sahip olduğundan daha fazla kadınla daha fazla olasılığa sahip olduğunuz anlamına geliyor.

Farkındalığınızı kullanın ve sorun:

- Bu kişi ne duymak istiyor?
- Bu kişi ne yaratmak istiyor?
- Bu neye benzeyecek?

Bölüm: Kadınların İma Şifresini Çözmek

O evrene ulaşmaya çalışın ve herhangi bir kimseyle onunla birlikte olmayı seçemezsiniz duygusu olmadan konuşma imkânına sahip olacaksınız. Kendi güçlendirme kanalınızı şu anda yaptığınızdan daha muazzam olarak yaratmak imkânına sahip olacaksınız.

Seminer Katılımcısı:
Eğer birisine ya da bir şeye bir taahhüte bulunursam kendimi o kişiye veya o şeye karşı kaybetmekten/heba etmekten korkuyorum.

Gary:
Bu gerçekten size mi ait? Bunu söylemekten nefret ediyorum arkadaşım, ama sen bildiğinden çok daha fazla farkındasın. Beyler, sizi berbat ettiğini düşündüğünüz şeylerin yüzde doksanı sizin bile değil. Ne kadar garip değil mi?

Bir Kadın olmaksızın Kendiniz Olabilirsiniz

Seminer Katılımcısı:
Benden on iki yaş genç bir kadınla tanıştım. Benden yaklaşık altmış kilometre uzakta oturuyor ve hayatı benimkinden çok farklı. Sanatla uğraşıyor ve ben bir işte çalışıyorum.

Gary:
Neden seninle ilgilendiğini düşünüyorsun? Onun temel bakış açısı senin mutlaka başarılı olduğun şeklindedir. Nasıl başarılı olunur öğrenmek istiyor.

Seminer Katılımcısı:
Her şey bizim için çok kolay oluyordu ve her ikimiz de ciddi bir ilişki aramıyorduk, böylece geçinip gidiyorduk. Ondan gerçekten hoşlandım ve istemediği duygular geliştirdi ve o duyguları uzaklaştırdı. Sanki bir ilişkinin içinde olmak istemediği bakış açısı var gibiydi, o nedenle başka bir şey olmadı. Hayatına her ne şekilde seçtiyse devam etse bile, ben neler olup bittiğiyle ilgili biraz daha fazla netlik kazanmak istiyorum.

Gary:
Seçtiğiniz kadınla birlikte bilinçsiz ilişkiyi yaratmak için sonsuz özgürlüğün hangi yozlaştırmasını kullanıyorsunuz? Bununla ilgili var olan her şeyi godzilyon kez yıkıp yaratımlarını tümüyle iptal eder misiniz? Right and Wrong, Good and Bad, POD and POC, All Nine, Shorts, Boys and Beyonds.

Seminer Katılımcısı:
Hoppa! Hissettiğim enerji buydu.

Gary:
Seçtiğinizkadınlabirliktebilinçsizilişkiyiyaratmakiçinkadınlardan sonsuz özgürlüğün hangi yozlaştırmasını kullanıyorsunuz? Bununla ilgili var olan her şeyi godzilyon kez yıkıp yaratımlarını tümüyle iptal eder misiniz? Right and Wrong, Good and Bad, POD and POC, All Nine, Shorts, Boys and Beyonds.

Siz beyler bir kadın olmaksızın kendiniz olamayacaksınız garip bakış açısına sahipsiniz. Bu lanet olası biçimde garip, çünkü bir kadın olmadan kendiniz olabilirsiniz. Aslında bu çok daha kolay, ama bazı nedenlerle, bir kadın olmaksızın kendiniz olamayacağınıza karar verdiniz.

Bununla ilgili var olan her şeyi godzilyon kez yıkıp yaratımlarını tümüyle iptal eder misiniz? Right and Wrong, Good and Bad, POD and POC, All Nine, Shorts, Boys and Beyonds.

Seçtiğinizkadınlabirliktebilinçsizilişkiyiyaratmakiçinkadınlardan sonsuz özgürlüğün hangi yozlaştırmasını kullanıyorsunuz? Bununla ilgili var olan her şeyi godzilyon kez yıkıp yaratımlarını tümüyle iptal eder misiniz? Right and Wrong, Good and Bad, POD and POC, All Nine, Shorts, Boys and Beyonds.

Seminer Katılımcısı:
Tekrar çalıştırır mısın lütfen.

Gary:
Seçtiğinizkadınlabirliktebilinçsizilişkiyiyaratmakiçinkadınlardan

sonsuz özgürlüğün hangi yozlaştırmasını kullanıyorsunuz? Bununla ilgili var olan her şeyi godzilyon kez yıkıp yaratımlarını tümüyle iptal eder misiniz? Right and Wrong, Good and Bad, POD and POC, All Nine, Shorts, Boys and Beyonds.

Her zaman olduğu gibi bir kadınla birlikte geleceğinizle ilgili gerçekleşmeyen ve fark edilmeyen bütün gelecekleri ve bir geleceğe sahip olmanın tek yolunun bir kadınla birlikte olduğunu, bütün bunları yok edebilir miyiz lütfen: Bir... İki... Üç... Dört. Teşekkür ederim.

Her Zaman İlişkiye Gireceksiniz Çünkü Kadınların İstediği Şey Budur

Seminer Katılımcısı:
İlişkiyi gerçekten arzulamıyorum; yine de, birlikte zaman geçirmekten gerçekten hoşlandığım harika bir kadınla tanıştım ve her ne kadar her şey kolaysa da, bu bir ilişki yaratmakla biter.

Gary:
Sen bir erkeksin. Sen bir aptalsın. Seni seviyorum ama benimle dalga mı geçiyorsun? Her zaman ilişkiye gireceksin çünkü kadınların istediği şey budur. Beyler, siz her zaman kadın lehine kendinizden vazgeçeceksiniz. Bu tam da lanet biçimde aptalca bir şey! Bir penise sahipsiniz. Zekâ seviyeniz ancak penisiniz kadar büyük.

Seminer Katılımcısı:
Bütün bu diğer ıvır zıvır olmadan, bir şeyler sadece eğlenceli olamıyor mu?

Gary:
Hayır, özür dilerim. Kahrolası biçimde şirinsin, ama çok sersemsin. Faydalı arkadaşlık diye bir şey yoktur. Her kadın her zaman eğer arkadaş canlısı ve uysalsan ve bunun üzerine bir de şirinsen, bunun eninde sonunda bir ilişkiye gireceğin anlamına geldiğini varsayar ve onunla takılmak istemenizin tek nedeni gerçekten ilişki istiyor

olmanızdır. Özür dilerim beyler. İşe yarayan bir beyniniz var ve o bacaklarınızın arasında sallanmakta olan. Beyin gücünüzün geri kalan kısmı kullanışsızdır, faydasızdır.

Seminer Katılımcısı:
Bu boktan sorunu halletmenin bir yolu var mı?

Gary:
Bu sorunu halletmenin bir yolu var mı? Evet. Akıllı ol. Gözden geçir. Seks ve ilişkiler seminerinden sonra, "Sana sahip olmak için ne yapmam gerekir? Klitorisiminfotoğrafını gönderebilir miyim? Agresif geri çekilme yapmak zorunda mıyım? Seni elde etmek için ne yapmam gerekir?" diye soran bir bayandan yazılı bir mesaj aldım. Bana benim bakış açımı sordu mu? Hayır. İlgilenip ilgilenmediğimi sordu mu? Hayır! Neden? Çünkü o bir kadın ve temel bakış açısı "Eğer sen bir erkeksen, senin sahip olmanı istediğimden başka bakış açın olmaz" şeklindedir. Bunu anlamak zorundasınız beyler, çünkü eğer anlamazsanız, bütün hayatınızı kadını haklı kılmaya ve bunu onun işine yarar nasıl yapacaksınız çözmeye çalışarak harcarsınız. Kendiniz için değil, onun için işe yarar olmasına.

Kadın Cinsel Realitenizin Kaynağı Değildir

Seminer Katılımcısı:
Kadını cinsel realitemin kaynağı yapmayı durdurdum. Bu bana büyük özgürlük verdi.

Gary:
Evet. Kadın cinsel realitenizin kaynağı değildir. Kaçınız kadını cinsel realitenizin kaynağı yaptınız? Seksi yaşamınızın kaynağı yaparsınız. Seks olmadan yaşamayacağınıza karar verirsiniz. Gerçek şu ki seks olmadan yaşayabilirsiniz – ama seks yapmak çok daha fazla eğlencedir. Ama siz beyler seksi onun eğlencesinden yapmazsınız. Siz, yaşamaya devam edebileceğinizden emin olmak için seks yaparsınız.

Siz seksin ciddi olduğunu düşünürsünüz. Benim farklı bir bakış açım var. Benim seksi onun eğlencesinden yapmanız gerektiği şeklinde bakış açım var. Neden sadece eğlenceli olduğu için yapmayasınız?

Seçtiğiniz ciddi seksi yaratmak için hangi aptallığı kullanıyorsunuz? Bununla ilgili var olan her şeyi godzilyon kez yıkıp yaratımlarını tümüyle iptal eder misiniz? Right and Wrong, Good and Bad, POD and POC, All Nine, Shorts, Boys and Beyonds.

Seksin önemli olmadığı noktaya, bunun şu veya bu şekilde tamam olduğu yere vardığınızda, gerçekten seçeneğe sahip olabildiğiniz bir alan yaratıyorsunuz ve yaptığınız seks çok daha harika olacaktır.

Kadınlar bana her türden garip, güçlü davetler yaptılar ve benim onlarla seks yapma arzum olmadı. Ben eğlenceli olan birinden hoşlanırım, güçlü, zorlayıcı olan birinden hoşlanmam. Benim için kişisel olarak içinde eğlence duygusu olmak zorundadır. Buna ihtiyacınızın olmadığı noktaya vardığınız zaman, kiminle ve ne zaman seks yapacağınızı seçmeye başlarsınız. Bunun için size garanti verebilirim.

Size Kaç Tane İş Verildi

Seminer Katılımcısı:
Seks ve ilişkide bir uzlaştırıcı olmaya çalıştığımı görüyorum. "Seçtiğim uzlaştırıcıyı yaratmak için hangi aptallığı kullanıyorum?" temizlemesini çalıştırıyorum ve görünen o ki bir şeyler yer değiştiriyor.

Gary:
Uzlaştırıcı olma işini sen mi aldın yoksa o iş size mi verildi? Bu işe size rahim içinde mi verildi?

Seminer Katılımcısı:
Verildi daha hafif hissettiriyor.

Gary:
Öyleyse ailenizde size barıştırıcı olma işi verildi. Bu size seçenek veriyor mu yoksa onları sizin adınıza seçenler mi yapıyor?

Seminer Katılımcısı:
Bu onları seçenler yapıyor.

Gary:
Eğer seçiciler onlarsa, sen hangi seçeneğe sahipsin? Pek çok seçeneğiniz mi var yoksa çok az seçeneğiniz mi var?

Seminer Katılımcısı:
Az seçeneğim var.

Gary:
Realite, gerçekten yaratmak istediğiniz şeyin, daha küçük bir olasılık değil, büyük bir olasılık olduğudur. Şimdiye kadar var olandan çok daha büyük bir olasılığa sahip olsaydınız bu neye benzerdi? Bu neye benzerdi?

Cevabınız olmadığını fark edin, çünkü cevap olmaması size asla seçenek verilmeyen yerdir. Size bir iş verildi ve sahip olmanız gereken iş budur. Diğer işler işe yaramaz.

Bu işin size verilmiş olmasına izin veren, uyum gösterip ve hemfikir olduğunuz veya direnç gösterip tepki verdiğiniz her şeyi yıkıp yaratımlarını tümüyle iptal eder misiniz? Right and Wrong, Good and Bad, POD and POC, All Nine, Shorts, Boys and Beyonds.

Kendiniz için seçim yapmamanızı, kendiniz olmamanızı ve sizden yapmalarını istedikleri şeyleri yapmanızı talep eden kadınlar tarafından size bu yaşam sürecinde kaç tane iş verildi? Bütün bunları yıkıp yaratımlarını tümüyle iptal eder misiniz? Right and Wrong, Good and Bad, POD and POC, All Nine, Shorts, Boys and Beyonds.

Bu işlere dayalı olarak yaratılan bütün gelecekleri, yıkıp yaratımlarını tümüyle iptal edebilir miyiz lütfen? Bir... İki... Üç... Dört. Bir kez daha: Bir... İki... Üç... Dört. Bir kez daha: Bir... İki... Üç... Dört.

Tamam, seçim için daha özgür hissediyor musunuz?

Bölüm: Kadınların İma Şifresini Çözmek

Seminer Katılımcıları:
Evet.

Gary:
Sürekli bunu düşünüyorsunuz çünkü kadın size işi verdi, işiniz ister çöpü dışarı çıkarmak olsun, ister çöpün kendi olmak olsun, iş size verildi. Pek çoğunuza ailenin erkeği olma işi verildi, özellikle boşanmış bir anne varsa. Size ailenin erkeği olma işi verildi, ama bunun ne demek olduğu size asla söylenmedi ve siz bunun kesinlikle hiçbir faydasını göremediniz. Size genellikle babanızın çok berbat, kötü ve hırçın olduğu söylendi, sizde ona benzer hale gelmek istemediğinize karar verdiniz, böylece hiç kendiniz olmadınız. Erkek olarak kim olduğunuzu bilmenizin yolu sahip olduğunuz babadan geçer, hatta ona sadece boşalması için geçen otuz saniye için sahip olsanız dahi.

Bununla ilgili var olan her şeyi godzilyon kez yıkıp yaratımlarını tümüyle iptal eder misiniz? Right and Wrong, Good and Bad, POD and POC, All Nine, Shorts, Boys and Beyonds.

Kendinizi Yargılama İşi

Babanızı herhangi bir biçim, şekil veya formda yargılayan bir anneniz varsa, sahip olduğunuz tek seçenek kendinizi yargılama işi olurdu.

Kaçınıza kendinizi lanet olası var oluşun dışında kesintisiz biçimde yargılama işi verildi? Bununla ilgili var olan her şeyi godzilyon kez yıkıp yaratımlarını tümüyle iptal eder misiniz? Right and Wrong, Good and Bad, POD and POC, All Nine, Shorts, Boys and Beyonds.

Seminer Katılımcısı:
Buna nasıl çalışıyor? Eğer anneniz, babanızı yargılıyorsa siz...

Gary:
Siz çoluk çocuksunuz. İncil'de şöyle der, "Babaların günahı çocuğun üzerine misafir olacaktır." İşte bu. Bu sizin babanız kadar kötü olduğunuz varsayımının sürüklenmesidir. Ve eğer hayatınızı babanız gibi olmak istemediğiniz şekilde harcarsanız, sonuçta o olmamak için zaten o haline gelirsiniz ki bu da saplanıp kaldınız demektir. Asıl gerçekte, siz babanızdan daha iyisiniz. Herhangi biriniz bunu hiç fark etti mi? Babanızdan çok çok daha iyi olduğunuzu hiç kabul ettiniz mi?

Seminer Katılımcısı:
Hayır. Annem bana hep "Babana benziyorsun" derdi ve insanlar "Babana benziyorsun" diyorlardı ve ben bir gün farkına vardım ki, "Vay canına, bedenim, babamın bedenine dönüşüyor."

Gary:
Evet. Bütün bu bakış açıları size verildi. Kaçınız babanıza veya annenize ya da amcanıza veya büyükbabanıza benzediğiniz bakış açısına sahipsiniz? Gerçek şu ki hiçbiriniz kendinizden başkasına benzemiyorsunuz.

Başka birinin bedenine benzediğinizi, kabul edilebilir bulmak için kendinize yaptığınız her şeyi yıkıp yaratımlarını tümüyle iptal eder misiniz? Right and Wrong, Good and Bad, POD and POC, All Nine, Shorts, Boys and Beyonds.

Burada Kabul Etmediğim İma Nedir?

Seminer Katılımcısı:
Kadınıma neden hoşlandığını, bir şeyin neye benzediğini veya onun için ne yapabilirimi, sorduğum zaman, nadiren biraz bilgi alabiliyorum. Cevap vermek istemiyor, o nedenle hiçbir zaman anlaş ve teslim et yapamıyoruz. Senin, kadınlar hiçbir zaman kendileri için doğru olan nedir söylemezler böylece erkeği kontrol ederler dediğini duydum. Burada hangi soruyu sorabilirim veya hangi enerji olabilirim? Bunun hakkında daha fazla konuşabilir misiniz? Farkındalık değil de cevabımı arıyorum?

Bölüm: Kadınların İma Şifresini Çözmek

Gary:
Evet, farkındalık değil, cevap arıyorsunuz. Neyi yaratmak isterdiniz? Bir kadınla birlikte neyi yaratmak isterdiniz?

Algılamanıza, bilmenize, olmanıza ve alıp kabul etmenize izin vermeyen her şeyi yıkıp yaratımlarını tümüyle iptal eder misiniz? Right and Wrong, Good and Bad, POD and POC, All Nine, Shorts, Boys and Beyonds.

Seminer Katılımcısı:
Benim de bununla ilgili bir problemim var. Bunun hakkında biraz daha konuşabilir miyiz? Ne zaman bir anlaş ve teslim et yapmaya çalışsam, kadın sürekli ona sorduğum soruları bana soruyor, böylece tekrar tekrar dolanıp duruyoruz.

Gary:
Bir kişi ona henüz sorduğunuz bir soruyu size neden sorar? Çünkü a) Cevap vermek istemezler ve b) Kendileri cevap vermeden önce sizin cevabınızın ne olduğunu bilmek isterler.

Eğer bir kadına, "Bu renk hoşuna gider mi?" diye sorarsanız, "Sen hangi renkten hoşlanıyorsun?" diye cevap verecektir. Bakış açısı "Eğer benim hoşlandığın renkten sen hoşlanmazsan bende senden hoşlanmayacağım. Eğer hoşlandığın renkten ben hoşlanmazsam, birlikte olamayacağız" şeklindedir. Bu her sohbetin alt metnidir. Şu soruyu sormak zorundasınız: Burada kabul etmediğim ima nedir?

Seminer Katılımcısı:
Birkaç kadınla karşılaştım. Aynı şeylerden hoşlanıyorduk, aynı şeyleri yapmaktan hoşlanıyorduk ve birbirimizle ortak birçok şeyimiz vardı...

Gary:
Her kadın size ortak şeyleriniz olduğunu söyleyecektir, doğru olsun ya da olmasın. Genel olarak bu "Kaderimizde birlikte olmak varmış" anlamına gelir. O yorumun alt metni budur. Bir kadın "Ortak pek çok şeyimiz var" dediği zaman bu "Evleneceğiz" demektir.

Seminer Katılımcısı:
Benim yönlendirildiğim şey buydu. Bir kadın "Pek çok ortak şeyimiz var," dediği zaman ben, "Evet, bunun herhangi bir şeyle ne alakası var?" derim.

Gary:
Her kadın ortak neyiniz var diye bakacaktır böylece sizin istediği erkek olduğunuza karar verecektir. Bunun sizin bakış açınızla bir ilgisi yoktur. Sizin bakış açınıza aldırmazlar.

Seminer Katılımcısı:
Doğru, doğru, doğru!

Gary:
Her dişinin konuşmasında bir alt metin olduğunu ne zaman anlayacaksınız? "Çok ilginçsin" demek "Oh, seninle seks yapabilirim" anlamına gelir. "Vay canına bu gerçekten çok eğlenceliydi" demek "Bir sonra ne yapacaksın?" ve "Kilise/düğün takvimini ne zaman yapayım?" anlamına gelir.

Seminer Katılımcısı:
Anladım.

Gary:
Siz beyler kadınların söylediğiniz şeyleri duyacağı bakış açısına sahipsiniz. Hayır, hayır. Söylediğinizi duymazlar. Neler olacağını zaten tezgâhlamışlardır.

Kavrayabilme yeteneğinizin ne kadarı bir kadının duymak istediği şeyin tezgâhlanması tarafından iptal edilmiştir? Bununla ilgili var olan her şeyi godzilyon kez yıkıp yaratımlarını tümüyle iptal eder misiniz? Right and Wrong, Good and Bad, POD and POC, All Nine, Shorts, Boys and Beyonds.

"Kadınlar İma Eder" Lafının Hangi Bölümünü Anlamıyorsunuz?

Kadınlar isteme yöntemlerini değiştirmek suretiyle, istedikleri şeyi elde edeceklerini düşünerek dolambaçlı yöntemle iletişim kurarlar, böylece siz sonuçta yoldan çekilip onların dediklerini yaparsınız. Kadınlar her zaman erkeklerden onların istediklerini yapmalarını beklerler. Bunu neden anlamıyorsunuz? "Kadınlar İma Eder" lafının hangi bölümünü anlamıyorsunuz?

Bir kadının bakış açısı onun söylediği şeyi söylerseniz, doğruyu söylüyorsunuz şeklindedir. Eğer ona duymak istediği şeyi söylerseniz, doğruyu söylemiş olursunuz. Bunun dışında başka her şey yalandır.

Bunu anlamak zorundasınız beyler. Kadınlar imalardan işlevsel olurlar. Sorun: Burada dinlemediğim ima nedir? İma etmek işlevsel olma yöntemidir. "Söylediği (kadının) şey budur" vardır ve "Düşündüğü (kadının) şey budur" vardır. Yapmanız gereken şey kadının düşündüğü şeydir. O şöyle der, "Oh, bu problem değil. Sen ne istiyorsan onu yap." Bu "Sen onu yap ben de seni öldüreyim" demektir.

Birisi kadınları söylediklerini deşifre etmek için bir alt metin uygulamasına sahip olmamız gerektiğini söyledi. Ne harika olurdu değil mi? O "x, y, z" diyecek ve çıktı "Bu bla, bla, bla demektir" yazacak. Bu hafta seminerde bunu yaptık, kadınlara neyi ima ettiklerini söyledim ve hepsi birden "Evet, ama..." dediler.

Ben "Burada ima ettiğin bla, bla, bla dır!" diyorum.

Onlar, "Ne demek istiyorsun? İma etmiyordum" diyor.

Ben "Evet ediyordun! Biraz önce yaptın! Bu yanlış değil; bu sadece yaptığın şey. Eğer söylediklerin hakkında dürüst olmak istiyorsan, ne zaman yaptığına dikkat etmelisin. Bu kadınların, erkeklerden farklı olduğu yöntemlerden biridir" dedim.

You Tube' da "Bu Çiviyle ilgili Değil (It's Not about the Nail)" adlı harika bir video var.

Bir hanım bir erkeğe "Beni dinlemen gerekiyor. Başımda ağrı var" diyor.

Erkek "Peki, kafandaki çiviye ne diyorsun?" diye cevaplıyor.

Kadın, "Hayır, o problem değil! Beni dinlemeni istiyorum. Neden beni asla dinlemiyorsun? Beni düzeltmeye çalışmaya son ver!" diyor.

Ne olduğunu biliyorsunuz beyler. Siz erkeksiniz.

Seminer Katılımcısı:
Alt metinleri/imaları deşifre etmeyi kolaylaştırmak için herhangi bir temizleme var mı?

Gary:
Kadınlar daima art niyetlidir. Her zaman alt metinler/imaları vardır. Hiçbir şey hiçbir zaman dosdoğru değildir. Asla doğrudan değildir.

Alt metinleri/imaları asla algılayamamayı ve alıp kabul etmemeyi yaratmak için hangi aptallığı kullanmayı seçiyorsunuz? Bununla ilgili var olan her şeyi godzilyon kez yıkıp yaratımlarını tümüyle iptal eder misiniz? Right and Wrong, Good and Bad, POD and POC, All Nine, Shorts, Boys and Beyonds.

"Şimdi bir İlişkimiz Var"

Seminer Katılımcısı:
İlişkimde eğer göz atmış olsaydım daha fazla alan ve olasılık yaratabilecek, henüz bakmadığım herhangi bir şey var mı?

Gary:
Nasıl olsa siz bunu her zaman yapıyorsunuz, onun için endişelenmek zorunda olmadığınızı düşünüyorum. Hem siz hem partneriniz ilişkinizi yaratmaya çalışıyorsunuz. İlişkinizin içinde

Bölüm: Kadınların İma Şifresini Çözmek

yaşamaya çalışmıyorsunuz. Ve bu gereklidir. İnsanların yaptığı en büyük hata "Şimdi bir ilişkimiz var" dedikleri zamandır. Bu bir son mu? Hayır, son değil. Bu sadece daha başka ne mümkündür'ün başlangıcıdır. Aşağıdaki sorulardan işlevsel olduğunuz zaman, ilişkinizi sürekli yaratma halinde olursunuz:

- Daha başka ne mümkündür?
- Başka hangi seçimlerimiz var?
- Daha başka ne yaratabiliriz?
- Bunun nasıl olmasını istiyoruz?
- Dün olan her şeyi yıkıp, yaratımlarını iptal edebilir miyiz?

Bu soruları sormak sizi şimdiki anda tutacaktır ve hiç kimsenin şimdiye kadar sahip olamadığı seviyede olasılığa kapı açacaktır.

Sizlere çok teşekkür ederim. Siz beyler şaşırtıcı bir hediye oldunuz. Bu seri daha harika olasılığa devasa bir katkı olmuştur. Siz beyler, şimdiye kadar karşılaştığım en cesur erkeklersiniz, çünkü sizler diğer insanların istekli olduklarından farklı bir şeyler hakkında konuşmaya gönüllüsünüz.

Seminer Katılımcısı:
Müthiş. Bu harika seri için teşekkür etmek istiyorum.

Seminer Katılımcısı:
Çok teşekkür ederim Gary

Gary:
Hepinize bu telekonferansta olduğunuz için teşekkür ederim. Sizlerin dünyada olmanız nedeniyle çok minnettarım. Siz beyler kendiniz dikkat edin – ve çıkıp cinsel ilişkiye girin. Ama unutmayın, sadece bir kereliğine cinsel ilişkiye girmeniz lazım. Eğer ikinciyi yaparsanız bir ilişki içinde olacaksınız ve eğer üçüncüyü de yaparsanız, evleniyorsunuz. Ve eğer kız "Ortak çok şeyimiz var" derse, bakış açısı yakında evleneceksiniz şeklindedir. Onun için,

olmanız gereken şekilde ortaya çıkmazsanız sizi bekleyen akıbete hazırlıklı olun.

Sizi seviyorum beyler. Kendinize dikkat edin!

Access Consciousness
Temizleme Cümlesi

Tuzağa düşmenize neden olan bakış açılarının kilidini açabilecek tek kişi sizsiniz. Benim burada temizleme prosesiyle sunduğum şey, değişmeyen duruma kilitlendiğiniz bakış açısının enerjisini değiştirmek için kullanabileceğiniz bir araçtır.

Bu kitap boyunca, pek çok soru sordum ve o sorulardan bazıları kafanızı birazcık bükmüş olabilir. Niyetim buydu. Sorduğum sorular zihninizi resmin dışına çıkarmak böylece durumun enerjisini alabilmeniz için tasarlanmıştı.

Soru bir kez başınızı büktüğünde ve durumun enerjisini ortaya çıkardığında, o enerjiyi yıkıp yaratımını iptal etmeye istekli olup olmadığınızı sorarım, çünkü saplanıp kalan enerji engellerin ve kısıtlamaların kaynağıdır. O enerjiyi yıkıp yaratımını iptal etmek sizin için yeni olasılıklara kapı açar. Bu sizin "Evet, bu kısıtlamayı yerinde tutan her neyse çekip gitmesine izin vermeye istekliyim" deme fırsatınızdır.

Bu soruyu bizim temizleme cümlesi olarak adlandırdığımız bazı garip sözcükler takip edecektir:

Right and Wrong, Good and Bad, POD and POC, All 9, Shorts, Boys and Beyonds™

Temizleme cümlesiyle, kısıtlamaların ve engellerin enerjisinin yaratılmış olduğu yere geri gidiyoruz. Bizi ileri doğru hareket etmekten alıkoyan enerjilere göz atıyoruz ve gitmek istediğimiz bütün alanlara doğru genişletiyoruz. Temizleme Cümlesi hayatımızda kısıtlamalar ve daralmalar yaratmakta olan enerjilere hitap etmenin kısa söylemidir.

Temizleme Cümlesi ne kadar çok çalıştırırsanız, o kadar derine iner ve sizin için o kadar çok katmanın ve seviyelerin kilidini açabilir. Bir soruya karşılık olarak çok fazla enerji ortaya çıkarsa, prosesi hitap edilen konu sizin için daha fazla sorun olmaktan çıkıncaya kadar çok sayıda tekrarlamayı dileyebilirsiniz.

İşe yaramaları için Temizleme Cümlesindeki kelimeleri anlamak zorunda değilsiniz, çünkü bu enerjiyle ilgilidir. Buna rağmen, eğer kelimelerin ne anlama geldiği ilginizi çekiyorsa, kısa ve öz bir tanımlama aşağıda verilmiştir.

Right and Wrong, Good and Bad (Doğru ve Yanlış, İyi ve Kötü):
"Bununla ilgili olarak düzgün, iyi, mükemmel ve doğru olan nedir? Bununla ilgili olarak, yanlış, aşağılık, ahlaksız, dehşet verici, kötü ve korkunç olan nedir?" sorularının steno yazılımıdır. Bu soruların kısa sürümü: Doğru ve yanlış, iyi ve kötü olan nedir? Bunlar bize en çok yapışan düzgün, iyi, mükemmel ve/veya doğru olarak kabul ettiğimiz şeylerdir. Onların düzgün olduğuna karar verdiğimiz için, onları bırakmaya arzulu olmayız.

POD, temizlediğiniz her neyse var oluşta tutmak için kendinizi yok ettiğiniz bütün yöntemlerin yıkım noktasını (point of disctruction) simgeler

POC, enerjiyi yerine kilitlemek için kararlarınızın hemen önüne geçen düşüncelerin, hislerin ve duyguların yaratım noktasını (point of creation) simgeler.

Bazen insanlar "onu POD ve POC yapın" derler ki bu basitçe daha uzun olan temizleme cümlesinin kısaltılmış halidir. Bir şeyi POD ve POC yaptığınızda, bu iskambilden yapılan evin en alttaki kartını çekmek gibidir. Her şey yere yıkılır.

All 9 (Bütün Dokuzlar) bu maddeyi hayatınızdaki kısıtlama olarak yarattığınız dokuz farklı yöntemini simgeler. Bunlar kısıtlamaları katı ve gerçek olarak yaratan düşünceler, hisler, duygular ve bakış açıları katmanlarıdır.

Shorts (Kısalar) "Bununla ilgili anlamlı olan şey nedir? Bununla ilgili anlamsız olan şey nedir? Bunun cezası nedir? Bunun ödülü nedir?" gibi sorular dâhil çok daha uzun sorular serisinin kısa sürümüdür.

Boys (Erkek Çocuklar)çekirdek küreler olarak adlandırılan enerjetik yapıları simgeler. Temel olarak hayatımızın bir şeyle etkisiz biçimde sürekli başa çıkmaya çalıştığımız alanlarla ilgilidirler. En azından on üç farklı türde küre vardır ki bunlar toplu olarak "boys" olarak adlandırılır. Çekirdek küreler çocukların birden fazla bölmeleri baloncuk boruları üfledikleri zaman oluşan balonlara benzer. Bu devasa baloncuk kütlesi oluşturur ve bir balonu patlattığınızda, diğer balonlar boşluğu doldurur.

Sorunun çekirdeğine inmeye çalışırken, hiç soğanın zarlarını soymaya çalıştığınız ancak asla oraya varamadığınız oldu mu? Çünkü bu bir soğan değildir; o bir çekirdek küredir.

Beyonds (Öteler) kalbinizi, nefes alış verişinizi veya olasılıklara bakma istekliliğinizi durduran hisler veya heyecanlardır. Öteler şoka girdiğiniz zaman ortaya çıkan şeydir. Hayatımızda donup kaldığımız pek çok alana sahibiz. Her dona kaldığınızda, bu sizi esir tutan bir ötesidir. Ötesi ile olan zorluk, sizi mevcut olmaktan alıkoymasıdır. Öteler, bütün diğer ötelerle birlikte inanç, gerçeklik, hayal etme, kavrayış, algılama, rasyonelleşme, affedici olma ötesi olan her şeyi kapsar. Bunlar genellikle hisler ve heyecanlardır, nadiren duygular olur ve asla düşünceler değildir.

Sözlük

İzin Verme

Bir bakış açısına uyum gösterebilir ve onunla hemfikir olabilir ya da bir bakış açısına direnç gösterebilir ve tepki verebilirsiniz. Bu içinde bulunduğumuz realitenin kutupluluğudur. Veya izin verme halinde olabilirsiniz. Eğer izin verme halinde olursanız, akıntının ortalık yerindeki kaya olursunuz. Düşünceler, inançlar, davranışlar ve göz önünde bulundurmalar size doğru gelirler ve çevrenizden dolaşırlar, çünkü sizin için, bütün bunlar sadece ilginç bir bakış açısıdır. Diğer taraftan, eğer o bakış açısına uyum gösterip, hemfikir olursanız veya direnç gösterip, tepki verirseniz, çılgınlık akımına yakalanır ve birlikte sürüklenirsiniz. Bu içinde olmak isteyeceğiniz bir akıntı değildir. İzin verme halinde olmanız lazımdır. Tümüyle izin verme: Her şeyin sadece ilginç bir bakış açısı olmasıdır.

Bars

The Bars™ elle uygulanan başın üzerinde birisinin hayatındaki farklı boyutlarına tekabül eden noktalara hafifçe dokunmayı içeren bir Access prosesidir. Neşe, üzüntü, beden ve cinsellik, farkındalık, nezaket, şükran, huzur için noktalar vardır. Hatta para için bile bir Bar vardır. Bu noktalar bars olarak adlandırılır çünkü başın bir tarafından diğer tarafına doğru çalışır.

Olmak

Bu kitapta olmak kelimesi bazen sizi, gerçekten olduğunuz sonsuz varlığıkast etmek için olduğunuzu düşündüğünüz kişi hakkındaki uyduruk bakış açısına karşılık olarakmevcut olmak yerine kullanılmıştır.

Varlık ve Varlıksallık

Varlık siz, olduğunuz sonsuz varlıksınız.
Varlıksallık varlık olduğunuzu kanıtlamak için yaptığınız bir şeydir

Sözlük

Varlığın Enerjetik Sentezi (ESB)

ESB Dr. Dain Heer'in eğitim verdiği bir seminerdir. Bu seminer, varlık olarak sizin etrafınızdaki her şeyi değiştirmek için bir şeyleri nasıl bir araya getirdiğinizle ilgilidir.

Birliğin Enerjetik Sentezi (ESC)

Bu Dain'in yaptığı bir prosestir. Temel olarak, birliğin enerjetik sentezi sizi evrendeki bütün moleküler yapılarla farklı bir yöntemle bağlantıya sokar. Bununla ilgili daha fazla bilgiyi Dain'in web sitesinde (www.drdainheer.com) bulabilirsiniz. Dain ücretsiz "tadımlıklar" sunmaktadır, böylece bunun neye benzediğini sezinleyebilirsiniz.

Kafa Karıştıranlar, Kalp Karıştıranlar, Bacak Arası Karıştıranlar

Kafa karıştıran olduğunuz zaman, daima onunla (o her neyse) ilgili düşünürsünüz. "Sırada ne var? Bundan sonra ne yapacağız? Sonraki adım ne olacak?" Kafa karıştıran daima "sonraki, sonraki, sonraki" ni araştırır.

Kalp karıştıran daima "Beni neden aramadın? Beni artık sevmiyor musun? Sorunun ne? Benim sorunum ne?" onları araştırır.

Bacak arası karıştıranlar her zaman gerçekten cinselolmak yerine, ne kadar cinsel olduklarını kanıtlamaya çalışırlar. Bu cinsel olmak değil, bir cinsellik kanıtıdır. Provakatif/Kışkırtıcı giyinen ama bir gram bile cinsel enerjisi olmayan kadınlar bacak arası karıştıranlardır. Cinsel olması gerekiyormuş gibi görünürler, ama gerçekte değil sadece görüntüde böyledirler.

Bekleme Paterni/Kalıpları

Bunlar bedenimizde beklettiğimiz paternlerdir/kalıplardır. Bunların kilitleri sadece elle uygulanan Access Consciousness prosesleri ile açılabilir.

İnsanlar ve Hümanoidler

Bu gezegen üzerindeki iki ayaklı varlıkların iki farklı türüvardır. Biz onları insanlar ve hümanoidler olarak adlandırıyoruz. Birbirlerine benzerler, benzer şekilde yürürler, benzer şekilde konuşurlar ve sıklıkla benzer şekilde yerler ama gerçek şu ki birbirlerinden farklıdırlar.

İnsanlar size her zaman sizin nasıl yanlış, kendilerinin nasıl doğru olduklarını ve nasıl hiçbir şeyi değiştiremeyeceğinizi söylerler. Şunlara benzer şeyler söylerler, "Biz işleri bu şekilde yapmayız, o nedenle zahmet bile etme." Onlar, "Olduğu haliyle iyi. Bunu neden değiştiriyorsun?" diye soran birileridir.

Hümanoidlerin farklı yaklaşımları seçerler. Onlar daima bir şeylere göz atarlar ve sorarlar, "Bunu nasıl değiştirebiliriz? Bunu daha iyi yapacak olan nedir? Bunu nasıl geçeriz/yeneriz?" Onlar bu gezegen üzerindeki bütün harika sanat eserlerini, bütün harika romanları ve bütün harika gelişimleri yaratmış olan kişilerdir.

İmplantlar

İmplantlar bir yaşamda veya diğerinde bize yapılmış, bedenimizde ya da zihnimizde bir eylem oluşturan şeylerdir. Bir implant içimizde belli bir türde titreşim yaratır; bu bizi etkileyen ve tutan bir şey haline gelir. Access Consciousness'dan bir proses kullanarak bu implantları ortadan kaldırmanın veya iptal etmenin mümkün olduğunu ortaya çıkardık.

İlginç Bakış Açısı

İlginç bakış açısı bir Access Consciousness aracıdır. Bu yargıları kendinize yargılama her ne ise, bunun sadece sizin veya bir başkasının zamanın bu anında sahip olduğu ilginç bir bakış açısı olduğunu hatırlatmak suretiyle etkisizleştirmenin harika bir yoludur. Bu doğru veya yanlış veya iyi ya da kötü değildir.

Her ne zaman bir yargınız olsa sadece "İlginç bakış açısı" deyin.

Bu sizi yargıdan uzaklaştırmaya yardımcı olacaktır. Bununla uyumlu veya hemfikir olmazsınız – ve ona direnç gösterip tepki vermezsiniz. Sadece ne ise o olmasına izin verirsiniz ki bu da ilginç bir bakış açısından başka bir şey değildir. Bunu yapabildiğiniz zaman izin vermede olursunuz.

Bu Bana mı Ait?

"Bu bana mı ait?" sahip olduğunuz düşüncelerin, hislerin ve duyguların gerçekten size ait olup olmadığını ortaya çıkarmak için sorduğunuz bir sorudur – çünkü sahip olduğumuz düşüncelerin, hislerin ve duyguların %98'i bize ait değildir. Biz sürekli olarak başka herkese ait şeyleri alırız ve bizim olduğunu varsayarız, özellikle eğer kötülerse. Ve iyi şeylerin başkasına ait olduğunu varsayarız.

Öldürme Enerjisi

Öldürme enerjisi sizi, herhangi bir yargı olmaksızın öldürmeye istekli iseniz, bir şeyi öldürmeye götüren enerjidir. Bir ineği veya bir geyiği veya yiyeceğiniz herhangi bir şeyi öldürmek enerji gerektirir. O enerji, eğer gerçekten bir hayvanı katlettiyseniz orada ortaya koyduğunuz yöntemle birisine yönelen enerji, insanlar için bir şeyleri değiştiren enerjidir.

Daha Hafif/Daha Ağır

Hafif olan daima doğrudur ve onun hafifliğini hissedersiniz. Yalan olan ise daima ağırdır ve ağırlığını hissedersiniz.

The Place (Yer)

Gary Douglas tarafından yazılan, daima neyin arayışı içinde olduğunuz ve bunun nasıl ve nerede mümkün olabileceği hakkında bir romandır.

POD ve POC Yapma

POD ve POC yapma, zamanda kendinizi bir şeyle yok ettiğiniz noktaya veya sizi kilitleyen bir şeyin yaratım noktasına geri dönmenizi söylemenin kısa yoludur.

Enerji Çekmek, Enerji Çekimleri

Çoğu erkek çekici buldukları kadına enerji iterler. Kadınlar bunlardan pek çok edinirler ve karşılıkları hemen hemen "İstemem teşekkür ederim!" şeklindedir. Çekici bulduğunuz birisine doğru enerji itmek yerine, ondan, erkek veya kadın, enerji çekmeye çalışın. Onları çekmenin yöntemi budur. Aniden size doğru çekildiklerini hissederler. Enerji akışları insanlarla bağlantı kurmanızın yoludur. Enerjiden sadece çekmesini isteyin. Bu kadar kolaydır.

(Bir şeyi) Bir Döngüye Koymak

Bu bilgisayarınızda yapabileceğiniz bir şeydir ki bazı şeyleri tekrar ve tekrar dinlemenize olanak sağlar.

Alıp Kabul Etmek

Bu realitede, insanlar alıp kabul etme yöntemlerinin sadece seks, cinsel birleşme veya para üzerinden olduğuna inanırlar. Gerçek alıp kabul etme var olan bütün bilgiyi alma imkânına sahip olmaktır. Bunun mümkün olan her şeyin farkındalığıyla ilgisi vardır. Bu hiçbir bakış açısı olmadan bütün farkındalığı algılama kapasitesidir.

Seks ve Seks Yok

Access Consciousness' da seks ve seks yok dediğimiz zaman cinsel birleşmeye atıfta bulunmuyoruz. Alıp kabul etmek hakkında konuşuyoruz. Bu kelimeleri, alıp kabul etme ve etmeme enerjisini bulduğumuz başka her şeyden daha iyi ortaya çıkarması nedeniyle seçtik.

İnsanlar seks ve seks yok hakkındaki bakış açılarını, alıp kabul etmelerini kısıtlayıcı bir yöntem olarak kullanıyorlar. Seks ve seks yok - her ikisi de/ veya evrenler - ya mevcudiyetinizi başka herkesin dışlanmasına bilinir kıldığınız (seks) ya da mevcudiyetinizi sakladığınız (seks yok) böylece görünemediğiniz dışlayıcı evrenlerdir. Her iki durumda da, kendinize odaklanırsınız, kendinize hiç kimseden ya da hiçbir şeyden alıp kabul etmeye izin vermezsiniz.

SHICUUUU İmplantları

Bunlar gizli (Secret), saklı (Hidden), görünmez (Invisible), örtülü (Covert), görülmemiş (Unseen), söylenmemiş (Unsaid), kabul edilmemiş (Unacknowledged) ve açığa vurulmamış (Undisclosed) olan implantlardır.

İşaretler, Mühürler, Amblemler ve Anlamlar

Bunlar her zaman taktığınız ancak kim olduğunuzla hiçbir alakası olmayan kimlik kartlarıdır.

Hangi aptallığı seçiyorsunuz?

Sonsuz varlıklar, farkında olmamak için, kendilerini aptal olarak yaratmak zorundadırlar. "Hangi aptallığı seçiyorsunuz...?" tabirini içeren sorular sizin aptal olduğunuzu ima etmek amaçlı değildir. Bunun yerine, kendinizi farkında olmayan olarak yaratmak için bilme eksikliğini – aptallığı - seçtiğiniz zamanın enerjisini ortaya çıkartmak için uğraşırlar.

Access Consciousness Nedir?

Ya kendinizi duygusal olarak besleyip ilgilenseydiniz ne olurdu?
Ya olmanın imkânsız olduğuna karar verdiğiniz her şeyi olmaya kapıları açsaydınız ne olurdu?
Dünyanın olasılıkları için ne denli önemli olduğunuzun farkına varmanız için ne gerekir?

Access Consciousness hayatınızın her alanında dinamik değişimler yaratmanıza izin veren basit araçlar, teknikler ve felsefeler setidir. Access tümüyle farkında olma haline gelmenize ve gerçekten olduğunuz bilinçli varlıktan işlevsel olmanıza izin veren blokları adım adım oluşturmayı sunmaktadır. Bu araçlar hayatınızda işinize yaramayan her ne varsa değiştirmek için kullanılabilir böylece farklı bir hayata ve farklı bir geleceğe sahip olabilirsiniz.

Bu araçlara çeşitli seminerler, kitaplar, telekonferanslar ve diğer ürünler kanalıyla ya da Access Consciousness Sertifikalı Eğitmenleri/Facilitator veya Access Consciousness Bars Eğitmenleri/Facilitator ile erişebilirsiniz.

Access'in amacı bir bilinç ve birlik dünyası yaratmaktır. Bilinç hayatınızda her anda kendiniz veya herhangi biri için yargısız olarak mevcut olma yeteneğidir. Bilinç her şeyi içine alır ve hiçbir şeyi yargılamaz. Bilinç her şeyi alıp kabul etme, hiçbir şeyi geri çevirmeme ve hayatta arzuladığınız her şeyi şu anda sahip olduklarınızdan daha muazzam ve hayal edebileceğinizden bile daha fazla yaratma yeteneğidir.

Access Consciousness hakkında daha fazla bilgi almak veya Access Consciousness Eğitimcilerin/Facilitator yerini bulmak için lütfen aşağıda yer alan linklerden ilgili web sitelerini ziyaret ediniz.

http://www.accessconsciousness.com/
www.garymdouglas.com

Bölüm Adları ve Başlıkları İndeksi

1.Bölüm: Farklı Bir Şeye Adım Atmak
Erkek olarak Kendine Güvenmek/Diğer Erkeklere Güvenmek
Erkeklerle Ortaklık Oluşturmak
Güzellik Duygunuzu Kesmek/Yok Etmek
"Birbirimizin Arkasını Kolluyoruz"
Erkeklerin Sahip Oldukları Nezaket
Ayırım Yaratmak
Cinsel Enerji ve Alıp Kabul Etme
Farklı Bir Şey Seçmek
Farklıya karşı Değişiklik
Farklı Ne Yapabilirim?
Olasılık, Seçim, Soru ve Katkı
Erkek Olma Konusunda Hiç Cesaretlendirildiniz mi?

2.Bölüm: Ne Olduğunun Farkındalığından Seks ve İlişki Yaratmak
İcada karşı Yaratım
Göründüğü Şekle karşı Olduğu Şekil
Erkeklik Organı Kuralı/Yönetimi
Eğer Erkekseniz, Yanlışınız Var
Doğum Kontrolünün İcadı
Ya Başarı Sadece bir Seçimse?
Yaratabilirsiniz – Veya İcat Edebilirsiniz
Farklı Olan Bir Şey Yaratmak
Kendinizi Daha Az Cinsel mi Yapıyorsunuz?

Cinsel Enerji Yetersizliğinden Ölmekte Olanları İyileştirmeye mi Çalışıyorsunuz?

Cinsel çekicilik

Yaratım Üzerine Odaklanma

Tatile Çıkmak

Tümüyle Farklı Bir Realiteden Seks ve İlişki Yaratmak Neye Benzerdi?

3.Bölüm: Siz Değerli Ürünsünüz

Gereklilik Şeytanları

Bilinci Şeytanların Dünyasının İçine İşletmek

Birisini Doğruluyor musunuz?

Anlaş ve Teslim Et

Bu Ajandamı (Sikimi) Büyütecek mi?

Lider Olduğunuz Zaman, Değerli Ürün Haline Gelirsiniz

Seks Arzulamanın Çevresindeki Yanlışlık

Sekste ve Cinsel Birleşmede Tümüyle Hazır Bulunma

Kültürel Sürüklenme

Olduğunuz Cinsel Enerji Olmak

Kendim İçin Ne Yaratmak İstiyorum?

Küçülerek (Kasılarak) Orgazm/Genişleyerek (Büyüyerek) Orgazm

Kendinizle/Özünüzle Bütünlük

4.Bölüm: Olasılıklar Kralı Haline Gelme

Hoşnutsuzluğun Ölümsüz Mevsimi/Sezonu

Erkekler Arasında Ayırım Yaratan Çarpık Hoşnutsuzluk

Ya Hayatınızda Gereksinim Duygusu Olmasaydı?

Savunmasız Olmak

Beni Değerli Ürün Yapacak mı?
Seks ve Cinsel Birleşmenin Eğlencesinden Kaçınma
Cinsel Arzu Uyandıran Siz
Uyarılmanın/Tahrikin Doruğu
Seks Bir Yaşam Gücüdür
Kendinizi Değerli Olarak Görmek
Bu İlişkinin İşe Yaraması İçin Ne Gerekecek?
Gerçekten Sahip Olduğunuz Farkındalığın İnceliği/Ustalığı
Seçebileceğiniz Ereksiyon
Kral Rolüne Adım Atma
Ya Olasılıklar Kralı Olmaya İstekli Olsaydınız?

5.Bölüm: Seçebileceğiniz Olağanüstü Seks, Cinsel Birleşme ve İlişki

Şeytanla Güçlendirilmiş Oluşumlar Yaratmak
Bu "Sadece Olmadı/Aniden Olmadı/Sadece Oluvermedi"
"Ondan Benim İçin Hayatından Vazgeçmesini İstedim"
Romantizm
"Evli Kadınları Cezbediyor Görünüyorum"
Kendinizden Vaz mı Geçiyorsunuz?
Realitelerin Telkini
Hayatınızın Neresinde Olduğunuz Hakkında Dürüst Olun
Pisliğin Teki Olmayı Kendi Avantajıma Nasıl Kullanabilirim?
Cinsel Enerjinizi Kullanmak
Cinsel Enerjinizle Ne Yaratıyorsunuz?
Harika Seks
Başkalarının Yargılamalarını Doğru Kılmayınız

6.Bölüm: Gerçekten Ne Arzuluyorsunuz?

Ya Herkes Fahişe Olmaya Gönüllüyse?

Hayatınızda Neye Sahip Olmak İstiyorsunuz?

Farkındalığı Seçmek

Arzulamak Zorundasınız

Kendinizin Doğruluğu İçin Kendinizi Yanlış mı Kılıyorsunuz?

Bir Kadınla İdeal Bir İlişki

Birlikte Zaman Harcamak

Benim İçin En Önemli Şey Nedir?

Bir Liste Yapın: Bir Partnerde Ne İsterdim?

Ayrıca Bir Tane "Sahip Olmak İstemiyorum" Listesine İhtiyacınız Var

Seçtiğiniz Kadınları Yaratmak İçin Hangi Aptallığı Kullanıyorsunuz?

Bir Kadına Gereksinim Duymayan Olmak

"Yaratmayı Durdurdum"

Sesinizden/İfade Etmekten/Konuşmaktan Feragat Etmek

7.Bölüm: Yatakta İyi Olmak

Kadının Bedeninde Elektrik Çarpması Gibi Bir Tepki Yaratın

Yavaş Olun

Kadın Bedeninin Bölümleri Hakkında Bilgi Alın

Ne şekilde Dokunulmaktan Hoşlanabilir?

Azalan Libido

Kadının Bedenini Tahrik Etmek

Mastürbasyon

Alıp Kabul Etme

Kadınla Sizin Arasında Moleküler Bir Titreşim Yaratmak

Onunla Konuşun

İnsanlar Bedenler Olarak Bağlanır

"Sen Benimsin"

Bu Kişi Ne İstiyor/Ben Ne İstiyorum

Dırdır Etmek

8.Bölüm: Centilmen Nedir?

Bir Centilmen Olmak

Centilmen Yargı Yerine Olasılığı Seçer

Ondan (Kadından) Daha Büyük Olasılığa Geçmesini/ Yükselmesini İsteyin

Kendi Realitenizden Yaratmak Zorundasınız

Ne Yaratmak İstiyorsunuz?

Şehvet Neden bir Yanlışlık Olarak Nitelendirilir?

Diğer Erkeklere Karşı Kötü Olmak (Davranmak)

Diğer Erkeklerin Kadınlarını Çalmaya Çalışmak

Vergilendirme

Bu Realitenin Ötesinde bir Cinsel Realite

Bunun Hepsi Alıp Kabul Etmenin bir Yargısı

O (Kadın) Ne Tür bir Gelecek Yaratmaya Çalışıyor?

Durdurulamaz Olmaktan Dışarı Çıkmak

Kısıtlama Enerjisi

9.Bölüm: Bu İlişkide Gerçekten Ne İstiyorsunuz?

Kadınların Mükemmelliği

Pornografi

Tarattığımız Tılsımlar (Büyüler)

"Onu Düşünmeyi Durduramıyorum/Onu Düşünmeden Yapamıyorum"

"Ben de Bunu İstiyordum"
Onun (Kadın) İçin Yeterli Paran Var mı?
Sahip Olmak İstediğiniz Sevecen Seks
Kadınlar Neden Kaçmak İsterler?
"Onu (Kadını) Terk Etmemeliydim"
Kendinizden Vazgeçmek
Hayatınızın Yanı sıra Sizi Ne Heyecanlandırır?
Anlaş ve Teslim Et Yapmaya Gereksininiz Var
Taahhüt
Bütün Bunları Değiştirecek Farklı Ne Olabilirim ya da Yapabilirim?
Bedeninizi Çiğnemeye Çalışmak

10.Bölüm: Cinselliğin Agresif Mevcudiyeti

Agresif Mevcudiyet
Kendiniz İçin Seçmek
Cinsel Olarak Agresif Olmak
Mevcudiyetten İşlevsel Olmak
Size Gereksinimi Olmayan Kadın
Agresif Gereksizlik
Agresif Cinsellik
Kadın Orgazm Olamadığı Zaman
Bedeniyle Birlikte Seks Yapmaktan mı Hoşlanıyor Yoksa Bedeni Olarak mı?
"Penisimde Enerji Var"
"Neden Ben de Çoklu Orgazm Olamıyorum?"
Kendinizi Memnun Etmek
Bu Adamla Seks Yapmak Neye Benzerdi?

11. Bölüm: Taahhüt Seçmek

Mertlik/Yiğitlik ve Erkeklik

Enerji Hava Akımı

Yaratma Yeteneğinizi Bloke Etmekte Olan Kaç Tane Gelecek Yarattınız?

Gerçek Seçeneklerin Olduğu Yere Varmak

Karar Verme Olarak Taahhüt / Seçim Olarak Taahhüt

On Saniyelik Seçimler Olarak Taahhüt

Partnerinizin Çocuğuyla bir İlişki Yaratmak

Baba Sizin İçin Nedir?

Çocuklarınızda bir Anlaşmazlık ya da bir Ayırım Yaratmayın

Ona (Eski Eş) Karşı Sizi Tercih Etmesi İçin Oğlunuzu Nereye Getirmeye Çalışıyorsunuz?

"Harika Baba Olmaya Çalıştım"

Manipülatif Olmayı Öğrenin

12. Bölüm: Kadınların İma Şifresini Çözmek

Kültürel Sürüklenme

"Sıklıkla Eşcinsel Erkeklere Çekici Geliyorum"

Enerjinizi Nereye Koymanız Gerekir?

Bir Çocuğun İlintili Olduğu İlişki

Tanımlanmamış Bir Hayat

Bir Kadının Öfkesiyle Uğraşmak

İlişkide Agresif Mevcudiyet

Bir Kadına Nasıl Yaklaşılır?

"Taahhüt Kelimesi Hala Bana Yapışıyor"

Bir Kadın Olmaksızın Kendiniz Olabilirsiniz

Her Zaman İlişkiye Gireceksiniz Çünkü Kadınların İstediği Şey Budur

Bölüm Adları ve Başlıkları İndeksi

Kadın Cinsel Realitenizin Kaynağı Değildir
Size Kaç Tane İş Verildi?
Kendinizi Yargılama İşi
Burada Kabul Etmediğim İma Nedir?
"Kadınlar İma Eder" Lafının Hangi Bölümünü Anlamıyorsunuz?
"Şimdi Bir İlişkimiz Var"

Diğer Access Consciousness® Kitapları

Salon des Femmes (Kadınların Salonu)
Gary M. Douglas

Salon des Femmes (Kadınların Salonu) Gary Douglas'ın bir gurup kadınla yaptığı bir seri tele seminere dayanmaktadır. Birlikte erkekleri, seksi, ilişkileri, erkelerin ve kadınların rolünü ve şaşırtıcı, ahenkli yaratmayı tartıştılar. Seminer Access Consciousness ™' un çığır açan araçları ve uygulamalarını, derinlemesine esinler ve kalpleri ısıtan ilham ile harmanladı.

Beyond the Utopian Ideal (Ütopik İdeallerin Ötesinde)
Gary M. Douglas

Çoğu kişi başarmak ve daha fazla yaratmak için her şeyi gerektiğince değiştirebilmenin mümkün olduğu anda işlevsel olmaktansa bir şeylerin nasıl olması gerektiği sabit fikrinden veya kavramından hareket ederler. Bu şeyler aslında gerçek değildir; bunlar bizim varoluşumuza atılıp bırakılmış kavramsal realitelerdir. Bu kitap sizin için mümkün olanlara karşı kısıtlamalar ve engeller yaratan ideal kavramlar ve yapıların farkında olur hale gelmekle ilgilidir. İşinize yarayacak bir dünya yaratabilmeniz için bu yapılar dağılmak zorundadır.

Leading from the Edge of Possibility: No More Business as Usual (Olasılıkların Köşesinden Liderlik Yapmak: Artık Her Zaman Olduğu gibi İş Yapmak Yok)
Chutisa and Steven Bowman

Eğer oto pilottan işlevsel olmayı durdurup işinizi stratejik farkındalık ve bolluk bilincinden oluşturmaya başlasaydınız, işiniz ve hayatınız neye benzerdi sadece hayal edin. Bu gerçekten mümkündür, tabi değişmeye istekli olmanız şartıyla. Farklı bir olasılığı fark etmek farklı bir zihniyet gerektirir ve genellikle her zaman önceki tecrübelerin parçası olmayan bir farkındalık talep eder. Bu kitapla işinizi her ortamda yönlendirmek için ihtiyacınız olan farkındalığı edineceksiniz.

Divorceless Relationships (Ayrılmasız/Boşanmasız İlişkiler)
Gary M. Douglas

Ayrılmasız İlişki bir başkasıyla ilişki içinde olmak için herhangi bir parçanızdan ayrılmak zorunda olmadığınız bir ilişkidir. Bu ilişkide olduğunuz herkesin ve her şeyin bu ilişkinin sonucu olarak daha muazzam hale geldiği yerdir.

Sex Is Not a Four Letter Word but Relationship Often Times Is (Seks Dört Harflik bir Kelime Değildir ama İlişki Çoğu Zamanlar Öyledir)
Gary M Douglas & Dr. Dain Heer

Komik, açık sözlü ve nefis bir şekilde saygısız, bu kitap okurlarına harika samimiyet (mahremiyet) ve istisnai seksle ilgili tamamıyla taze bir görüş sunar. Ya tahmin etmeyi bıraksaydınız ve GERÇEKTEN işe yarayanı bulsaydınız?

Yazar Hakkında

Gary Douglas

Çoksatar kitapların yazarı, uluslararası konuşmacı ve rağbet gören bir eğitimci/facilitator olan Gary Douglas yoğun farkındalığı ve insanlara bildiklerini bilmelerini kolaylaştırmak için var olan inanılmaz kapasitesiyle tanınır.

Gary istisnai seviyedeki farkındalığıyla Orta batı, orta sınıf "sıradan Amerikalı beyaz" ailede dünyaya geldi ve hoş, basit bir çocukluk yaşadı. Hayat üzerine çok farklı görüşleri vardı ve daha altı yaşındayken bildiği çoğu kişiden çok farklı olduğunu fark etti. Bu farklılığın farkına insanları kendi hayatlarını yaratırken seyrederek ve tüm bunların neşe ve olasılıkla değil de daima her şeyin yanlışlığıyla ilgili olduğunu görerek vardı.Gary bu realitenin sunduklarından daha fazlasının olması gerektiğini biliyordu, çünkü bu gerçekliğin büyülü, neşeli veya genişleyebilir hiç bir tarafı yoktu. Onun için erken yaşlarda hayatın gizemleriyle ilgili daha derin farkındalıkları aramaya başladı. Yol boyunca, ileri doğru yeni bir yöntem ortaya çıkardı – dünyada ve insanların hayatında değişim yaratabilecek bir yöntem. Sihrin her tarafımızda olduğunu keşfetti; bu bizim yarattığımız bir şeydi – bu bilinçti. Daha fazla farkında ve daha fazla bilinçli olma kapasitesinin her insanın, eğer seçmeye gönüllü olurlarsa, doğuştan yeteneği olduğunu fark etti.

Zamanla olduğu yetenek olarak fark ettiği şey, yoğun farkındalığı ve insanları bilince davet etme kapasitesi ve her şeyin mümkün ve hiçbir şeyin imkânsız olmadığını fark etmek oldu. Onun yeteneği hayata, evrene ve hepimizin olduğu bilince ve onun (o bilincin) özgün parçası olan olasılıklara, daha önce hiç kimsenin bakmayı seçmediği bir alandan bakma becerisiydi.

İnsanları Farklı Olasılıkları Görmeleri için Güçlendirmek

Gary yaşamları dönüştürme ve farklı olasılıklar yaratma konusunda – insanları farklı olasılıkları görmeleri ve onlar için nelerin mümkün olduğunu fark etmeleri için güçlendirmeye gönüllü, uluslararası tanınan bir düşünce lideri haline geldi. Gary, dünyada başka hiçbir şeye benzemeyen kendine özgü kişisel dönüşüm perspektifiyle bütün dünyada kabul edildi. Herhangi bir din ya da geleneğe bağlı olmadı. Yazıları ve atölye çalışmalarıyla, hayatın kolaylık, neşe ve ihtişamını ve daha fazla farkındalık, neşe ve bolluğa doğru genişleyen mutluluğun sihrini ulaşılabilir kılan uygulamalar ve araçlar hediye eder. Basit ancak engin öğretileri daha şimdiden dünyanın her tarafından sayısız kişiye bildiklerini bilmeleri ve seçebileceklerini hiçbir zaman fark edemedikleri neleri seçebileceklerini fark etmeleri için kolaylaştırıcı oldu.

Öğretilerinin Çekirdeğinde Bilincin Transformasyonu Yatar

İnsanlardaki daha büyük(fazla) bilincin, hayatlarının gidişatını ve gezegenimizin geleceğini değiştirebileceğini fark ettikten sonra, Access Consciousness'un Gary Douglas tarafından yaratımı ve büyümesi öncelikle tek bir soruyla yönlendirildi, "Dünyaya yardım etmek için ne yapabilirim?"

Diğerlerine ilham vermeye, tüm dünyada farklı bir olasılığın farkındalığını davet etmeye ve gezegenimize mükemmel bir katkı yapmaya devam etmektedir. İnsanların arzuladıkları değişimin ve dünyanın geri kalanının önemli olduğunu düşündüğü kısıtlamaların ötesinde bir hayat yaratmanın kaynağının kendileri olduklarını bilmeleri için kolaylaştırıcı olur. Bunu herkes için olduğu kadar gezegenimiz için de daha muazzam olasılıkları içeren bir gelecek yaratmak için gerekli bakış açısı olarak görür. Bu sadece kişisel mutluluk için değil, gezegenimiz üzerinde yaygın görülen şiddetli çatışmaları sona erdirmek ve farklı bir dünya yaratmak için de bir önceliktir. Eğer yeterli sayıda insan daha fazla farkında ve daha fazla bilinçli olmayı seçerse, kendileri için mevcut olan olasılıkları görmeye başlayacaklar ve burada dünya gezegeninde ortaya çıkanı değiştirecekler.

Yazar

Gary Douglas, her şeyin mümkün olduğunu ve seçimin yaratımın kaynağı olduğunu bilen insanlar hakkındaki çok satan roman "The Place(Yer)"' in yazarıdır. Gary aynı zamanda uluslararası alanda Enerji Dönüşüm virtüözü olarak tanınan Dr. Dain ile birlikte para, ilişkiler, sihir ve hayvanlar konularındaki çeşitli kitapların da ortak yazarıdır.

Dünya Genelinde İnsanlara İlham Vermek

Gary yirmi yıl önce Access Consciousness™ olarak bilinen bir dizi dönüşümsel hayat değiştiren araçlar ve uygulamaların öncülüğünü yapmıştır. Bu çığır açan araçlar bütün dünyada binlerce kişinin hayatlarını dönüştürmüştür. Çalışmaları dünya genelinde 2000 eğitimli eğitimci/facilitator ile birlikte kırk yedi ülkeye dağılmıştır. Basit, ama son derece etkili bu araçlar her yaştan ve farklı geçmişe sahip insanın, onları dolu dolu bir hayatı yaşamaktan alıkoyan kısıtlamalarını ortadan kaldırmalarına yardım için kolaylaştırıcı olmuştur.

www.ingramcontent.com/pod-product-compliance
Lightning Source LLC
Chambersburg PA
CBHW011741220426
43661CB00061B/2866